Retrato de Voltaire
François Marie Arouet (1694-1778), gravura de Pierre Michel Alix

COPYRIGHT © FARO EDITORIAL, 2021
COPYRIGHT © 1926, 1927, 1933 BY WILL DURANT
COPYRIGHT RENEWED © 1954, 1955, 1961 BY WILL DURANT
ALL RIGHTS RESERVED.
PUBLISHED BY ARRANGEMENT WITH THE ORIGINAL PUBLISHER, SIMON & SCHUSTER, INC.

Todos os direitos reservados.
Nenhuma parte deste livro pode ser reproduzida sob quaisquer meios existentes sem autorização por escrito do editor.

Diretor editorial **PEDRO ALMEIDA**
Coordenação editorial **CARLA SACRATO**
Preparação **TUCA FARIA**
Revisão **BARBARA PARENTE E DANIEL AURÉLIO**
Capa e diagramação **OSMANE GARCIA FILHO**
Imagem de capa **PIERRE MICHEL ALIX | BRIDGEMAN IMAGES**
Ilustrações internas **NACI YAVUZ, NATATA | SHUTTERSTOCK**

Dados Internacionais de Catalogação na Publicação (CIP)
Angélica Ilacqua CRB-8/7057

Durant, Will, 1885-1981
    A história da filosofia 1 : a origem, formação e pensamento dos grandes filósofos / Will Durant ; tradução de Leonardo Castilhone. — São Paulo : Faro Editorial, 2021.
    288 p.

    Bibliografia
    ISBN 978-65-86041-48-4
    Título original: The story of philosophy

    1. Filosofia – História 2. Filósofos – Biografia 3. Platão 4. Aristóteles 5. Bacon, Francis, 1561-1626 6. Spinoza, Benedictus de, 1632-1677 7. Voltaire I. Título II. Castilhone, Leonardo

20-3726   CDD 190

Índice para catálogo sistemático:
1. Filosofia – História   190

1ª edição brasileira: 2021
Direitos de edição em língua portuguesa, para o Brasil, adquiridos por FARO EDITORIAL

Avenida Andrômeda, 885 — Sala 310
Alphaville — Barueri — SP — Brasil
CEP: 06473-000
www.faroeditorial.com.br

1

WILL DURANT

A HISTÓRIA DA FILOSOFIA

A origem, formação e pensamento dos grandes filósofos

Tradução
LEONARDO CASTILHONE

PARA MINHA MULHER

Fortaleça-se, minha companheira... que possa permanecer
Impávida quando eu não mais estiver aqui; que eu possa conhecer
Os fragmentos esparsos da minha canção
Que enfim se tornarão a mais bela melodia em você;
Que eu possa dizer ao meu coração que você entra
Quando eu saio de cena, e muito mais.

SUMÁRIO

Ao leitor   9
Introdução: Sobre os usos da filosofia   11

CAPÍTULO 1: **PLATÃO**   15

   I. O contexto de Platão   15
   II. Sócrates   19
   III. A preparação de Platão   26
   IV. O problema ético   30
   V. O problema político   33
   VI. O problema psicológico   36
   VII. A solução psicológica   38
   VIII. A solução política   47
   IX. A solução ética   53
   X. Críticas   56

CAPÍTULO 2: **ARISTÓTELES E A CIÊNCIA GREGA**   65

   I. Bases históricas   65
   II. O trabalho de Aristóteles   69
   III. A fundação da lógica   73
   IV. A organização da ciência   78
   V. Metafísica e a natureza de Deus   85
   VI. Psicologia e a natureza da arte   88
   VII. Ética e a natureza da felicidade   90

VIII. Política 95
IX. Críticas 105
X. Últimos dias e morte 109

CAPÍTULO 3: **FRANCIS BACON** 111

I. De Aristóteles à Renascença 111
II. A carreira política de Francis Bacon 120
III. Os ensaios 124
IV. A Grande Reconstrução 132
V. Críticas 150
VI. Epílogo 155

CAPÍTULO 4: **ESPINOSA** 159

I. História e biografia 159
II. O tratado teológico-político 175
III. O aprimoramento do intelecto 178
IV. A ética 181
V. O tratado político 201
VI. A influência de Espinosa 208

CAPÍTULO 5: **VOLTAIRE E O ILUMINISMO FRANCÊS** 211

I. Paris: Édipo 211
II. Londres: Cartas Filosóficas 218
III. Cirey: os romances 220
IV. Potsdam e Frederico 227
V. Les Délices: o ensaio sobre a moral 231
VI. Ferney: Cândido 234
VII. A Enciclopédia e o Dicionário Filosófico 242
VIII. *Ecrasez l'Infâme* 247
IX. Voltaire e Rousseau 255
X. Desfecho 261

Conclusão 265

Glossário 267
Bibliografia 271
Notas 273

AO LEITOR

Este livro não é um manual completo da história da filosofia. É uma tentativa de humanizar o conhecimento ao centrar a história do pensamento especulativo em torno de certas personalidades dominantes. Algumas figuras menores foram omitidas para que os selecionados pudessem ter o espaço exigido para que sua mensagem continuasse viva. Por isso o tratamento inadequado aos quase lendários pré-socráticos, os estoicos e epicuristas, os escolásticos e os epistemologistas. O autor acredita que a epistemologia sequestrou a filosofia moderna, e praticamente a arruinou; ele tem a esperança de que um dia o estudo do processo de conhecimento será reconhecido como área da ciência da psicologia, e que a filosofia será, mais uma vez, compreendida como a interpretação sintética de toda experiência, em vez da descrição analítica do modo e do processo da experiência em si. A análise pertence à ciência, e nos traz conhecimento; a filosofia deve fornecer uma síntese para a sabedoria.

O autor gostaria de registrar aqui uma dívida que jamais poderá retribuir a Alden Freeman, que lhe proporcionou educação, viagens e a inspiração de uma vida nobre e iluminada. Que esse amigo incrível encontre nestas páginas — ainda que incidentais e imperfeitas — algo não tão indigno de sua generosidade e fé.

WILL DURANT
Nova York, 1926.

The story of philosophy de autoria de Will Durant foi publicado originalmente em 1926 em um único volume.

Por questão de clareza e objetividade, esta edição brasileira foi dividida em dois volumes, sendo este o primeiro.

INTRODUÇÃO

Sobre os usos da filosofia

Existe um prazer na filosofia que toda pessoa sente até o momento em que as necessidades da existência física a arrastam do auge do pensamento para o mercado econômico de brigas e ganhos. A maioria de nós conheceu tempos áureos na vida em que a filosofia era de fato o que Platão a considerava, "aquele caro prazer"; quando o amor por uma Verdade modestamente ilusória parecia incomparavelmente mais glorioso do que a luxúria pelos caminhos da carne e das impurezas do mundo. E há sempre dentro de nós alguns resquícios saudosistas daquele antigo cortejo à sabedoria. "A vida tem um sentido", lemos em Browning — "encontrar seu sentido é minha carne e meu vinho". Muitas das coisas em nossa vida não têm sentido, uma autoanulação com hesitação e futilidade; lutamos contra o caos à nossa volta e em nosso interior; porém, acreditamos assim mesmo que há algo de vital e significativo em nós; poderíamos, então, decifrar nossas próprias almas. Queremos entender; "vida significa para nós transformar constantemente em luz e chamas tudo o que somos ou com que deparamos";[1] somos como Mitya em *Os Irmãos Karamázov* — "um daqueles que não estão interessados em milhões, mas na resposta para suas dúvidas"; queremos tomar posse do valor e da perspectiva de coisas passageiras, e assim nos retirarmos do turbilhão das circunstâncias diárias. Queremos saber que as coisas pequenas são pequenas, e as coisas grandes são grandes, antes que seja tarde demais; queremos ver as coisas agora como elas serão para sempre — "sob a égide da eternidade". Queremos aprender a rir na cara do inevitável, sorrir diante da morte iminente. Queremos ser inteiros, coordenar nossas energias ao criticar e harmonizar nossos desejos; pois energia coordenada é a última palavra em ética e política, e, quem sabe, também em lógica e em metafísica. "Ser um filósofo", disse Thoreau, "não significa apenas ter ideias sutis, nem mesmo encontrar uma escola, mas na mesma medida amar a sabedoria e viver, segundo seus ditames, uma vida de simplicidade, independência, magnanimidade e confiança". Podemos ter certeza de que se não encontrarmos nada mais que sabedoria, todas as outras coisas serão acrescentadas à nossa vida. "Busques, primeiro, as boas coisas da mente", Bacon nos adverte, "e o resto será suprido ou sua perda não será sentida".[2] A verdade não nos tornará ricos, mas livres.

Alguns dirão que a filosofia é tão inútil quanto um jogo de xadrez, tão obscura quanto a ignorância e tão estagnante quanto a satisfação. "Não há nada de tão absurdo", disse Cícero, "que não saia dos livros dos filósofos". Sem dúvida, alguns filósofos tiveram todo tipo de sabedoria exceto o senso comum; e muitos voos filosóficos só foram alçados por conta do poder de elevação do ar rarefeito. Optemos nessa nossa jornada apenas por nos posicionarmos à luz do esclarecimento. Seria a filosofia estagnante? A ciência parece estar sempre avançando, enquanto a filosofia parece sempre perder território. Porém isso só ocorre porque a filosofia aceita a árdua e perigosa tarefa de lidar com problemas ainda não abertos aos métodos científicos — problemas como bem e mal, beleza e feiura, ordem e liberdade, vida e morte; assim que uma área de investigação dá lugar para um conhecimento passível de formulação exata, ele passa a ser chamado de ciência. Toda ciência começa como filosofia e termina como arte; ela surge de uma hipótese e flui para a concretização. A filosofia é uma interpretação hipotética do desconhecido (como na metafísica), ou do conhecimento inexato (como na ética ou na filosofia política); é a trincheira principal no cerco da verdade. A ciência é o território conquistado; e por trás dele estão aquelas regiões ocupadas em que o conhecimento e a arte constroem nosso mundo imperfeito e maravilhoso. A filosofia parece ficar imóvel, perplexa; mas isso só ocorre porque ela deixa os frutos da vitória para suas filhas, as ciências, e ela própria segue adiante, divinamente descontente, ao incerto e inexplorado.

A ciência é a descrição analítica; a filosofia, a interpretação sintética. A ciência deseja solucionar o todo em partes, o organismo em órgãos, o obscuro em esclarecido. Ela não investiga os valores e as possibilidades ideais das coisas, nem seu significado completo e final; fica feliz em demonstrar sua realidade e operacionalidade presentes, concentra seu olhar com determinação na natureza e no processo das coisas como elas são. Mas o filósofo não se contenta em descrever o fato; ele deseja verificar sua relação com a experiência em geral e, por conseguinte, chegar ao seu significado e valor; ele combina coisas em sínteses interpretativas; tenta reunir melhor do que antes aquele grande relógio universal que o cientista curioso analiticamente desmontou. A ciência nos diz como curar e como matar; reduz a taxa de mortalidade no varejo e depois nos mata no atacado da guerra; mas só a sabedoria pode nos dizer quando curar e quando matar. Observar processos e construir meios é ciência; criticar e coordenar fins é filosofia: e pelo fato de que hoje em dia nossos meios e instrumentos se multiplicaram além de nossa interpretação e síntese de ideais e fins, nossa vida está repleta de ruído e fúria, sem nenhum significado. Um fato não quer dizer nada a não ser quando relacionado a um desejo; não está completo a não ser em relação ao propósito e a um todo. Ciência sem filosofia, fatos sem perspectiva e valoração, não pode nos salvar de caos e desespero. **A ciência nos dá conhecimento, mas só a filosofia pode nos oferecer sabedoria.**

Especificamente, filosofia significa e inclui cinco campos de estudo e diálogo: lógica, estética, ética, política e metafísica. *Lógica* é o estudo do método ideal de pensamento e pesquisa: observação e introspecção, dedução e indução, hipótese e experimento, análise e síntese — todas essas são formas da atividade humana que a lógica tenta compreender e guiar; é um estudo maçante para a maioria de nós, e ainda assim os maiores eventos da história do pensamento são aperfeiçoamentos que homens fizeram em seus métodos de pensamento e pesquisa. *Estética* é o estudo da forma ideal, ou beleza; é a filosofia da arte. *Ética* é o estudo da conduta ideal; o conhecimento mais elevado, disse Sócrates, é o conhecimento do bem e do mal, o conhecimento da sabedoria da vida. *Política* é o estudo da organização social ideal (não é, como alguns supõem, a arte e a ciência da obtenção e manutenção de cargos); monarquia, aristocracia, democracia, socialismo, anarquismo, feminismo — essas são as *dramatis personae* da filosofia política. E por último, *metafísica* (que se envolve em grandes enrascadas, porque não é, como as outras formas da filosofia, uma tentativa de coordenar o real à luz do ideal) é o estudo da "realidade última" de todas as coisas: da natureza real e final da "matéria" (ontologia), da "mente" (psicologia filosófica) e da inter-relação da "mente" com a "matéria" nos processos de percepção e conhecimento (epistemologia).

São essas as partes da filosofia; mas assim desmembrada, perde sua beleza e graça. Não devemos buscá-la nessa abstração e formalidade atrofiadas, mas revestida na forma viva da genialidade; não devemos estudar apenas as filosofias, mas os filósofos. Cada um deles tem algumas lições para nós, se os abordarmos da maneira apropriada.

CAPÍTULO I

Platão

I. O CONTEXTO DE PLATÃO

Se o leitor observar um mapa da Europa, verá que a Grécia é parecida com o esqueleto de uma mão que estende seus dedos tortos na direção do mar Mediterrâneo. Ao sul fica a grande ilha de Creta, onde aqueles dedos foram captar, no segundo milênio antes de Cristo, os primórdios da civilização e da cultura. Ao leste, do outro lado do mar Egeu, fica a Ásia Menor, hoje calada e apática, mas vibrante em tempos pré-platônicos, com indústria, comércio e especulação. Para o oeste, do outro lado do mar Jônico, encontra-se a Itália, como uma torre inclinada no mar, a Sicília e a Espanha, cada uma delas, naquela época, com prósperas colônias gregas; e, por fim, os "Pilares de Hércules" (que chamamos de Gibraltar), aquele portal sombrio através do qual não muitos marinheiros da antiguidade ousavam passar. E, ao norte, aquelas regiões ainda indômitas e um tanto bárbaras, chamadas na época de Tessália, Épiro e Macedônia, das quais, ou pelas quais, vieram os grupos vigorosos que deram origem aos gênios da Grécia de Homero e Péricles.

Olhe novamente para o mapa e você verá incontáveis reentrâncias costeiras e elevações de terra; em toda parte, golfos, baías e o mar intrusivo; e toda a terra jogada e acumulada em montanhas e colinas. A Grécia era dividida em fragmentos isolados por essas barreiras naturais de mar e terra firme; transporte e comunicação eram muito mais difíceis e perigosos do que hoje; consequentemente, todos os vales desenvolveram suas próprias vidas econômicas autossuficientes, seus próprios governos soberanos, suas próprias instituições, dialetos, religiões e culturas. Em cada um desses casos, uma ou duas cidades, e ao redor delas, estendiam-se pelas encostas montanhosas áreas agrícolas: assim eram as "cidades-estado" de Eubeia, Lócrida, Etólia, Fócida, Beócia, Acaia, Argólida, Élida, Arcádia, Messênia e Lacônia — contendo Esparta e Ática — com sua Atenas.

Olhe o mapa pela última vez e observe a posição de Atenas: dentre as maiores cidades gregas ela é a mais afastada ao leste. Foi favoravelmente instalada ali para ser a porta através da qual os gregos passariam para as cidades movimentadas da Ásia Menor, e através da qual essas cidades ancestrais enviariam seus luxos e sua cultura para a adolescente Grécia. Ostentava um admirável porto, Pireu, onde inúmeras embarcações encontravam refúgio das águas agitadas do mar. E a cidade tinha uma grande frota marítima.

Entre 490 a.C. e 470 a.C., Esparta e Atenas deixaram suas diferenças de lado e juntaram forças a fim de repelir os esforços dos persas, sob Dário e Xerxes, que queriam transformar a Grécia em uma colônia do império asiático. Nessa luta da juventude europeia contra a senilidade do Oriente, Esparta forneceu seu exército, e Atenas, sua marinha. A guerra terminou, Esparta desmobilizou suas tropas e sofreu as naturais perturbações econômicas inerentes àquele processo; enquanto Atenas transformou sua marinha numa frota mercante e tornou-se uma das maiores cidades comerciais do mundo antigo. Esparta voltou aos tempos de reclusão e estagnação agrícola, enquanto Atenas tornou-se uma região portuária para negócios, o ponto de encontro de muitas raças e de diversas culturas e costumes, cujos contato e rivalidade deram origem a comparações, análises e ideias.

Tradições e dogmas quase não entram em atrito nesses centros de variada intercomunicação; onde há milhares de crenças, tendemos a nos tornar céticos diante de todas elas. Provavelmente, os negociantes foram os primeiros céticos; viram coisas demais para acreditar demais; e a disposição geral desses mercadores para classificar todos os homens como tolos ou patifes tornava-os mais propensos a questionar todos os credos. Gradativamente, também, eles iam se desenvolvendo nas ciências; a matemática se expandiu com a crescente complexidade dos intercâmbios, a astronomia, com a crescente audácia da navegação. O aumento da riqueza trouxe lazer e segurança, que são pré-requisitos para a pesquisa e a especulação; homens agora pediam às estrelas não apenas orientação nos mares, mas também uma resposta para os enigmas do universo; os primeiros filósofos gregos eram astrônomos. "Orgulhosos de suas conquistas", disse Aristóteles,[1] "os homens resolveram expandir seus limites após as guerras persas; levaram todo o conhecimento para suas províncias e buscaram estudos cada vez mais amplos". Homens ficaram corajosos o bastante para procurar explicações naturais de processos e eventos antes atribuídos a agentes e poderes sobrenaturais; mágica e ritual, lentamente, cederam espaço para ciência e controle; e a filosofia começou.

A princípio, essa filosofia era física; atentava-se ao mundo material e questionava qual era o componente final e irredutível das coisas. A conclusão natural dessa linha de pensamento foi o materialismo de Demócrito (460-360 a.C.) — "na realidade não há nada além de átomos e espaço". Essa foi uma das principais correntes da especulação grega, que seguiu esquecida por algum tempo na época de Platão, mas ressurgiu em Epicuro (342-270 a.C.) e transformou-se numa avalanche de eloquência em Lucrécio (98-55 a.C.). Porém, os avanços mais característicos e férteis da filosofia grega tomaram forma com os sofistas, instrutores itinerantes de sabedoria que olhavam para dentro, mergulhando em seus próprios pensamentos e natureza, em vez de olhar para fora, no mundo da matéria. Eram todos muito inteligentes (Górgias e Hípias, por exemplo), e muitos deles eram profundos (Protágoras, Pródico); não existe, praticamente, nenhum problema ou solução em nossa atual filosofia da mente e conduta que eles não tenham compreendido e discutido. Eles faziam perguntas sobre qualquer coisa; enfrentavam sem receio tabus religiosos ou políticos; e bravamente intimavam todas as crenças e instituições para que encarassem a cadeira do julgamento da razão. Na política, dividiram-se em duas escolas. Uma, como Rousseau, defendia que a natureza é boa, e a civilização, ruim; que todos os homens são iguais aos olhos da natureza, somente tornando-se desiguais pelas instituições baseadas em classes: e que lei é uma invenção dos fortes para dominar os fracos. A outra escola, como Nietzsche, alegava que a natureza está além do bem e do mal; que, aos olhos da natureza, todos os homens são desiguais; que a moralidade é uma invenção dos fracos para limitar e deter os fortes; que o poder é a virtude suprema e o desejo supremo do homem; e que, de todas as formas de governo, a mais sábia e natural é a aristocracia.

Sem dúvida, esse ataque à democracia se refletiu na ascensão de uma minoria abastada de Atenas que se autointitulava Partido Oligárquico, e condenava a democracia como sendo uma farsa incompetente. Em certo sentido, não havia exatamente uma democracia para ser condenada, pois, dos 400 mil habitantes de Atenas, 250 mil eram escravos, sem nenhum direito político; e dos 150 mil homens livres, ou cidadãos, apenas um pequeno número frequentava a Eclésia, ou assembleia geral, onde as políticas de Estado eram discutidas e determinadas. Ainda que não fosse a melhor das democracias, era o sistema mais meticuloso que já existira; a assembleia geral era o poder supremo; e o mais alto órgão oficial, Dikasteria, ou corte suprema, consistia em mais de mil membros (para encarecer a propina), selecionados de uma lista alfabética dentre todos os cidadãos. Nenhuma instituição poderia ter sido mais democrática, nem, como diriam seus opositores, mais absurda.

Durante a grande guerra do Peloponeso (430-400 a.C.), em que o poder militar de Esparta lutou e, enfim, derrotou o poder naval de Atenas, o partido oligárquico ateniense, liderado por Crítias, advogava que a democracia fosse abandonada, em virtude de sua ineficiência na guerra, e enaltecia secretamente o governo aristocrático de Esparta. Muitos dos líderes oligárquicos foram exilados; mas quando, por fim, Atenas se rendeu, uma das condições de paz imposta por Esparta foi que os aristocratas exilados regressassem à sua terra natal. Mal eles tinham retornado, quando, encabeçados por Crítias, declararam uma revolução de homens ricos contra o partido "democrático" que governara durante a guerra desastrosa. A revolução falhou, e Crítias foi morto no campo de batalha.

Crítias era discípulo de Sócrates e um dos tios de Platão.

II. SÓCRATES

Se formos julgar a partir do busto que chegou ao nosso conhecimento como parte das ruínas de esculturas antigas, Sócrates estava bem longe de ser belo, mesmo para um filósofo. Uma cabeça careca, um rosto grande e redondo, olhos arregalados e profundos, um nariz largo e batatudo que deu seu testemunho vivo a muitos no *Banquete* — estavam mais para os traços de um porteiro do local do que para o rosto do filósofo mais famoso do mundo. Mas se olharmos novamente, veremos, através da crueza da pedra, um pouco daquela benevolência e singela simplicidade que tornou esse rústico pensador um professor adorado pelos mais nobres jovens de Atenas. Sabemos tão pouco sobre ele, mas conhecemos muito mais a intimidade dele do que a do aristocrático Platão ou do erudito e reservado Aristóteles. Mesmo após dois mil e trezentos anos podemos ver sua figura desajeitada, sempre vestido com a mesma túnica amarrotada, caminhando prazerosamente pela ágora, despreocupado com a balbúrdia dos políticos, encurralando sua presa, reunindo os jovens e letrados ao seu redor, atraindo-os até algum refúgio discreto dos pórticos do templo, pedindo-lhes que definissem seus conceitos.

Eram uma multidão heterogênea esses jovens que se arrebanhavam em torno dele e o ajudaram a criar a filosofia europeia. Havia jovens ricos, como Platão e Alcebíades, que apreciavam sua análise satírica da democracia ateniense; havia socialistas, como Antístenes, que admirava a pobreza indiferente do mestre, criando uma religião a partir disso; havia até um ou dois anarquistas entre eles, como Arístipo, que ansiava por um mundo onde não houvesse mestres nem escravos, e todos fossem despreocupadamente livres como Sócrates. Todos os problemas que inquietam hoje a sociedade humana, e fornecem material para intermináveis debates entre jovens, também inquietavam aquele grupo de pensadores e oradores, que entendiam que uma vida sem diálogo seria indigna de um homem. Cada escola do pensamento social teve ali seu representante, e, talvez, sua origem.

Como o mestre realmente vivia quase ninguém sabia. Ele nunca trabalhava e nunca pensava no amanhã. Comia quando seus discípulos pediam-lhe para honrar suas mesas; eles deviam gostar da companhia do mestre, pois ele dava todos os indícios de prosperidade fisiológica. Contudo, não era muito bem-vindo no próprio lar, pois negligenciava sua mulher e seus filhos; e, do ponto de vista de Xântipe, era um desocupado imprestável, que trouxe para a família mais notoriedade que pão. Xântipe gostava de falar quase tanto quanto Sócrates; e eles parecem ter travado alguns diálogos que Platão deixou de registrar. Porém ela também o amava, e não ficou nada contente ao vê-lo morrer, mesmo depois de uma vida inteira.

Por que, então, seus discípulos o reverenciavam? Talvez porque ele fosse um homem além de um filósofo: Sócrates correu grande risco para salvar a vida de Alcebíades em batalha; e sabia beber como um cavalheiro — sem medo e sem excesso. Mas, indubitavelmente, o que mais gostavam nele era a modéstia de sua sabedoria: ele não alegava ter sabedoria, mas apenas buscá-la com todo seu amor; era um amador da sabedoria, não um profissional. Dizem que o Oráculo de Delfos, com excepcional bom senso, anunciou-o como o mais sábio dos gregos; e ele interpretou essa declaração como uma aprovação do agnosticismo, que era o ponto de partida de sua filosofia: "Só sei de uma coisa: que nada sei". A filosofia começa quando se aprende a ter dúvidas — particularmente, a duvidar de suas crenças preferidas, dogmas e axiomas. Quem sabe como essas crenças preferidas se tornaram certezas para nós, e se alguma ânsia secreta não as gerou furtivamente, envolvendo o desejo nas vestes do pensamento? Só há filosofia real quando a mente dá meia-volta e examina a si mesma. *Gnothi seauton*, disse Sócrates: conhece-te a ti mesmo.

Houve filósofos antes dele, é claro: homens fortes, como Tales e Heráclito; homens sutis, como Parmênides e Zenão de Eleia; profetas, como Pitágoras e Empédocles; mas na maioria foram filósofos físicos; eles buscavam a *physis*, ou natureza das coisas externas, as leis e os componentes do mundo material e mensurável. Isso é muito bom, disse Sócrates; mas existe um assunto infinitamente mais valioso para os filósofos do que todas essas árvores e pedras, e até do que todas as estrelas; existe a mente do homem. O que é o homem, e em que ele pode se transformar?

Então ele foi investigar a alma humana, desvendando suposições e questionando certezas. Se homens discursavam com demasiada prontidão sobre justiça, ele lhes indagava, com calma, *tò tí?* — o que é isso? O que significam essas palavras abstratas com as quais você resolve com tanta facilidade os problemas da vida e da morte? O que significam para você honra, virtude, moralidade, patriotismo? O que significa *você mesmo*? Era com indagações morais e psicológicas como essas que Sócrates adorava lidar. Aqueles que sofriam com esse "método socrático", essa demanda por definições precisas, pensamento claro e análise exata, protestavam que ele perguntava mais do que respondia, deixando as mentes dos homens mais confusas do que antes. Apesar disso, ele legou à filosofia duas respostas bem definidas a dois dos nossos problemas mais complicados — Qual é o significado de virtude? E qual é o melhor estado?

Nenhum outro tópico seria mais importante do que esses para os jovens atenienses daquela geração. Os sofistas destruíram a fé que esses jovens um dia tiveram nos deuses e deusas do Olimpo, e no código moral que criava suas sanções, em grande parte, a partir do medo dos homens por essas deidades onipresentes e inumeráveis; aparentemente, agora não havia motivos para um homem não fazer o que lhe aprouvesse, contanto que ele se limitasse à lei. Um individualismo desintegrador enfraqueceu o caráter ateniense, deixando, por fim, a cidade à mercê dos espartanos educados com severidade. E quanto ao Estado, o que poderia ser mais ridículo do que essa democracia liderada pela máfia e cheia de paixões, esse governo baseado em uma sociedade de debates, esse quadro de seleção, demissão e execução de generais, essa escolha não escolhida de simples fazendeiros e negociantes, em rotação alfabética, como membros da corte suprema da região? Como uma moralidade nova e natural poderia se desenvolver em Atenas, e como o Estado poderia ser salvo?

Foi sua resposta a essas questões que levou Sócrates à morte e à imortalidade. Os anciãos teriam lhe rendido honras se ele tivesse tentado restaurar a antiga fé politeísta; se ele tivesse levado seu grupo de almas emancipadas aos templos e solos sagrados, e lhes ordenasse a voltar a fazer sacrifícios para os deuses de seus pais. Mas Sócrates sentiu que essa seria uma política irremediável e suicida, um progresso às avessas, para dentro, e não "por cima dos túmulos". Ele tinha sua própria crença religiosa: acreditava em um só Deus, e torcia, à sua maneira modesta, para que a morte não o destruísse por completo;[2] mas ele sabia que um código moral duradouro não poderia estar baseado numa teologia tão incerta. Se pudesse ser criado um sistema de moralidade absolutamente independente da doutrina religiosa, válido tanto para ateístas quanto para crentes, então as teologias poderiam ir e vir sem flexibilizar o cimento moral que torna indivíduos obstinados em cidadãos pacíficos de uma comunidade.

Se, por exemplo, *bom* significasse *inteligente*, e *virtude* significasse *sabedoria*; se pudesse ser ensinado aos homens enxergar claramente seus reais interesses, enxergar os resultados de seus feitos em futuras gerações, criticar e coordenar seus desejos para sair de um caos autoanulador e chegar a uma harmonia propositiva e criativa — talvez isso proporcionasse ao homem educado e sofisticado a moralidade que, nos iletrados, se baseia em preceitos reiterados e controles externos. É possível que todo pecado seja erro, visão parcial, tolice? O homem inteligente pode ter os mesmos impulsos violentos e antissociais do ignorante, mas, certamente, aquele os controlará melhor, e resvalará com menos frequência na personificação da besta. E em uma sociedade administrada com inteligência — uma que devolve ao indivíduo, com amplos poderes, mais do que lhe toma em restrições à liberdade — a vantagem de cada homem residiria na conduta social e leal, e apenas uma visão clara seria necessária para assegurar paz, ordem e boa vontade.

Mas se o próprio governo é um caos e um absurdo, se ele governa sem ajudar e comanda sem liderar, como podemos convencer o indivíduo, num Estado desses, a obedecer às leis e confinar sua busca interior dentro do círculo do bem geral? Não é à toa que Alcebíades voltou-se contra um Estado que desvalorizava a habilidade e reverenciava a quantidade de pessoas mais do que o conhecimento. Não é à toa que existe caos onde não se pensa, onde a multidão ignorante decide com pressa e depois se arrepende a passos lentos e em estado de desolação. Será que não é uma superstição básica que só a quantidade trará sabedoria? Ao contrário, não se sabe universalmente que homens em multidões são mais tolos, mais violentos e mais cruéis do que homens separados e sozinhos? Não é vergonhoso que os homens devam ser governados por oradores, que "saem bramindo longas ladainhas, como tigelas de bronze que, quando percutidas, continuam a soar até que alguém lhes encoste a mão"?[3] Certamente, a gestão de um Estado é um assunto para o qual os homens nunca terão inteligência suficiente, uma questão que exige o pensamento desimpedido das melhores mentes. Como uma sociedade pode ser salva, ou ser forte, a não ser que seja liderada por seus homens mais sábios?

Pense na reação do partido popular em Atenas a esse evangelho aristocrático, numa época em que a guerra parecia demandar o silenciamento de qualquer crítica, e em que a minoria dos ricos e letrados estava tramando uma revolução. Imagine os sentimentos de Ânito, o líder democrático cujo filho se tornou discípulo de Sócrates, e que, depois de virar as costas para os deuses de seus antepassados, ria na cara do pai. Não teria Aristófanes previsto exatamente esse resultado, após a substituição ilusória das velhas virtudes pela inteligência antissocial?*

Então veio a revolução, homens lutaram a favor e contra ela, com ressentimento e até a morte. Quando a democracia venceu, o destino de Sócrates foi selado: ele era o líder intelectual do partido revolucionário, embora ele próprio deva ter sido pacífico; ele era a fonte da odiada filosofia aristocrática; era o corruptor de jovens inebriados pelo debate. Seria melhor, disseram Ânito e Meleto, que Sócrates morresse.

O resto da história o mundo inteiro conhece, pois Platão a relatou em prosa mais bela do que poesia. Somos privilegiados por podermos ler aquela simples e corajosa (se não lendária) "apologia", ou defesa, em que o primeiro mártir da filosofia proclamou os direitos e a necessidade

---

* Em *As Nuvens* (423 a.C.), Aristófanes zombou de Sócrates e sua "Loja da Filosofia", onde a pessoa aprendia a arte de provar estar certa, por mais que estivesse errada. Fidípides bate no pai sobre o chão em que o pai costumava bater nele, e diz que toda dívida deveria ser paga. A sátira parece ter sido bastante bem-humorada: encontramos Aristófanes frequentemente na companhia de Sócrates; eles concordam ao escarnecer da democracia; e Platão recomendou *As Nuvens* a Dionísio. Como a peça foi encenada vinte e quatro anos antes do julgamento de Sócrates, ela não deve ter influenciado no trágico desfecho da vida do filósofo.

do livre pensar, sustentou seu valor para o Estado e recusou-se a implorar pela misericórdia da multidão que ele sempre menosprezou. Eles tinham o poder para perdoá-lo; ele desdenhou de fazer a apelação. Foi uma confirmação única de suas teorias o fato de que os juízes desejavam libertá-lo, enquanto a multidão colérica votava a favor de sua morte. Ele não renegara os deuses? Maldito seja aquele que ensina os homens mais rápido do que eles podem aprender.

Sendo assim, decretaram que ele deveria beber a cicuta. Seus amigos o visitaram na prisão e lhe ofereceram uma fuga fácil; tinham subornado todos os oficiais que se encontravam entre ele e a liberdade. Sócrates recusou. Já estava com setenta anos (399 a.C.); talvez achasse que era uma boa hora para morrer, e que não teria outra chance de fazer da sua morte algo tão proveitoso. "Animem-se", disse ele aos amigos aflitos, "e digam que estão apenas enterrando meu corpo". "Quando disse essas palavras", relatou Platão, em uma das mais incríveis passagens da literatura mundial:[4]

> ele se levantou e foi à sala de banho com Críton, que ordenou que esperássemos; e nós aguardamos, conversando e pensando (...) na imensidão de nosso sofrimento; ele era como um pai do qual estávamos sendo privados, e nos achávamos prestes a passar o resto de nossas vidas como órfãos. (...) Agora se aproximava o ocaso, pois muito tempo transcorrera enquanto ele esteve lá dentro. Quando saiu, sentou-se conosco mais uma vez, (...) mas não disse muita coisa. Sem demora, o carcereiro (...) entrou e parou ao lado dele, dizendo: "A ti, Sócrates, que sei ser o mais nobre, o mais gentil e o melhor de todos que por aqui já passaram, não imputarei os sentimentos raivosos de outros homens, que se revoltam e praguejam contra mim quando, obedecendo às autoridades, lhes ordeno que bebam o veneno — de fato, estou certo de que não terás raiva de mim; pois, sabes bem, são outros, e não eu, que lhe atribuem essa culpa. Portanto, eu te saúdo, e peço que procures suportar com serenidade o que precisa ser feito; conheces minha função." Desabando em lágrimas, o homem deu as costas para se retirar.
>
> Sócrates olhou para ele e disse: "Agradeço teus votos, e farei como ordenastes". Em seguida, dirigiu-se a nós: "Como é encantador esse

homem; desde que cheguei à prisão, sempre veio me ver, e agora vejam a generosidade com que se aflige por mim. Mas devemos fazer como ele disse, Críton; deixa que tragam a taça, se o veneno estiver preparado; caso contrário, pede ao encarregado para prepará-la".

"Porém", disse Críton, "o sol ainda está acima das montanhas, e muitos só tomam o veneno mais tarde; após feito o anúncio, comem, bebem e se satisfazem com os prazeres da carne; não te apresses, ainda há tempo".

Sócrates respondeu: "Sim, Críton, e aqueles de quem falas estão certos ao fazê-lo, pois acreditam que terão vantagem na postergação; porém estou convicto de que não o farei assim, pois não acredito que terei nenhuma vantagem ao beber o veneno um pouco mais tarde; estaria eu poupando e salvando uma vida que já se foi; só me restaria rir de mim mesmo diante de algo assim. Por favor, faz o que digo e não me contraria".

Críton, ao ouvir tais palavras, fez um sinal ao servo; o servo entrou, permaneceu por algum tempo, e depois retornou com o carcereiro carregando a taça de veneno. Sócrates disse: "Tu, meu bom amigo, que tens experiência nesses assuntos, dá-me orientações de como proceder". O homem respondeu: "Tens apenas que caminhar até sentires a perna bamba, então deita-te e deixa o veneno agir". Ao mesmo tempo, entregou a taça a Sócrates, que com um gesto tranquilo e delicado, sem aparentar nenhum temor ou mudança de cor ou expressão, olhando fixamente para o homem, como era seu costume, tomou-a nas mãos, dizendo: "O que acha de fazer uma libação a um deus qualquer com o líquido desta taça? Posso ou não?". O homem lhe respondeu: "Só preparamos, Sócrates, o tanto que achamos necessário". "Compreendo", disse ele; "ainda assim, posso e devo rezar aos deuses para que protejam minha viagem deste para o outro mundo — permita que essa minha oração me seja concedida". Então, levando a taça aos lábios, bebeu o veneno pronta e alegremente.

Até aquele momento, a maioria de nós vinha sendo capaz de controlar a dor; mas quando o vimos bebendo, e vimos também que havia sorvido toda a dose, não pudemos mais nos conter; apesar dos meus esforços, as lágrimas não paravam de correr; tanto que cobri o rosto e chorei em mim mesmo; pois, certamente, eu não chorava por ele, mas ao pensar na minha infelicidade de perder uma companhia tão importante. Também não fui o primeiro, pois Críton, quando se viu incapaz de controlar o pranto, levantou-se e saiu de perto, e eu o segui; naquele instante, Apolodoro, que vinha lacrimejando o tempo todo, caiu num choro descontrolado, que nos fez todos parecer covardes. Somente Sócrates manteve a calma: "Que estranha comoção é essa?", disse ele. "Tirei as mulheres daqui principalmente pelo fato de causarem esse tipo de tumulto, pois ouvi dizer que um homem deveria morrer em paz. Portanto, calem-se e tenham paciência." Ao ouvir isso, nos envergonhamos e detivemos nossas lágrimas; ele começou a andar até que, em suas palavras, as pernas começaram a falhar, então se deitou de costas no chão, seguindo as recomendações, e o homem que lhe dera o veneno, durante todo o tempo, observava seus pés e suas pernas; após mais alguns instantes, o carcereiro pressionou o pé dele com força e lhe perguntou se sentia alguma coisa; ele disse que não; então apertou a perna, e foi subindo, e subindo, mostrando-nos que ele estava frio e rijo. Então o próprio Sócrates as apalpou, dizendo: "Quando o veneno alcançar o coração, será o fim". Ele estava começando a sentir frio na altura da virilha, quando descobriu o rosto (porque havia puxado as cobertas sobre si) e pronunciou suas últimas palavras: "Críton, devo um galo a Asclépio; lembrarás de pagar a dívida?". "A dívida será paga", afirmou Críton; "mais alguma coisa?". Não houve resposta para essa pergunta; mas após um ou dois minutos ouviu-se um movimento, e o encarregado o descobriu; os olhos dele estavam fixos, e Críton fechou suas pálpebras e boca.

Foi assim o fim de nosso amigo, a quem eu verdadeiramente posso chamar de sábio, o mais justo e o melhor de todos os homens que já conheci.

III. A PREPARAÇÃO DE PLATÃO

Foi uma reviravolta na vida de Platão seu encontro com Sócrates. Ele fora criado com conforto, talvez até com riquezas; era um jovem belo e vigoroso — dizem que recebeu o nome de Platão por causa da largura de seus ombros; destacara-se como soldado e recebera dois prêmios nos Jogos Ístmicos. Não era muito comum um adolescente desses tornar-se filósofo. Mas a alma sutil de Platão encontrou um novo deleite no jogo "dialético" de Sócrates; era um prazer contemplar o mestre exaurindo dogmas e perfurando presunções com a ponta afiada de suas questões; Platão começou a praticar esse esporte, assim como praticara outro tipo mais grosseiro de luta; e sob a orientação do velho "mutuca" (como Sócrates costumava autointitular-se), ele evoluiu de meros debates para análises cuidadosas e discussões frutíferas. Tornou-se um verdadeiro apaixonado pela sabedoria e por seu professor. "Agradeço a Deus", ele costumava dizer, "por ter nascido grego e não um bárbaro, homem livre e não escravo, homem e não mulher; mas, sobretudo, por ter nascido na era de Sócrates".

Ele tinha vinte e oito anos quando o mestre morreu; e o trágico desfecho de uma vida tranquila deixou sua marca em todas as fases do pensamento do discípulo. Preencheu-o com tanto desprezo pela democracia, tanto ódio pela plebe que nem mesmo sua criação e linhagem aristocráticas tinham causado nele; isso o levou a uma decisão catoniana de que a democracia precisava ser destruída, para ser substituída pela regra dos mais sábios e dos melhores. O problema central de sua vida passou a ser encontrar um método pelo qual os mais sábios e os melhores pudessem ser descobertos, e, depois, capacitados e persuadidos a governar.

Enquanto isso, seus esforços para salvar Sócrates o deixaram marcado como suspeito aos olhos dos líderes democráticos; seus amigos insistiam que Atenas era insegura para ele, que aquele era o momento mais propício para que viajasse para conhecer o mundo. E assim, naquele ano de 399 a.C., ele partiu. Para onde ele foi, não sabemos ao certo; há uma guerra engraçada entre as autoridades acadêmicas para dizer quais foram as paradas em sua jornada. Parece que ele foi primeiro ao Egito; e ficou um tanto chocado ao ouvir da classe sacerdotal dominante que a Grécia era um país jovem, sem tradições estáveis ou cultura profunda, e, por conseguinte, ainda não podia ser levada a sério por aquelas autoridades enigmáticas do Nilo. Mas nada nos educa mais do que um choque; a memória dessa casta culta, governando teocraticamente um estático povo agrícola, continuou viva nos pensamentos de Platão e teve um importante papel quando ele escreveu sua Utopia. Depois, saiu navegando para a Sicília e para a Itália; lá, ele se juntou por algum tempo à escola ou seita que o grande Pitágoras havia fundado; mais uma vez, sua mente suscetível foi marcada pela memória de um pequeno grupo de homens isolados que se dedicavam aos estudos para futuramente governar, que tinham uma vida simples apesar de serem donos do poder. Por doze anos, Platão perambulou, absorvendo sabedorias de todas as fontes, sentando-se em cada um dos templos, provando de cada uma das crenças. Alguns arriscam que ele foi à Judeia e teria sido moldado por um tempo pela tradição de profetas quase socialistas; e que ele até encontrou o caminho para as margens do Ganges, aprendendo as meditações místicas dos hindus. Nós não sabemos.

Platão voltou para Atenas em 387 a.C., agora um homem de quarenta anos, amadurecido pela grande variedade de povos e sabedorias de muitas terras. Tinha perdido um pouco do entusiasmo juvenil, mas ganhara uma perspectiva de pensamento com a qual todos os extremos eram vistos como meias verdades, e os muitos aspectos de cada problema mesclavam-se em uma justiça distributiva para cada faceta da verdade. Ele tinha conhecimento e talento; finalmente, o filósofo e o poeta viviam em uma só alma; e ele criou para si um meio para se expressar em que tanto a beleza quanto a verdade podiam encontrar um espaço e trabalhar: o diálogo. Podemos crer que nunca antes a filosofia assumira uma roupagem tão brilhante; e, com certeza, nunca mais voltou a tê-la. Mesmo traduzido, esse estilo brilha, cintila, salta e borbulha. "Platão", diz um de seus admiradores, Shelley, "exibe a rara junção de lógica precisa e sutil com o entusiasmo pítio da poesia, fundidos pelo esplendor e pela harmonia de seus períodos em um fluxo irresistível de impressões musicais, que apressa as persuasões como numa corrida arquejante".[5] Não foi por acaso que o jovem filósofo começou como dramaturgo.

A dificuldade para compreender Platão reside, precisamente, nessa mistura inebriante de filosofia e poesia, ciência e arte; nem sempre conseguimos identificar em que personagem do diálogo o autor fala, nem com que forma; esteja ele sendo literal ou falando em metáforas, se está brincando ou falando sério. O amor dele por gracejo, ironia e mito, às vezes, deixa-nos boquiabertos; quase poderíamos dizer que ele não ensina nada que não seja por meio de parábolas. "Será que eu, como uma pessoa mais velha, falo para vocês, como homens jovens, em apólogos ou mitologias?", pergunta seu Protágoras.⁶ Dizem-nos que esses diálogos foram escritos por Platão para o grande público leitor de seu tempo: por meio de seu método dialógico, suas vívidas batalhas entre prós e contras e seus desenvolvimentos gradativos e repetições frequentes de cada argumento importante, eles eram explicitamente adaptados (hoje, talvez, nos pareçam um pouco obscuros) à compreensão do homem que deve saborear a filosofia como um luxo ocasional, que é compelido pela brevidade da vida a ler como deve ler aquele que está sempre correndo. Sendo assim, devemos estar preparados para encontrar nesses diálogos muita coisa jocosa e metafórica; muita coisa ininteligível, exceto por estudiosos treinados nas minúcias sociais e literárias da época de Platão; muitas coisas que hoje parecerão irrelevantes e fantasiosas, mas deve ter servido como o tempero e o molho com os quais um prato pesado de ideias tornava-se digestivo para mentes desacostumadas à dieta filosófica.

Confessemos, também, que Platão possui, em considerável abundância, as qualidades que ele próprio condena. Ele investe contra poetas e suas fábulas, e acaba acrescentando um ao número de poetas e centenas ao número de fábulas. Reclama dos sacerdotes (que saem por aí pregando o inferno e oferecendo redenção em troca de um pagamento — cf. *A República*, 364), mas ele próprio é um sacerdote, um teólogo, um pregador, um supermoralista, um Savonarola denunciando a arte e atraindo vaidades para o fogo. Platão reconhece, como Shakespeare, que "comparações são escorregadias" (*Sofista*, 231), mas ele sai escorregando de uma para outra, e para outra, e para outra; ele condena os sofistas como adversários com frases sem nexo, mas ele próprio pega a lógica e a fatia em pedaços como um secundarista. Faguet o parodia: "'O todo é maior que a parte?' 'Claro.' 'E a parte é menor do que o todo?' 'Sim.' (...) Por conseguinte, claramente, os filósofos deveriam dominar o Estado?' 'Como é que é?' 'É evidente; vamos refazer o caminho'".⁷

Mas isso é o pior que temos para falar dele; depois tornamos a dizer que os *Diálogos* continuam sendo um dos tesouros inestimáveis do mundo.⁸ O melhor de todos, *A República*, é um tratado completo em si mesmo, que Platão reduziu a um livro; aqui encontraremos sua metafísica, sua teologia, sua ética, sua psicologia, sua pedagogia, sua política, sua teoria da arte. Aqui encontraremos problemas com cheiro de modernidade e sabor de contemporaneidade: comunismo e socialismo; feminismo, controle de natalidade e eugenia; problemas nietzscheanos de moralidade e aristocracia; problemas rousseaunianos de retorno à natureza e educação libertária; o elã vital bergsoniano e a psicanálise freudiana — está tudo ali. É um banquete para a elite, servido por um anfitrião generoso. "Platão é filosofia, e filosofia é Platão", disse Emerson; e as palavras de Omar sobre o Corão servem de prêmio para *A República*: "Queimem as bibliotecas, pois o valor delas está nesse livro."[9]

Estudemos *A República*.

IV. O PROBLEMA ÉTICO

A discussão acontece na casa de Céfalo, um abastado aristocrata. No grupo estão Glauco e Adimanto, irmãos de Platão; e Trasímaco, um sofista rabugento e irascível. Sócrates, que serve como porta-voz de Platão no diálogo, pergunta a Céfalo: "O que você considera ser a maior bênção já obtida por meio da riqueza?". Céfalo responde que a riqueza é uma bênção para ele, principalmente, porque ela lhe permite ser generoso, honesto e justo. Sócrates, com seu estilo matreiro, pergunta-lhe o que ele quer dizer com justiça; e, a partir daí, liberta os cães da guerra filosófica. Porque nada é tão difícil quanto uma definição, e nada tão severo quanto um teste e um exercício de clareza mental e habilidade. Sócrates acha simples destruir as definições por ele apresentadas, uma após outra; até que, por fim, Trasímaco, menos paciente que o resto, interrompe "com um rugido":

> Que loucura é essa que o possuiu, Sócrates? E por que vocês todos ficam humilhando uns aos outros dessa maneira tola? Digo que se quisessem saber o que é justiça deveriam responder e não perguntar, e não se deveriam sentir orgulhosos ao refutar os outros. (...) Pois há muitos que sabem perguntar, mas não sabem responder. (336)

Sócrates não se intimida; ele continua perguntando em vez de responder; e, depois de um minuto de defesas e ataques, ele provoca o incauto Trasímaco a se dedicar a uma definição:

> Então me ouçam", disse o irado sofista, "Eu declaro que o poder é um direito, e a justiça é o interesse do mais forte. (...) As diferentes formas de governo criam leis, democráticas, aristocráticas ou autocráticas, com vistas aos seus respectivos interesses; e essas leis, feitas por eles para servir aos seus interesses, são apresentadas por eles aos seus súditos como 'justiça', e punem como 'injustos' todos aqueles que as transgredirem. (...). Estou falando de injustiça em larga escala; e o que quero dizer será visto com mais clareza na autocracia, que por meio de fraude e força toma a propriedade alheia, não a varejo, mas no atacado. Agora, quando um homem tira o dinheiro dos cidadãos e os transforma em escravos, então, em vez de trapaceiro e ladrão, ele é chamado de feliz e abençoado por todos. Pois a injustiça é censurada porque aqueles que a censuram temem sofrer, e não por qualquer escrúpulo que pudessem ter de eles próprios cometerem uma injustiça. (338-44)

Essa, obviamente, é a doutrina que nossos coetâneos associam mais ou menos corretamente ao nome de Nietzsche. "Muitas vezes ri dos deficientes que se achavam bons porque tinham membros coxos."[10] Stirner expressou a mesma ideia com concisão, quando disse que "um punhado de poderosos é melhor do que uma saca de justos". Talvez em nenhum outro lugar na história da filosofia a doutrina esteja melhor formulada do que em outro diálogo do próprio Platão, *Górgias* (483 f), onde o sofista Cálicles condena a moralidade como uma invenção dos fracos para neutralizar a força dos poderosos.

> Eles distribuem honras e censura com vistas aos próprios interesses; dizem que a desonestidade é vergonhosa e injusta — por desonestidade referem-se ao desejo de ter mais do que seus vizinhos; como reconhecem a própria inferioridade, ficariam mais do que satisfeitos com a igualdade. (...) Mas se houvesse um homem com força suficiente (aqui entra o super-homem), ele iria dar uma sacudidela,

libertar-se-ia das amarras e fugiria; esmagaria todas as nossas fórmulas, feitiços e encantos, e todas as nossas leis, que pecam contra a natureza. (...) Aquele que realmente fosse viver deveria permitir que seus desejos bramissem com todas as forças; mas quando ficassem grandes demais, ele deveria ter coragem e inteligência para administrá-los e satisfazer todos os seus anseios. Isso afirmo serem a justiça natural e a nobreza. No entanto, a maioria não consegue fazê-lo; por isso, culpam tais pessoas, porque sentem vergonha de sua própria incapacidade, que eles desejam reprimir; logo, chamam a intemperança de ultrajante. (...) Eles escravizam os instintos mais nobres e louvam a justiça, porque são meros covardes.

Essa justiça é a moralidade não para homens, mas para subalternos (*oude gar andros all' andrapodou tinos*); é uma moralidade escrava, não uma moralidade heroica; as verdadeiras virtudes do homem são coragem (*andreia*) e inteligência (*phronesis*).[11]

Talvez esse "imoralismo" rígido reflita o desenvolvimento do imperialismo na política externa de Atenas, e o tratamento impiedoso diante de países mais fracos.[12] "Seu império", disse Péricles na oração que Tucídides inventa para ele, "é baseado em sua própria força, não na boa vontade de seus súditos". E o mesmo historiador dá um relato sobre os enviados atenienses que coagem Melos a fazer uma aliança com Atenas na guerra contra Esparta: "Você sabe tão bem quanto nós que o direito, no mundo atual, serve apenas para iguais em poder; os fortes fazem o que podem, e os fracos sofrem o que devem sofrer".[13] Temos aqui o problema fundamental da ética, o busílis da teoria da conduta moral. O que é justiça? Deveríamos buscar a retidão ou deveríamos buscar o poder? É melhor ser bom ou ser forte?

Como Sócrates — isto é, Platão — encara o desafio dessa teoria? Em princípio, ele simplesmente não encara. Ressalta que justiça é uma relação entre indivíduos, dependendo da organização social; e que, consequentemente, pode ser melhor estudada como parte da estrutura de uma comunidade do que como uma qualidade de conduta pessoal. Ele sugere que se pudermos imaginar um Estado justo, estaremos numa posição melhor para descrever um indivíduo justo. Platão isenta-se dessa digressão sob a alegação de que, quando se testa a visão de um homem, fazemos com que ele, primeiramente, leia as letras grandes, depois as menores; assim, argumenta ele, fica mais fácil analisar a justiça em maior escala do que na escala menor, do comportamento individual. Mas não podemos nos deixar enganar: na verdade, o mestre está unindo dois livros, e usa o argumento como uma costura. Ele deseja não só discutir os problemas da moralidade pessoal, mas, em mesma medida, os problemas da reconstrução social e política. Ele está pronto para descrever a utopia que leva escondida na manga. É fácil perdoá-lo, pois a digressão forma o cerne e o valor de seu livro.

V. O PROBLEMA POLÍTICO

A justiça seria um assunto simples, diz Platão, se os homens fossem simples; um comunismo anarquista já seria suficiente. Por um momento, ele dá asas à imaginação:

> Primeiro, então, consideremos como será esse estilo de vida. (...) Será que eles não produzirão milho, vinho, roupas, sapatos, e não construirão casas para si? E quando estiverem sob um teto, trabalharão no verão vulgarmente despidos e descalços, mas, no inverno, vestidos e calçados com abundância. Alimentar-se-ão com cevada e trigo, fermentando o trigo e amassando a farinha, fazendo belos pudins e pães; servirão essas iguarias num tapete de junco ou sobre folhas limpas, enquanto reclinam-se em camas feitas com ramos de teixo ou murta. Então eles e seus filhos banquetearão, bebendo vinho que eles mesmos produziram, usando guirlandas na cabeça, recitando de cor os louvores aos deuses, vivendo numa sociedade harmônica e tomando o devido cuidado para que suas famílias não excedam seus recursos; pois eles estarão atentos à pobreza e à guerra. (...) É claro que terão alguns prazeres — sal, azeitonas, queijo, cebolas, repolhos ou outras ervas do campo que são adequadas para a fervura; e lhes daremos uma sobremesa de figos, grãos, feijões, mirtilos, nozes de faia, que eles irão assar no fogo, bebendo vinho com moderação. E com uma dieta assim,

hão de viver em paz até idade avançada, e deixarão o legado de uma vida semelhante para seus filhos depois deles. (372)

Observe aqui a breve referência ao controle populacional (presume-se que por infanticídio), ao vegetarianismo e a um "retorno à natureza", à simplicidade primitiva que as lendas dos hebreus retratam no Jardim do Éden. Tudo isso soa como Diógenes, o "Cínico", que, como o epíteto insinua, achava que deveríamos "voltar a viver com os animais, eles são tão serenos e contidos"; e, por um momento, tendemos a classificar Platão ao lado de São Simão, Fourier, William Morris e Tolstói. Mas ele é um pouco mais cético do que esses homens de fé caridosa; ele avança despercebido em direção à questão: "Por que um paraíso simples como aquele descrito nunca chega? Por que é que essas utopias nunca chegam ao nosso mapa?".

Ele responde: por causa da ganância e da luxúria. Homens não se contentam com uma vida simples: gostam de aquisição, ambição, competição e ciúme; logo se cansam do que têm, e anseiam pelo que não possuem; e raramente desejam algo que não pertença a outra pessoa. O resultado é a invasão de um grupo sobre o território do outro, a rivalidade de grupos por conta dos recursos do solo, e, depois, vem a guerra. Desenvolvem-se os negócios e as finanças, e isso traz novas divisões de classe. "Qualquer cidade comum é, na verdade, duas cidades: uma, a cidade dos pobres; a outra, a cidade dos ricos; ambas em guerra entre si; e dentro de cada uma delas existem subdivisões — cometeríamos um grave equívoco se as tratássemos como países isolados." (423) Uma burguesia mercantilista surge, cujos membros buscam posição social por meio de riquezas e consumos notórios: "gastarão grandes quantias em dinheiro com suas esposas" (548). Essas mudanças na distribuição da riqueza irão se refletir em mudanças políticas: como a riqueza do comerciante supera a do proprietário de terra, a aristocracia dá lugar a uma oligarquia plutocrática — ricos negociantes e banqueiros dominam o Estado. Então, a estadística, que é a coordenação entre forças sociais e ajustes políticos em direção ao crescimento, é substituída pela politicagem, que é a estratégia partidária e a ânsia pelos benefícios dos cargos oficiais.

Toda forma de governo tende a fracassar quando peca pelo excesso de seus princípios básicos. A aristocracia fracassa ao limitar demais o círculo em que o poder fica confinado; a oligarquia fracassa quando se precipita na luta pela riqueza imediata. Nos dois casos, o fim é uma revolução. Quando a revolução chega, parece que ela surgiu de causas pequenas ou caprichos mesquinhos; porém, embora possa surgir de ocasiões isoladas, ela é o resultado impulsivo de equívocos graves e acumulados; quando um corpo fica enfraquecido por males negligenciados, a mera exposição pode levar a doenças graves (556). "Então surge a democracia: os pobres vencem seus adversários, massacrando alguns e banindo o restante; e dá ao povo uma parcela igual de liberdade e poder" (557).

Mas mesmo a democracia peca pelo excesso — de democracia. Seu princípio básico é o direito igual a todos de assumir um cargo público e determinar políticas públicas. Esse é, à primeira vista, um modelo encantador; ele se torna desastroso, porque o povo não é propriamente treinado, quando recebe sua educação, para saber selecionar os melhores governantes e os projetos mais sensatos (588). "Quanto à população, ela não tem compreensão, e só repete aquilo que seus governantes ficam felizes em lhe contar" (*Protágoras*, 317); para que uma doutrina seja aceita ou rejeitada é necessário apenas que ela seja louvada ou ridicularizada numa peça teatral popular (um sucesso, sem dúvida, era Aristófanes, cujas comédias atacavam quase toda ideia nova). A regra das multidões é um mar encrespado para o navio do Estado navegar; todo vento da oratória agita as águas e desvia o curso. A consequência de tal democracia é a tirania ou a autocracia; a multidão ama tanto as lisonjas, é tão "faminta por mel", que, por fim, o mais astuto e inescrupuloso dos lisonjeadores, denominando-se "protetor do povo", é alçado ao poder supremo (565). (Leve em conta a história de Roma.)

Quanto mais Platão pensa a respeito, mais atônito fica com a loucura que é deixar ao capricho e ingenuidade das multidões a escolha para cargos políticos — isso sem mencionar quando a escolha é deixada àqueles estrategistas suspeitos e que servem aos ricos para controlar a oligarquia por trás do estágio democrático. Platão reclama que, embora em assuntos mais simples — como fabricação de sapatos

— pensemos que somente uma pessoa especialmente treinada poderá servir ao nosso propósito, em política presumimos que qualquer um que saiba como atrair votos sabe como administrar uma cidade ou um país. Quando estamos doentes, buscamos um médico com prática, cuja formação é uma garantia da preparação específica e da competência técnica — não solicitamos o médico mais bonito, ou o mais eloquente; pois bem, quando o país inteiro está doente, não deveríamos buscar o serviço e a orientação do mais sábio e mais preparado? Elaborar um método para impedir que canalhas e incompetentes entrem em cargos públicos, e para selecionar e preparar os melhores para governar em prol do bem comum — esse é o problema da filosofia política.

VI. O PROBLEMA PSICOLÓGICO

No entanto, por trás desses problemas políticos está a natureza humana; para compreender a política, devemos, infelizmente, compreender a psicologia. "Tal homem, tal Estado" (575); "governos variam tanto quanto os caracteres dos homens; (...) os Estados são feitos a partir da natureza humana dentro deles" (544); o Estado é o que é porque seus cidadãos são o que são. Portanto, não precisamos esperar ter Estados melhores até termos homens melhores; até lá, todas as mudanças deixarão as coisas essenciais do mesmo jeito. "Como as pessoas são encantadoras! — sempre tratando, aumentando e complicando suas doenças, imaginando que serão curadas por alguma panaceia que alguém lhes aconselha a experimentar, sem jamais melhorar, sempre piorando. (...) Não são elas tão boas quanto uma peça de teatro, tentando se meter na legislação, imaginando que por meio de reformas colocarão um fim na desonestidade e na patifaria da humanidade — sem saber que, na realidade, estão cortando as cabeças de uma hidra?" (425)

Examinemos por um instante o material humano com o qual a filosofia política deve lidar.

O comportamento humano, diz Platão, flui de três principais fontes: desejo, emoção e conhecimento. Desejo, apetite, impulso, instinto — são todos um só; emoção, espírito, ambição, coragem — todos um só; conhecimento, pensamento, intelecto, razão — todos um só. O desejo reside nas genitálias; é um reservatório explosivo de energia, fundamentalmente sexual. A emoção tem sua morada no coração, no fluxo e na força do sangue; é a ressonância orgânica de experiência e desejo. O conhecimento reside na cabeça; é o olho do desejo, e pode se transformar no piloto da alma.

Todos esses poderes e qualidades estão em cada indivíduo, mas em diversos graus. Alguns homens são apenas a corporificação do desejo; almas inquietas e ambiciosas, que estão absortos em aventuras e querelas materiais, que ardem por luxos e exibicionismos, e que sempre avaliam seus ganhos com valor zero em comparação com suas metas sempre inalcançáveis: são esses os homens que dominam e manipulam a indústria. Mas existem outros que são templos de sentimento e coragem, que não se importam tanto pelo que estão lutando, mas pela vitória "em si mesma e por si mesma"; são mais beligerantes do que ambiciosos; o orgulho deles está no poder, não na posse, a felicidade deles está no campo de batalha, não no mercado: são homens que agregam exércitos e marinhas pelo mundo. Por último, existem os poucos cujo deleite está na meditação e na compreensão; que não anseiam bens, nem vitórias, mas conhecimento; que deixam para trás tanto o mercado quanto o campo de batalha e se entregam à clareza tranquila do pensar em reclusão; cuja vontade é uma luz, não um fogo, cujo porto seguro não é o poder, mas a verdade: são esses os homens da sabedoria, que ficam à margem, sem serem usados pelo mundo.

Agora, igualmente eficiente, a ação individual pressupõe que o desejo, embora munido de emoções, é guiado pelo conhecimento; da mesma forma, no Estado perfeito, as forças industriais produziriam, mas não governariam; as forças militares protegeriam, mas não governariam; as forças do conhecimento, ciência e filosofia seriam fomentadas e protegidas, e estas governariam. Sem ser guiado pelo conhecimento, o povo é apenas uma multidão sem ordem, como uma barafunda de desejos; o povo precisa da orientação de filósofos, tanto quanto os desejos precisam do esclarecimento do conhecimento. "A ruína acontece quando o negociante, cujo coração é estimulado pela riqueza, torna-se o governante" (434); ou quando o general usa seu exército para estabelecer uma ditadura militar. O produtor chega ao seu auge quando fica no campo econômico, o guerreiro chega ao auge na batalha; ambos chegam ao fundo do poço em cargos públicos; e em suas mãos grosseiras, a política submerge a estadística. Pois a estadística é uma ciência e uma arte; deve-se dedicar uma vida para preparar-se para ela. Só um rei-filósofo é adequado para guiar uma nação. "Enquanto filósofos não forem reis, ou os reis e príncipes deste mundo não tiverem o espírito e o poder da filosofia; enquanto a sabedoria e a liderança política não estiverem juntas num mesmo homem, (...) as cidades, e mesmo a humanidade, jamais se livrarão de seus males" (473).

Essa é a pedra fundamental do arco do pensamento de Platão.

VII. A SOLUÇÃO PSICOLÓGICA

Bem, então, o que deve ser feito?

Devemos começar "destinando ao país todos os habitantes das cidades com mais de dez anos, assumindo o controle dessas crianças, que, doravante, serão protegidas dos hábitos de seus pais" (540). Não podemos construir uma Utopia com jovens corrompidos a cada instante pelos exemplos de seus anciãos. Devemos começar, até onde pudermos, com uma tela em branco. É bastante possível que alguns governantes iluminados nos deem poderes para começar um processo desses em alguma parte, ou colônia, de seu reino. (Um governante assim o fez, como veremos.) De qualquer modo, devemos oferecer à criança, desde o princípio, igualdade plena de oportunidade educacional; não há como prever onde desabrochará a luz do talento ou da genialidade; devemos buscá-la imparcialmente em todos os lugares, em todas as classes sociais e raças. A primeira virada nessa nossa estrada é a educação universal.

Durante os primeiros dez anos de vida, a educação deverá ser predominantemente física; toda escola deve ter um ginásio e um parque de diversões; brincadeiras e esportes devem ocupar todo o currículo; e nessa primeira década, a saúde será privilegiada, assim fará com que todos os remédios sejam desnecessários. "Exigir o auxílio de remédios porque, após vidas de indolência e luxúria, homens se encheram como piscinas, com águas e ventos, (...) catarro e flatulência — não é uma desgraça? (...) Nosso sistema atual de medicina pode ser visto como educador de doenças", como um sistema que os priva de uma longa existência, em vez de curá-los. Mas esse é um absurdo dos ricos ociosos. "Quando um carpinteiro está doente, pede ao médico um remédio amargo e rápido — um emético, um purgante, a cauterização ou a faca. E se alguém lhe disser que precisa passar por uma dieta específica, enfaixar a cabeça e coisas do tipo, ele prontamente responde que não tem tempo para ficar doente, e que não vê nenhuma vantagem numa vida tratando de doenças, sem poder realizar os afazeres do dia a dia; em consequência, despede-se desse tipo de médico, retoma sua dieta de costume, então, ou fica bem e continua tocando sua vida como sempre o fez, ou, se seu corpo falhar, morre e acaba logo com isso" (405-6). Não podemos suportar uma nação de malandros e inválidos; a Utopia deve começar com o corpo do homem.

Contudo, só atletismo e ginástica formariam um homem muito desequilibrado. "Como encontraremos uma natureza gentil, mas também com grande coragem? — pois ambas parecem incompatíveis entre si" (375). Não queremos uma nação de lutadores de boxe e levantadores de peso. Talvez a música resolva nosso problema: por intermédio da música, a alma aprende harmonia e ritmo, e até se predispõe à justiça; pois "será que um homem harmoniosamente constituído poderá ser injusto? Não é exatamente por isso, Glauco, que o treinamento musical é tão poderoso, porque ritmo e harmonia encontram seu caminho para os lugares secretos da alma, portando graça em seus movimentos e tornando a alma elegante?" (401; *Protágoras*, 326). A música molda o caráter, e, consequentemente, participa na determinação de questões sociais e políticas. "Damon me diz — e tenho motivos para acreditar — que quando os modos da música mudam, as leis fundamentais do Estado mudam com eles."[14]

A música é valiosa não só porque traz refinamento dos sentimentos e do caráter, mas também pelo fato de preservar e restaurar a saúde. Existem algumas doenças que podem ser tratadas apenas pela mente (*Cármides*, 157): desse modo, o sacerdote coribântico tratava mulheres histéricas tocando melódias alegres numa flauta, que dava a elas ânimo para dançar e dançar, até se sentirem exaustas, caírem no chão e dormirem; quando acordavam, estavam curadas. As fontes inconscientes do pensamento humano são tocadas e acariciadas por tais métodos; e é nesses substratos de comportamento e sentimento que a genialidade finca suas raízes. "Nenhum homem alcança a verdade ou a intuição inspirada enquanto está consciente, mas quando o poder do intelecto está agrilhoado pelo sono, pela doença ou pela demência"; o profeta (*mantike*) ou o gênio são semelhantes para o louco (*manike*) (*Fedro*, 244).

Platão avança para uma notável previsão da "psicanálise". Nossa psicologia política é perplexa, argumenta ele, porque não estudamos apropriadamente os vários apetites ou instintos do homem. Os sonhos podem nos dar uma pista para algumas dessas disposições sutis e mais fugidias.

> Certos prazeres e instintos desnecessários são considerados ilegais; todo homem parece tê-los, mas, em alguns indivíduos, eles são sujeitos ao controle da lei e da razão ["sublimados"], então os melhores desejos prevalecem sobre eles, sendo suprimidos por completo ou reduzidos em força e número; enquanto em outras pessoas esses desejos são mais fortes e mais abundantes. Refiro-me especificamente àqueles desejos que são despertados quando a racionalidade, o autodomínio e o poder governante ["censor"] da personalidade estão adormecidos; a fera selvagem que habita em nossa essência, empanturrada de carnes e bebidas, levanta-se e sai andando nua, saciando-se ao bel-prazer; e não há loucura ou crime concebíveis, por mais desavergonhados e anormais — sem falar no incesto e no parricídio ["complexo de Édipo"] —, dos quais tal essência não pode ser culpada. (...) Mas quando o pulso de um homem é saudável e controlado, e ele vai dormir tranquilo e racional, (...) tendo saciado seus apetites nem muito, nem pouco, mas o suficiente para permitir que durmam, (...) ele, então, tem menor probabilidade de estar sujeito a visões ilusórias e anárquicas. (...) Dentro de cada um de nós, mesmo em homens bons, existe a essência de uma fera selvagem latente, que sempre fica à espreita durante o sono (571-2).

Música e compasso concedem graça e saúde à alma e ao corpo; mas, novamente, muita música é tão perigosa quanto muita ginástica. Ser apenas um atleta é ser quase um selvagem; e ser apenas um músico é ser "derretido e amaciado além do que é bom" (410). Os dois devem estar combinados; e após os dezesseis anos, a prática isolada de música deve ser abandonada, embora cantos em coral, assim como jogos comunitários, persistirão ao longo da vida. A música também não deve ser simplesmente música; deve ser utilizada para oferecer formatos atrativos para conteúdos por vezes desinteressantes de matemática, história e ciências; não há por que, para os jovens, esses estudos complexos não serem suavizados em versos e embelezados com canções. Mesmo naquela época, esses estudos não eram forçados a mentes relutantes; dentro dos limites, um espírito libertário deve prevalecer.

> Os elementos da instrução (...) devem ser apresentados à mente durante a infância, mas sem nenhum tipo de coação; pois um homem livre também deve ser livre na aquisição de conteúdo (...) Conhecimento adquirido mediante coação não cria raízes na mente. Por conseguinte, não se utilize da coação, e deixe que a educação inicial seja uma espécie de diversão; isso lhe permitirá descobrir com mais facilidade a tendência natural da criança (536).

Com mentes se desenvolvendo com tamanha liberdade, e corpos fortalecidos por esportes e atividades ao ar livre de todo tipo, nosso Estado ideal teria uma base psicológica e fisiológica firme e ampla o bastante para o desenvolvimento de todas as possibilidades. Mas deve ser proporcionada, na mesma medida, uma base moral; os membros da comunidade devem estar unidos; devem aprender que são membros uns dos outros; que devem uns aos outros certos favores e obrigações. Ora, já que os homens são ambiciosos, invejosos, combativos e eróticos por natureza, como devemos persuadi-los a se comportarem bem? Pela presença onipresente de policiais? Este é um método brutal, custoso e irritante. Há uma maneira melhor, que é conferindo às exigências morais da comunidade a sanção de uma autoridade sobrenatural. Precisamos ter uma religião.

Platão acredita que uma nação não consegue ser forte a menos que acredite em Deus. Uma mera força cósmica, ou causa primeira, ou elã vital, que não seja uma pessoa, dificilmente inspirará esperança, devoção ou sacrifícios; não há como oferecer conforto aos corações angustiados, nem coragem às almas em dificuldade. Mas um Deus vivo pode fazer tudo isso, e pode instigar, ou obrigar pelo medo, o individualista a moderar sua ganância, a ter certo controle sobre suas paixões. Ainda mais, se à crença em Deus for acrescentada a crença na imortalidade pessoal: a esperança de outra vida nos dá coragem para aceitar a própria morte e suportar a morte dos nossos entes queridos; tornamo-nos duplamente armados quando lutamos com fé. Claro que nenhuma das crenças pode ser demonstrada; que Deus pode, no fim das contas, ser apenas o ideal personificado de nosso amor e esperança, e que a alma é como a música da lira, e morre com o instrumento que lhe deu forma: mesmo assim (segue o argumento, ao estilo Pascal, em *Fédon*) não nos causará nenhum mal acreditar, e só tende a nos fazer um bem imensurável a nós e aos nossos filhos.

Pois há grandes chances de nos encrencarmos com essas nossas crianças se assumirmos a tarefa de explicar e justificar tudo para suas mentes puras. Enfrentaremos uma situação particularmente difícil quando elas chegarem aos vinte anos, pois estaremos diante do primeiro escrutínio e teste daquilo que aprenderam em todos esses anos de educação equânime. Então, chegará o momento implacável de separar o joio do trigo; a Grande Eliminação, podemos chamá-la. Esse teste não será um mero exame acadêmico; será tão pragmático quanto teórico: "Haverá também labutas, dores e conflitos prescritos para eles" (413). Todo tipo de habilidade terá a oportunidade de se mostrar, e todo tipo de estupidez será exposta. Aqueles que fracassarem serão designados às funções econômicas da nação; serão comerciantes, funcionários públicos, operários e fazendeiros. O teste será imparcial e impessoal; se o indivíduo será fazendeiro ou filósofo, isso será determinado não pela oportunidade monopolizada ou pelo favoritismo nepótico; a seleção será mais democrática que a democracia.

Aqueles que passarem nesse primeiro teste receberão mais dez anos de educação e treinamento, para o corpo, para a mente e para o caráter. Depois, eles enfrentarão um segundo teste, muito mais severo do que o primeiro. Aqueles que não passarem tornar-se-ão auxiliares, ou assessores executivos, e oficiais militares do Estado. É exatamente nessas grandes eliminações que vamos precisar de cada recurso de persuasão para convencer os eliminados a aceitar seus destinos com civilidade e paz. Senão, o que poderá evitar que aquela grande maioria de eliminados no primeiro teste e aquele grupo menor, mas mais vigoroso e capaz, de eliminados no segundo teste peguem em armas e transformem essa nossa Utopia em uma mera lembrança esfacelada? O que evitará que eles se estabeleçam ali e, depois, num mundo em que, novamente, apenas quantidade e força bruta serão dominantes, e a comédia doentia de uma falsa democracia será reconstituída *da capo ad nauseam*? Por isso, religião e fé serão nossa única salvação: diremos a esses jovens que as divisões para as quais eles foram escolhidos são determinações de Deus, e não se pode revogá-las — nem todas as lágrimas do mundo poderão apagar suas palavras. Devemos lhes contar o mito dos metais:

> Cidadãos, vocês são irmãos, mas Deus os criou de forma diferente. Alguns de vocês têm o poder de comandar; e esses ele fez de ouro, pois eles têm a maior honra; outros de prata, para serem seus assessores; outros ainda, que deverão ser agricultores e artesãos, ele os fez de bronze e ferro; e a espécie, em geral, será preservada nas crianças. Mas como descendem da mesma família original, um pai de ouro, às vezes, terá um filho de prata, ou um pai de prata, um filho de ouro. E Deus proclama (...) que se o filho de um pai de ouro ou prata tiver uma mistura de bronze ou ferro, então a natureza exige uma transposição de classes; e o olho do governante não deve ter pena de seu filho, porque ele tem que descer na escala para se tornar um agricultor ou artesão, assim como haverá outros nascidos da classe artesã que serão alçados à honra, e irão se tornar guardiões e assessores. Porque diz um oráculo que, quando um homem de bronze ou ferro protege o Estado, este será destruído. (415)

Talvez com essa "fábula real" possamos assegurar um consenso geral razoável para que haja a continuidade de nosso plano.

Mas, agora, e quanto aos sortudos remanescentes que superaram as sucessivas ondas de seleção?

A eles a filosofia deverá ser ensinada. Agora, chegaram aos trinta anos; não teria sido sensato deixá-los "provar do caro prazer cedo demais; (...) pois os jovens, quando sentem o sabor da filosofia em suas bocas, discutem por diversão, e estão sempre contradizendo e refutando, (...) como cãezinhos que sentem prazer em morder e puxar tudo que se aproxima deles" (539). Esse caro prazer, a filosofia, significa, essencialmente, duas coisas: pensar claramente, que é a metafísica; e governar sabiamente, que é a política. Primeiro, portanto, nossa jovem elite deve aprender a pensar claramente. Para tal propósito, ela deverá estudar a doutrina das Ideias.

Mas essa famosa doutrina das Ideias, embelezada e ofuscada pela fantasia e poesia de Platão, é um labirinto desanimador ao estudante moderno, e deve ter oferecido outro teste severo aos sobreviventes das muitas filtragens. A Ideia de uma coisa poderia ser a "ideia geral" da classe à qual ela pertence (a Ideia de John, Dick ou Harry é Homem); ou poderia ser a lei, ou leis, segundo a qual a coisa opera (a Ideia de John seria a redução de todo seu comportamento às "leis naturais"); ou seria o propósito e ideal perfeitos na direção à qual a coisa e sua classe podem evoluir (a Ideia de John é o John da Utopia). Muito provavelmente, a Ideia é tudo isso — ideia, lei e ideal. Por trás dos fenômenos superficiais e particularidades que deparam com nossos sentidos, estão generalizações, regularidade e direções de evolução, não percebidas pela sensação, mas concebidas pela razão e pelo pensamento. Essas ideias, leis e ideais são mais permanentes — por isso, mais "reais" — do que as coisas em particular percebidas por nossos sentidos pelas quais as concebemos e deduzimos: Homem é mais permanente do que Tom, Dick ou Harry; esse círculo nasce com o movimento do meu lápis e morre diante do atrito da borracha, mas o conceito Círculo fica para a posteridade. Essa árvore está de pé, e aquela árvore cai; mas as leis que determinam quais corpos caem, e quando, e como, não tiveram princípio, nem têm, e nunca terão, um fim. Existe, como diria o gentil Espinosa, um mundo de coisas percebidas pelo sentido e um mundo de leis inferidas pelo pensamento; não vemos a lei dos quadrados inversos, mas ela está lá, e em todos os lugares; ela existia antes de tudo começar, e sobreviverá quando o mundo inteiro das coisas chegar ao fim. Aqui há uma ponte: o sentido percebe o concreto e o ferro como centenas de milhões de toneladas; mas o matemático vê, com os olhos da mente, o ajuste ousado e delicado de toda essa massa material de acordo com as leis da mecânica, da matemática e da engenharia, leis que afirmam que todas as pontes boas devem ser feitas; se o matemático também for um poeta, ele verá essas leis sustentando a ponte; se as leis forem violadas, a ponte desabará sobre o rio abaixo; as leis são o deus que sustenta a ponte na palma de sua mão. Aristóteles sugere algo semelhante quando diz que, por Ideias, Platão se referiu ao que Pitágoras quis dizer com "número", quando ensinou que este é um mundo de números (querendo dizer, ao que tudo indica, que o mundo é governado pelas constâncias e regularidades matemáticas). Plutarco nos conta que, de acordo com Platão, "Deus sempre geometriza"; ou, como Espinosa se refere ao mesmo pensamento, Deus e as leis universais de estrutura e operação são um só e a mesma realidade. Para Platão, assim como para Bertrand Russell, a matemática é, consequentemente, o prelúdio indispensável para a filosofia, e sua forma mais elevada; sobre as portas de sua Academia, Platão inscreveu, dantescamente, as seguintes palavras: "Não deixem que entrem aqui um homem ignorante da geometria".[15]

Sem essas Ideias — essas generalizações, regularidades e ideais — o mundo seria para nós como o deve ser aos olhos recém-abertos de uma criança, uma massa de sensações particulares sem classificação e significado; pois significado só pode ser atribuído às coisas quando as classificamos e generalizamos, quando encontramos as leis de suas existências, e os propósitos e as metas de suas atividades. Ou o mundo sem Ideias seria uma pilha de títulos de livros tirados ao acaso de um catálogo, comparado com os mesmos títulos ordenados de acordo com suas classes, sequências e propósitos; seriam as sombras numa caverna comparadas com as realidades sob o sol do lado de fora, que projeta aquelas sombras fantásticas e enganadoras do lado de dentro. Desse modo, a essência de uma educação mais elevada é a busca por

Ideias: por generalizações, leis de encadeamento e ideais de desenvolvimento; por trás das coisas, devemos descobrir sua relação e significado, seu modo e suas leis de funcionamento, a função e o ideal a que servem ou que pretendem servir; devemos classificar e coordenar nossa experiência sensorial em termos de lei e propósito; só pela falta disso é que a mente do imbecil difere da mente de César.

Bem, após cinco anos de treinamento na recôndita doutrina de Ideias, essa arte de perceber formas significativas, sequências causais e potencialidades ideais em meio ao rebuliço e caos de sensações; após cinco anos de treinamento na aplicação desse princípio ao comportamento dos homens e à conduta dos Estados; após essa longa preparação desde a infância, passando pela juventude e chegando à maturidade dos trinta e cinco anos; ora, existe alguma dúvida de que esses produtos perfeitos estão prontos para assumir a púrpura real e as mais altas funções da vida pública? — será que existe alguma dúvida de que eles, finalmente, se tornaram os reis-filósofos que podem governar e libertar a raça humana?

Infelizmente, existe! A educação deles ainda não terminou. Pois, afinal de contas, foi uma educação predominantemente teórica: é preciso mais uma coisa. Deixe que esses doutores, agora, saiam do auge da filosofia e dirijam-se à "caverna" do mundo dos homens e das coisas; generalizações e abstrações de nada valem se não forem testadas no mundo concreto; deixe que nossos alunos entrem naquele mundo sem nenhum favorecimento; deixe que concorram com homens de negócios, com individualistas obstinados e gananciosos, com homens de força física e astúcia; nesse mercado de luta, eles aprenderão direto do livro da vida; deverão machucar os dedos e arranhar suas canelas filosóficas diante das realidades grosseiras do mundo; ganharão o pão e a manteiga pelo suor de sua testa. E esse último e mais duro teste deverá ser impiedosamente aplicado por quinze longos anos. Alguns de nossos produtos perfeitos irão se dobrar diante da pressão, e serão submersos por essa última grande onda de eliminação. Aqueles que sobreviverem, com cicatrizes e cinquenta anos, sensatos e autoconfiantes, despojados da vaidade escolástica pelo implacável atrito da vida, e agora armados com toda a sabedoria que a tradição e a experiência, a cultura e o conflito podem cooperar para oferecer — por fim, esses homens, automaticamente, tornar-se-ão os governantes do Estado.

VIII. A SOLUÇÃO POLÍTICA

Automaticamente — sem nenhuma hipocrisia de eleição. Democracia significa perfeita igualdade de oportunidade, principalmente na educação; não a alternância de todos os Tom, Dick e Harry pelo poder público. Todo homem deve ter a mesma chance de se tornar apto para as complexas tarefas da administração pública; mas só aqueles que provaram seu fervor (ou, no nosso mito, seu metal) e superaram todos os testes com a insígnia de habilidade serão elegíveis para governar. Autoridades públicas não devem ser escolhidas por votos, nem por grupelhos secretos que manipulam os bastidores pretensamente democráticos, mas pela própria habilidade, como demonstrado na democracia fundamental de uma raça isonômica. E nenhum homem ocupará um cargo público sem o treinamento específico nem um alto cargo até que tenha preenchido um cargo menor.

Isso é aristocracia? Pois bem, não precisamos ter medo da palavra, se a realidade que ela exprime for boa: palavras são as fichas do sábio, sem valor próprio; elas só têm valor para tolos e políticos. Queremos ser governados pelos melhores, que é o que significa aristocracia; não ansiamos e oramos, como Carlyle, para que fôssemos governados pelos melhores? Mas passamos a pensar em aristocracia como algo hereditário: é importante que fique bem claro que essa aristocracia platônica não é desse tipo; poderia até ser chamada de aristocracia democrática. Pois as pessoas, em vez de elegerem cegamente o menos pior dentre dois demônios que lhes são apresentados, que são os candidatos indicados por essas quadrilhas, aqui serão elas mesmas, cada uma delas, os candidatos; e terão chances iguais de *eleição educacional* ao cargo público. Não há castas aqui; nenhuma herança de posição ou privilégio; nenhum impedimento para o talentoso nascido sem posses; o filho de um governante começa no mesmo nível, e recebe o mesmo tratamento e as mesmas oportunidades do filho de um engraxate; se o filho do governante for um palerma, cairá na primeira seleção; se o filho do engraxate for um homem habilidoso, o caminho estará livre para ele se tornar um guardião do Estado (423). A carreira estará aberta ao talento, onde quer que a pessoa nasça. Essa é uma democracia das escolas — cem vezes mais honesta e mais eficaz do que uma democracia de eleições.

E assim, "deixando de lado todos os outros negócios, os guardiões irão dedicar-se por completo à manutenção da liberdade no Estado, fazendo desse seu ofício, sem se engajar em outro trabalho que não esteja relacionado a essa finalidade". Eles serão o legislativo, o executivo e o judiciário, todos em um só; nem mesmo as leis os manterão vinculados a um dogma quando deparados com circunstâncias alteradas; o governante dos guardiões será uma inteligência flexível, sem estar atado ao precedente.

Mas como homens de cinquenta anos terão uma inteligência flexível? Não estarão eles engessados pela rotina? Adimanto (fazendo coro, sem dúvida, com um acalorado debate fraterno na casa de Platão) retrucou que filósofos são palermas ou malandros, que governariam de maneira tola ou egoísta, ou as duas coisas. "Os devotos da filosofia que se dedicam aos estudos não só na juventude com vistas à educação, mas como uma busca em idade mais avançada — esses homens, na maioria, tornam-se seres muito estranhos, para não dizer completos canalhas; e o resultado, com aqueles que podem ser considerados os melhores, é que são tornados inúteis para o mundo, exatamente por conta dos estudos que você exaltou." Essa é uma descrição bastante justa de um filósofo moderno de óculos; mas Platão responde que ele se preveniu contra essa dificuldade ao dar aos filósofos o treinamento de vida além dos estudos eruditos; que eles, portanto, serão homens de ação, em vez de simples homens de ideias — homens amadurecidos para grandes propósitos e têmpera nobre por longas tribulações e experiência. Platão compreende a filosofia como uma cultura ativa, uma sabedoria que se funde com as atividades concretas da vida; não serve para formar um metafísico isolado e pouco viável; Platão "é o homem que menos se assemelha a Kant, o que já é (com todo o respeito) um mérito considerável".[16]

Isso resolve a questão da incompetência; quanto à canalhice, podemos nos prevenir contra ela ao estabelecer entre os guardiões um sistema de comunismo:

> Em primeiro lugar, nenhum deles deve ter propriedades além das que forem absolutamente necessárias; também não devem ter casa própria, com cercas e trancas, fechada para qualquer um que queira entrar; suas provisões devem ser apenas equivalentes às de guerreiros treinados, que são homens de moderação e coragem; eles concordarão em receber dos cidadãos uma remuneração fixa, suficiente para cobrir as despesas do ano, e nada mais; farão refeições comuns, iguais às dos soldados em campo. Ouro e prata, diremos que eles os receberão de Deus; o metal mais precioso está dentro deles, e, por isso, não terão necessidade dessa imundície terrena que recebe o nome de ouro, e não devem poluir o divino com uma mistura terrena dessas, pois esse metal comum tem sido a fonte de muitas atividades profanas; mas eles próprios são imaculados. E eles, mais do que todos os cidadãos, não devem tocar ou manusear prata ou ouro, ou ficar sob o mesmo teto que eles, ou usá-los, ou beber de coisas feitas com eles. E essa será sua salvação, e a salvação do Estado. Mas se eles, algum dia, adquirirem casas, terras ou verbas para si, tornar-se-ão donos de casa e agricultores em vez de guardiões; inimigos e tiranos, em vez de aliados dos outros cidadãos; odiarão e serão odiados, tramarão e serão alvo de tramas, e enfrentarão uma vida de terrores internos mais penosos do que os inimigos externos; e a hora da ruína, tanto deles quanto do resto do Estado, estará muito próxima.

Essas providências tornarão a canalhice desvantajosa e perigosa ao forçar os guardiões a governar fora das panelinhas que buscam o próprio bem em vez do bem da comunidade como um todo. Pois eles estarão protegidos da carência; as necessidades e os luxos modestos de uma vida nobre lhes serão dados em provisões regulares, sem que precisem ter preocupações com as finanças, que tanto corroem e causam rugas. Mas, seguindo a mesma régua, serão impedidos de sentir cobiça e ambições sórdidas; terão sempre acesso comedido aos bens mundanos, e nada mais; serão como médicos que receitam uma dieta, que eles próprios terão que seguir, para uma nação inteira. Eles comerão juntos, como homens consagrados; dormirão juntos em barracas únicas, como soldados que fazem votos de pobreza. "Amigos devem ter todas as coisas em comum", como Pitágoras costumava dizer. Sendo assim, a autoridade dos guardiões será esterilizada, e o veneno de seu poder se tornará inócuo; sua única recompensa será a honra e o senso de serviço ao grupo. E serão homens que, desde o início, terão consentido abertamente com uma carreira materialmente limitada; e tais homens, ao fim de seu rigoroso treinamento, terão aprendido a valorizar a grande reputação do estadista, acima dos rudes emolumentos de políticos em busca de cargos ou do "homem econômico". Com a chegada deles, não haverá mais batalhas de partidos políticos.

Mas o que suas esposas dirão sobre tudo isso? Será que elas ficarão satisfeitas em renunciar aos luxos da vida e ao consumo notório de bens? Os guardiões não terão esposas. O comunismo deles será de mulheres e bens. Eles devem ser libertos não só do egoísmo do Eu, mas do egoísmo da família; não deverão estar restritos à cobiça ansiosa do marido pressionado; eles devem se dedicar não a uma mulher, mas à comunidade. Até mesmo seus filhos não deverão ser deles a ponto de serem especificados ou distinguíveis; todas as crianças dos guardiões serão levadas de suas mães no nascimento e criadas em comunidade; a paternidade exata será perdida em meio à confusão. Todas as mães-guardiãs tomarão conta de todas as crianças-guardiãs; a fraternidade entre os homens, dentro desses limites, deixará de ser uma frase e passará a ser fato; todo garoto será irmão de todos os outros, toda garota, uma irmã, todo homem, um pai, e toda mulher, uma mãe.

Mas de onde virão essas mulheres? Algumas, sem dúvida, os guardiões atrairão das classes industrial e militar; outras irão se transformar, por direito e merecimento, em membros da classe guardiã. Pois não deverá existir barreira de gênero de nenhum tipo nessa comunidade; menos ainda na educação — a garota deverá ter as mesmas oportunidades intelectuais do garoto, a mesma chance de subir pelas escadas do poder dentro do Estado. Quando Glauco protesta contra essa admissão de mulheres a quaisquer cargos públicos, contanto que passe nos testes, pois viola o princípio da divisão do trabalho, ele recebe a resposta dura de que a divisão do trabalho deve ser feita por aptidão e habilidade, não por gênero; se uma mulher se mostrar capaz de gerir a administração pública, deixe que ela governe; se um homem se mostrar capaz apenas de lavar pratos, deixe que ele preencha essa função à qual a Providência o designou.

Comunidade de esposas não significa acasalamento indiscriminado; sobretudo, deve haver uma supervisão eugênica estrita de todas as relações reprodutivas. E aqui começa o argumento errante da criação de animais: se nós obtemos resultados tão bons ao criar gado seletivamente para as qualidades desejadas, reproduzindo apenas os melhores de cada geração, por que não deveríamos aplicar princípios semelhantes ao acasalamento humano? Pois não basta educar a criança apropriadamente; ela deve ter um berço apropriado, de ancestrais selecionados e saudáveis; "a educação deve começar antes mesmo do nascimento". Por conseguinte, nenhum homem ou mulher deve procriar a menos que em perfeita saúde; uma certidão de boa saúde será exigida de cada noiva e cada noivo. Homens poderão se reproduzir tão somente se tiverem mais de trinta e menos de quarenta e cinco anos; mulheres, quando tiverem mais de vinte e menos de quarenta. Homens solteiros até os trinta e cinco anos devem ser tributados em felicidade. Os filhos nascidos de acasalamentos não permitidos, ou deformados, devem ser abandonados para que morram. Antes e depois das idades especificadas para a procriação, o acasalamento deve ser livre, sob a condição de que o feto seja abortado. "Concedemos essa permissão com as ordens estritas para que ambas as partes façam de tudo que estiver em seu poder para evitar que embriões vejam a luz; e se alguém resolver, assim mesmo, seguir adiante com a gestação, deverá compreender que a prole de tal união não poderá ser mantida, e as providências exigidas deverão ser tomadas". O casamento entre parentes é proibido, pois induz à degeneração. "Os melhores de cada sexo devem se unir com os melhores do outro sexo sempre que possível, e os inferiores com os inferiores; e eles criarão a prole daqueles, mas não a destes; pois essa é a única maneira de manter o rebanho em ótimas condições. (...) Nossos melhores e mais corajosos jovens, além de outras honras e recompensas, devem ter permissão para copular com uma maior variedade de parceiros; pois tais pais devem ter o máximo possível de filhos".

Porém, nossa sociedade eugênica deve ser protegida não só de doenças e deteriorações internas, mas de inimigos externos. Ela deve estar preparada, se necessário, para declarar guerras que sejam bem-sucedidas. Nossa comunidade modelo, é claro, seria pacífica, pois isso restringiria a população aos próprios meios de subsistência; mas Estados vizinhos não tão bem administrados poderiam muito bem considerar a prosperidade ordenada da nossa Utopia como um convite para ataques e pilhagens. Logo, embora seja deplorável tal necessidade, devemos ter, em nossa classe intermediária, um número suficiente de soldados bem treinados levando uma vida simples e rígida como os guardiões, suprida por uma quantia módica de bens fornecidos por seus "mantenedores e ancestrais", o povo. Ao mesmo tempo, todas as precauções deveriam ser tomadas a fim de evitar motivos para uma guerra. O motivo primordial é a superpopulação; o segundo, o comércio exterior, com as inevitáveis disputas que o interrompem. De fato, o comércio competitivo é realmente uma forma de guerra; "paz é apenas um nome". Será muito melhor, portanto, situar nosso Estado ideal bem no interior, assim ele ficará fechado para qualquer grande desenvolvimento do comércio exterior. "O mar enche um país de mercadorias, oportunidades econômicas e barganhas; isso desperta na mente dos homens hábitos de ganância e desonestidade financeiras, tanto em suas relações internas quanto externas". O comércio exterior exige uma grande marinha para protegê-lo; e uma força naval é tão ruim quanto o militarismo. "Em todo caso, a culpa da guerra fica restrita a poucas pessoas, mas a maioria delas é composta de amigos". As guerras mais frequentes são, precisamente, as mais vis — guerras civis, guerras de gregos contra gregos; que os gregos formem uma liga pan-helênica de nações, "para que toda a raça grega esteja unida, a fim de jamais sujeitar-se ao jugo de povos bárbaros".

Assim, nossa estrutura política será encabeçada por uma pequena classe de guardiões; ela será protegida por um grande grupo de soldados e "auxiliares"; e estará assentada na ampla base de uma população comercial, industrial e agrícola. Essa última classe, ou classe econômica, preservará a propriedade privada, parceiros privados e famílias privadas. Mas o comércio e a indústria serão regulados pelos guardiões, para evitar riqueza ou pobreza individual excessiva; qualquer um que adquira mais de quatro vezes a média de posses dos cidadãos deverá abdicar do excesso para o Estado. Talvez juros sejam proibidos, e lucros, limitados. O comunismo dos guardiões é impraticável para a classe econômica; as características que distinguem essa classe das demais são os poderosos instintos de aquisição e competição; algumas almas nobres lá de dentro serão libertas dessa febre da posse combativa, mas a maioria dos homens será consumida por ela; eles terão fome e sede não de retidão, não de honra, mas de posses que se multiplicam infinitamente. Ora, homens concentrados na busca por riquezas não são adequados para governar um Estado; e nosso plano inteiro se baseia na esperança de que se os guardiões governarem bem e viverem modestamente, o homem econômico estará disposto a deixá-los monopolizar a administração se permitirem que ele monopolize o luxo. Em resumo, a sociedade perfeita seria aquela em que cada classe e cada unidade estivessem fazendo o trabalho ao qual sua natureza e sua aptidão fossem mais bem adaptadas; em que nenhuma classe, ou indivíduo, interferisse com as outras, mas todas cooperassem na diferença para produzir um todo eficiente e harmonioso. Esse seria um Estado justo.

IX. A SOLUÇÃO ÉTICA

E agora, com o fim de nossa digressão política, vemo-nos prontos para responder à pergunta com a qual começamos: o que é justiça? Somente três coisas valem a pena neste mundo: justiça, beleza e verdade; e talvez nenhuma delas possa ser definida. Quatrocentos anos depois de Platão, um procurador romano da Judeia perguntou, esgotado: "O que é a verdade?" — e os filósofos ainda não responderam, nem nos contaram o que é beleza. Mas para justiça Platão aventura-se a dar uma definição. "Justiça", diz ele, "é ter e fazer o que nos é próprio".

Isso soa um tanto decepcionante; depois de tanto atraso, esperávamos uma revelação infalível. O que a definição significa? Simplesmente que cada homem deve receber o equivalente àquilo que produz, e deve exercer a função para a qual é mais adequado. Um homem justo é um homem colocado no lugar que lhe é de direito, onde fará o melhor que pode e retribuirá o equivalente a tudo que recebe. Uma sociedade de homens justos seria, portanto, um grupo extremamente harmonioso e eficiente; pois cada elemento estaria no seu lugar, preenchendo sua função adequada, como as peças de uma orquestra perfeita. Justiça em uma sociedade seria como aquela harmonia de relações por meio da qual os planetas permanecem unidos em seu movimento ordenado (ou, como teria dito Pitágoras, seu movimento musical). Organizada dessa forma, uma sociedade está apta a sobreviver; e a justiça recebe uma espécie de sanção darwiniana. Onde os homens estão fora de seus lugares naturais, onde o comerciante subordina o estadista, ou o soldado usurpa a posição do rei — lá a coordenação das partes é destruída, as juntas se desfazem, a sociedade se desintegra e se dissolve. Justiça é a coordenação eficiente.

E no indivíduo, também, a justiça é a coordenação eficiente, o funcionamento harmonioso dos elementos em um homem, cada um em seu lugar e cada qual dando sua contribuição cooperativa ao comportamento. Todo indivíduo é um universo ou um caos de desejos, emoções e ideias; deixe que essas características se harmonizem, e o indivíduo sobreviverá e terá êxito; deixe-as fora de seus lugares e funções adequados, deixe que a emoção tente tornar-se a luz da ação, assim como seu calor (como num fanático), ou deixe que o pensamento tente tornar-se o calor da ação, assim como sua luz (como num intelectual) — então começará a desintegração da personalidade, o fracasso nos avanços, como a noite inevitável. A justiça é um *taxis kai kosmos* — ordem e beleza — das partes da alma; ela está para a alma como a saúde está para o corpo. Todo o mal reside na desarmonia: entre homem e natureza, ou homem e homens, ou homem e ele mesmo.

Então, Platão responde a Trasímaco e Cálicles, e para todos os nietzscheanos para sempre: justiça não é mera força, mas força harmoniosa — desejos e homens fundindo-se naquela ordem que constitui a inteligência e a organização; a justiça não é o direito do mais forte, mas a harmonia efetiva do todo. É verdade que o indivíduo que saia do lugar ao qual sua natureza e seus talentos o adaptaram pode, durante algum tempo, ter algum lucro ou vantagem; mas uma Nêmesis irrenunciável o persegue — como Anaxágoras falava das Fúrias perseguindo qualquer planeta que saísse de sua órbita; a terrível batuta da Natureza das Coisas conduz o instrumento refratário de volta ao seu lugar, ao seu tom e à sua nota natural. O tenente corso pode tentar governar a Europa com um despotismo cerimonioso mais adequado a uma antiga monarquia do que a uma dinastia nascida da noite para o dia; mas ele acaba numa ilha-prisão afastada, reconhecendo, arrependido, que é "o escravo da Natureza das Coisas". A injustiça será exposta.

Não há nada de bizarramente novo nesse conceito; e, de fato, faremos bem em desconfiar, na filosofia, de qualquer doutrina que se enfeite de novidade. A verdade muda seus acessórios frequentemente (como toda mulher decente), mas sob o novo hábito ela continua sempre a mesma. Em moral, não precisamos esperar inovações surpreendentes: apesar das interessantes aventuras dos sofistas e nietzscheanos, todos os conceitos morais giram em torno do bem do todo. A moralidade começa com associação, interdependência e organização; a vida em sociedade requer a concessão de parte da soberania individual em prol da ordem comum; e, por último, a norma de conduta torna-se o bem-estar do grupo. A natureza assim o quer, e seu julgamento é sempre terminativo; um grupo sobrevive, concorrendo ou em conflito com outro grupo, de acordo com sua unidade e poder, de acordo com a habilidade de seus membros em cooperar com as finalidades comuns. E que cooperação poderia ser melhor do que cada um atuando naquilo que faz de melhor? Essa é a meta de organização que toda sociedade deve buscar, se quiser sobreviver. A moralidade, disse Jesus, é a bondade para com os fracos; moralidade, disse Nietzsche, é a bravura dos fortes; moralidade, diz Platão, é a harmonia eficiente do todo. Provavelmente, as três doutrinas devem ser combinadas para encontrarmos uma ética perfeita; mas será que podemos duvidar de qual dos elementos é fundamental?

X. CRÍTICAS

Agora, o que devemos dizer sobre toda essa história de Utopia? Ela é factível? Se não o for, teria ela características praticáveis que poderíamos aplicar nos tempos atuais? Teria ela, em algum lugar ou até certo ponto, sido colocada em prática?

Pelo menos a última pergunta deve ser respondida a favor de Platão. Durante mil anos, a Europa foi governada por uma ordem de guardiões razoavelmente parecida com a que nosso filósofo vislumbrou. Durante a Idade Média, era costume classificar a população da cristandade em *laboratores* (trabalhadores), *bellatores* (soldados) e *oratores* (clero). O último grupo, apesar de pequeno em número, monopolizou os instrumentos e as oportunidades de cultura, e dominou com influência quase ilimitada metade do mais poderoso continente do globo. O clero, assim como os guardiões de Platão, foram colocados no poder não pelo sufrágio universal, mas por seu talento demonstrado nos estudos eclesiásticos e administrativos, por sua disposição a uma vida de meditação e simplicidade e (talvez isso devesse ser acrescentado) pela influência de seus familiares nos poderes do Estado e da Igreja. Na segunda metade do período que governou, o clero era tão livre das responsabilidades familiares quanto nem Platão pôde desejar; e em alguns casos, ao que parecia, aproveitou bastante da liberdade reprodutiva concedida aos guardiões. O celibato fazia parte da estrutura psicológica do poder do clero; pois, de um lado, ele não tinha obstáculos impostos pelo egoísmo restritivo da família e, por outro, sua aparente superioridade aos apelos da carne aumentava a admiração que lhe era dirigida pelos leigos pecadores e a disposição desses pecadores em despir suas vidas no confessionário.

Boa parte da política do catolicismo derivou das "mentiras reais" de Platão, ou influenciadas por elas: as ideias de paraíso, purgatório e inferno, em sua forma medieval, podem ser identificadas originalmente no último livro de *A República*; a cosmologia da escolástica vem em grande parte do *Timeu*; a doutrina do realismo (a realidade objetiva de ideias gerais) foi uma interpretação da doutrina das Ideias; até mesmo o *quadrivium* educacional (aritmética, geometria, astronomia e música) foi copiado do currículo esboçado por Platão. Com esse corpo de doutrina, os povos da Europa foram governados praticamente sem que se recorresse à força; e aceitaram tão prontamente esse domínio que durante mil anos eles contribuíram com abundante apoio material para os seus governantes, e não exigiram ter voz dentro do governo. E essa aquiescência não era limitada à população em geral; mercadores e soldados, senhores feudais e poderes civis, todos se ajoelhavam diante de Roma. Era uma aristocracia de rara sagacidade política; construiu-se, provavelmente, a mais maravilhosa e poderosa organização que o mundo já conheceu.

Os jesuítas que por algum tempo governaram o Paraguai eram guardiões semiplatônicos, uma oligarquia clerical cujo poder advinha da posse de conhecimento e habilidades em meio a uma população de bárbaros. E durante um tempo, o Partido Comunista que governou a Rússia após a revolução de novembro de 1917 assumiu um formato estranhamente semelhante ao de *A República*. Ele representava uma minoria, unida por uma convicção quase religiosa, brandindo as armas da ortodoxia e da excomunhão, dedicada com uma firmeza à sua causa tanto quanto qualquer santo se dedica à sua, e vivendo uma existência frugal, enquanto governava metade do território europeu.

Tais exemplos indicam que, dentro dos devidos limites e adaptações, o plano de Platão é praticável; de fato, ele próprio o deduziu, em boa parte, com base na prática que observou em suas viagens. Ele ficou impressionado pela teocracia egípcia: lá havia uma extensa e antiga civilização governada por uma pequena classe sacerdotal; comparado com as querelas, a tirania e a incompetência da *Ecclesia* ateniense, Platão observou que o governo egípcio representava uma forma muito mais evoluída de Estado. Na Itália, ele ficou por um tempo numa comunidade pitagórica, vegetariana e comunista, que controlou por gerações a colônia grega onde vivia. Em Esparta, ele viu uma pequena classe dominante levando uma vida dura e simples em comum, em meio a uma população submissa; comendo juntos, restringindo as uniões sexuais para fins eugênicos e dando aos corajosos o privilégio de muitas esposas. Sem dúvida, Platão ouviu Eurípedes defender uma comunidade de esposas, a liberação dos escravos e a pacificação do mundo grego por meio de uma liga helênica; sem dúvida, também, ele conhecia alguns dos cínicos que desenvolveram um forte movimento comunista entre o que alguns chamariam hoje de esquerda socrática. Em resumo, Platão deve ter sentido que, ao propor seu plano, não estava fazendo um avanço impossível diante das realidades que vira com os próprios olhos.

Todavia, críticos, desde os tempos de Aristóteles até hoje, encontraram muitas aberturas para dúvida e refutações em *A República*. "Essas e muitas outras coisas", diz o estagirita, com a típica concisão cínica, "foram inventadas inúmeras vezes no curso das eras". É muito bonito planejar uma sociedade em que todos os homens sejam irmãos; mas estender esse termo para todos os nossos contemporâneos do sexo masculino acaba por retirar todo o calor e significado dele. O mesmo pode ser dito quanto à propriedade comum: significaria uma diluição da responsabilidade; quando tudo pertence a todos, ninguém toma conta de nada. E finalmente, argumenta o grande conservador, o comunismo lançaria as pessoas em uma intolerável continuidade de contato; não deixaria espaço para privacidade e individualidade; e presumiria haver virtudes como paciência e cooperação, que, na prática, só minorias santificadas possuem. "Não devemos presumir um padrão de virtude que esteja acima das pessoas comuns, nem uma educação que favoreça excepcionalmente a natureza e a circunstância; mas devemos levar em consideração a vida que a maioria pode partilhar, e as formas de governo que os Estados em geral podem colocar em prática."

Até hoje, eis o maior (e mais ciumento) discípulo de Platão; e a maioria das críticas posteriores bate na mesma tecla. Platão subestimou, segundo o que nos disseram, a força acumulada dos costumes na instituição da monogamia e no código moral associado a essa instituição; ele não levou em consideração o ciúme possessivo dos indivíduos do sexo masculino ao supor que um homem ficaria contente em ter apenas uma parcela de esposa; ele minimizou o instinto maternal ao supor que as mães concordariam em ter seus filhos tirados delas e criados em uma anonimidade desalmada. E acima de tudo esqueceu que, ao abolir a família, estava destruindo o grande berço da moral e a fonte primordial daqueles hábitos de cooperação e comunidade que precisariam existir na base psicológica do Estado; com eloquência incomparável, o crítico serrou o galho em que o mestre sentava.

A todas essas críticas, pode-se retrucar com muita simplicidade que elas destroem um espantalho. Platão isenta explicitamente a maioria de seu plano comunista; reconhece muito claramente que apenas alguns são capazes da abnegação material que ele propõe para sua classe governante; só os guardiões chamariam todos os guardiões de irmãos e irmãs; só os guardiões seriam despojados de ouro e bens. A vasta maioria continuaria em poder de todas as instituições respeitáveis — propriedade, dinheiro, luxos, concorrência e toda a privacidade que se desejar ter. Todos terão o casamento mais monogâmico que quiserem e toda a moral derivada dele e da família; os pais manterão suas esposas e as mães continuarão com seus filhos *ad libitum* e *nauseam*. Quanto aos guardiões, não se trata tanto de disposição comunista, mas de senso de honra, e amor por ela; o orgulho, não a bondade, servirá de sustento para eles. Com relação ao instinto maternal, ele não é forte antes do nascimento, ou mesmo do crescimento, da criança; a mãe comum aceita o recém-nascido mais com resignação do que com alegria; o amor pelo bebê é uma evolução, não um milagre súbito, e cresce à medida que a criança cresce, e conforme a mãe lhe dedica seu cuidado minucioso; só depois que se torna a corporificação da arte materna ele captura o coração da mulher de maneira irrevogável.

Outras objeções são mais econômicas do que psicológicas. A república de Platão, dizem os críticos, denuncia a divisão de todas as cidades em duas cidades, e depois nos oferece uma cidade dividida em três. A resposta é que a divisão no primeiro caso ocorre por meio de conflito econômico; no Estado de Platão, as classes dos guardiões e dos auxiliares são especificamente excluídas da participação nessa competição por ouro e bens. Mas, então, os guardiões teriam poder sem responsabilidade; e isso não levaria à tirania? De forma alguma; eles têm poder político e direcionamento, mas nenhum poder econômico ou riqueza; a classe econômica, se descontente com o modo de governo dos guardiões, poderia suspender o suprimento de alimentos, como parlamentos controlam executivos ao suspenderem o orçamento. Pois bem, se os guardiões têm poder político, mas não econômico, como eles podem manter o domínio? Harrington e Marx, e muitos outros, não demonstraram que o poder político é um reflexo do poder econômico e torna-se precário assim que o poder econômico é transferido para um grupo politicamente submisso — como para as classes médias no século XVIII?

Essa é uma objeção bastante fundamental, e talvez fatal. A resposta poderia ser a seguinte: o poder da Igreja Católica romana, que fez até reis se curvarem em Canossa, era baseado, em seus primeiros séculos de domínio, mais na reiteração de dogmas do que na estratégia da riqueza. Mas pode ser que o longo domínio da Igreja tenha persistido devido à condição agrícola da Europa: uma população agrícola tende a acreditar no sobrenatural em virtude de sua impotente dependência dos caprichos do clima e pela inabilidade de controlar a natureza, o que sempre leva ao medo e, por conseguinte, à devoção; quando a indústria e o comércio se desenvolveram, surgiu um novo tipo de mente e homem, mais realista e pé no chão, e o poder da Igreja começou a desabar assim que entrou em conflito com esse novo fato econômico. O poder político deve se reajustar constantemente às mudanças no equilíbrio das forças econômicas. A dependência econômica dos guardiões de Platão em relação à classe econômica logo os reduziria a executivos políticos controlados por aquela classe; nem mesmo a manipulação do poder militar adiaria por muito tempo essa questão inevitável — do mesmo jeito que as forças militares da Rússia revolucionária não puderam evitar o desenvolvimento de um individualismo proprietário entre os camponeses que controlavam as plantações, e, portanto, o destino da nação. Para Platão, só restaria uma coisa a ser feita: muito embora decisões políticas devam ser ditadas pelo grupo economicamente dominante, seria melhor que essas decisões fossem administradas por funcionários especificamente treinados para tal propósito do que por homens que acabam se metendo em cargos públicos saídos do comércio ou da manufatura sem nenhum treinamento nas artes do estadismo.

Sobretudo, o que talvez falte a Platão seja o senso heraclitiano de fluxo e mudança; ele fica muito ansioso para fazer com que o quadro em movimento desse mundo torne-se um tabuleiro fixo e imutável. Ele ama a ordem de maneira única, como qualquer tímido filósofo; ele foi amedrontado pela turbulência democrática de Atenas e acabou sendo levado a negligenciar completamente os valores individuais; ele organiza homens em classes como um entomologista classifica seus insetos; e não vê problema algum em usar embustes sacerdotais para avalizar seus fins. Seu Estado é estático — facilmente se tornaria uma sociedade retrógrada, governada por octogenários inflexíveis e hostis a invenções e desconfiados de mudanças. É mera ciência sem arte; exalta a ordem, tão cara às mentes científicas, e ignora a liberdade, que é a alma da arte; reverencia o nome da beleza, mas exila os artistas que, sozinhos, podem criar beleza ou realçá-la. É uma Esparta ou uma Prússia, não um Estado ideal.

Agora que essas necessidades desagradáveis foram escritas com imparcialidade, resta-nos fazer uma devota homenagem ao poder e à profundidade do conceito de Platão. Essencialmente, ele está certo (não está?): o que este mundo precisa é ser governado por seus homens mais sábios. É nossa função adaptar o pensamento dele aos nossos tempos e limitações. Hoje, devemos ter a democracia como irrevogável: não podemos limitar o sufrágio, como proposto por Platão; mas podemos impor restrições para os ocupantes de cargos públicos, e, nessa toada, assegurar o equilíbrio entre democracia e aristocracia que Platão parecia ter em mente. Podemos aceitar sem discussão sua alegação de que os estadistas deveriam ser treinados com minúcia e especificidade, assim como médicos; poderíamos estabelecer departamentos de ciência política e administração em nossas universidades; e quando esses departamentos começassem a funcionar de maneira adequada, poderíamos tornar os homens inelegíveis para nomeação a cargos públicos a menos que tivessem uma graduação em tais escolas políticas. Poderíamos até tornar todos os homens elegíveis para um cargo para o qual cada um foi treinado, e assim eliminar totalmente aquele sistema complexo de nomeações em que se assenta a corrupção da nossa democracia; deixe que o eleitorado escolha qualquer homem que, devidamente treinado e qualificado, se anuncie como candidato. Dessa forma, a escolha democrática seria muito mais ampla do que hoje, quando Tweedledum e Tweedledee* encenam seus espetáculos fraudulentos a cada quatro anos. Apenas uma emenda constitucional seria necessária para tornar suficientemente democrático esse plano para a restrição dos cargos a graduados em técnica administrativa; e essa emenda igualaria a oportunidade educacional para abrir a homens e mulheres, independentemente das condições sociais de seus pais, o caminho para o treinamento universitário e para avanços políticos. Seria muito fácil fazer com que municípios, condados e Estados oferecessem bolsas de estudo a todos os graduados nos ensinos fundamental, médio e superior que demonstrassem um certo padrão de habilidade, e cujos pais fossem financeiramente incapazes de pagar esse próximo estágio do processo educacional. Aí sim uma democracia honraria seu nome.

Por fim, nada mais justo acrescentar que Platão compreende que sua Utopia não se aplica ao reino do possível. Ele admite que descreveu um ideal difícil de ser alcançado; responde que, não obstante, existe um valor ao pintar essas imagens do nosso desejo; a importância do homem é que ele pode imaginar um mundo melhor, e ao menos parte dele poderá se tornar realidade; o homem é um animal que cria Utopias. "Olhamos para trás e para a frente, e ansiamos o que não existe." Nem tudo está perdido: muitos sonhos criaram pernas e saíram andando, ou criaram asas e voaram, como o sonho de Ícaro de que os homens podiam voar. Afinal de contas, mesmo que tivéssemos apenas desenhado um quadro, ele serviria como meta e modelo de nosso movimento e comportamento; quando um número suficiente de pessoas vir o quadro e seguir seu brilho, a Utopia encontrará seu lugar no mapa. Enquanto isso, "no paraíso foi criada a maquete de uma cidade assim, e aquele que quiser poderá contemplá-la, e contemplando, poderá orientar-se de acordo com seu desejo. Mas se realmente existe ou algum dia existirá uma cidade dessas sobre a Terra, (...) ele agirá de acordo com as

---

* N. do T.: Personagens fictícios do livro de Lewis Carroll, *Alice Através do Espelho e o Que Ela Encontrou Por Lá*. Na obra, eles nunca se contradizem, por mais que ensaiem algumas batalhas.

leis daquela cidade, e de nenhuma outra". O homem bom aplicará, mesmo num Estado imperfeito, a lei perfeita.

Apesar de tudo, com todas essas dúvidas levantadas, o mestre foi corajoso o bastante para se arriscar quando surgiu uma chance para que realizasse seu projeto. Por volta do ano 387 a.C., Platão recebeu um convite de Dionísio, governante da então próspera e poderosa Siracusa, capital da Sicília, para que fosse e transformasse seu reino na Utopia; e o filósofo, pensando como Turgot, que seria mais fácil educar um homem — embora fosse um rei — do que um povo inteiro, aceitou o desafio. Mas quando Dionísio descobriu que o projeto exigia que ele se transformasse num filósofo ou deixaria de ser rei, ele entrou em pânico; o resultado foi uma discussão acalorada. Segundo dizem, Platão foi vendido como escravo, porém foi resgatado por seu amigo e discípulo Anicéris — que, quando os seguidores atenienses de Platão quiseram reembolsá-lo pelo resgate pago, recusou o dinheiro, dizendo que eles não deveriam ser os únicos privilegiados a ajudar a filosofia. Essa experiência (e, se pudermos acreditar em Diógenes Laércio, outra semelhante) pode explicar o motivo para o conservadorismo desiludido do último trabalho de Platão, as *Leis*.

Contudo, os anos finais de sua longa vida devem ter sido muito felizes. Seus discípulos partiram em todas as direções, e o sucesso deles tornou o mestre idolatrado em todos os lugares. Platão estava em paz na sua Academia, caminhando de grupo em grupo entre os alunos, dando-lhes problemas e tarefas sobre os quais deveriam pesquisar para que, quando ele voltasse, lhe apresentassem um relatório e dessem a resposta. La Rochefoucauld disse que "poucos sabem como envelhecer". Platão sabia: aprender como Sólon e ensinar como Sócrates; guiar jovens ávidos e encontrar o amor intelectual de camaradas. Pois seus alunos o amavam assim como ele os amava; era amigo deles, assim como era seu filósofo e orientador.

Um de seus discípulos, encarando aquele grande abismo chamado matrimônio, convidou o mestre para o banquete de seu casamento. Platão foi, rico e já com seus oitenta anos, e se juntou alegremente aos foliões. Mas conforme as horas passavam junto com as risadas, o velho filósofo retirou-se para um canto mais tranquilo da casa e se sentou numa cadeira para tirar um cochilo. Pela manhã, quando a festa terminou, os convidados exaustos foram acordá-lo. Descobriram que durante a noite, sem fazer barulho ou chamar atenção, ele passou de um cochilo para um sono sem fim. Atenas inteira acompanhou-o até seu túmulo.

CAPÍTULO II

Aristóteles e a ciência grega

I. BASES HISTÓRICAS

Aristóteles nasceu em Estagira, uma cidade da Macedônia a cerca de trezentos e vinte quilômetros ao norte de Atenas, no ano de 384 a.C. Seu pai era amigo e médico de Amintas, rei da Macedônia e avô de Alexandre. O próprio Aristóteles parece ter se tornado membro da grande fraternidade médica de Asclepíades. Ele foi criado rodeado pelo odor da medicina, assim como muitos filósofos foram criados com o odor da santidade; ele teve todas as oportunidades e incentivos para desenvolver uma mentalidade científica; mas estava preparado desde o início para se tornar o fundador da ciência.

Temos algumas opções para a história de sua juventude. Uma narrativa o representa como tendo desperdiçado seu patrimônio em uma vida conturbada, juntando-se, depois, ao exército para evitar morrer de fome, e retornou a Estagira para praticar a medicina; então foi para Atenas, aos trinta anos, para estudar filosofia com Platão. Uma versão mais digna da história leva-o para Atenas aos dezoito anos e o coloca, imediatamente, como discípulo do grande mestre; mas mesmo nesse relato mais provável há suficiente associação com uma juventude irregular e irresponsável, com uma vida em rápida mutação.[1] O leitor escandalizado pode consolar-se ao observar que nas duas versões da história nosso filósofo, finalmente, cria raízes nas alamedas tranquilas da Academia.

Sob a tutela de Platão, ele estudou oito — ou vinte — anos; de fato, a platonismo permeado nas especulações de Aristóteles — mesmo naquelas mais antiplatônicas — sugere o período mais longo. Gostaríamos de imaginar que aqueles anos foram muito felizes; um discípulo brilhante orientado por um professor incomparável, caminhando lado a lado, como entusiastas gregos, pelos jardins da filosofia. Mas ambos eram gênios; e é notório o fato de que gênios concordam harmonicamente uns com os outros assim como a dinamite combina com o fogo. Quase meio século os separava; era difícil para a nossa compreensão preencher a lacuna de tantos anos e anular a incompatibilidade das almas. Platão reconheceu a grandeza desse estranho novo pupilo, vindo do norte supostamente bárbaro, e falou sobre ele, certa vez, como o *Nous* da Academia — como se dissesse inteligência personificada. Aristóteles gastou dinheiro aos montes na coleção de livros (isto é, manuscritos, pois não havia imprensa naqueles tempos); ele foi o primeiro, depois de Eurípedes, a reunir obras e formar uma biblioteca; e a fundação dos princípios da classificação bibliográfica está entre as muitas de suas contribuições ao estudo acadêmico. Por isso, Platão falou do lar de Aristóteles como "a casa do leitor", e parece ter feito um elogio dos mais sinceros; mas algumas más línguas alegam que o mestre pretendia fazer um comentário dissimulado e venenoso a uma certa tendência de Aristóteles a "rato de biblioteca". Uma discussão mais autêntica parece ter acontecido quando Platão estava chegando ao fim da vida. Nosso jovem ambicioso, ao que parece, desenvolveu um "complexo de Édipo" em relação ao seu pai espiritual por conta dos favores e das afeições pela filosofia, e começou a dar indicações de que a sabedoria não morreria com Platão; enquanto o velho sábio referiu-se a seu discípulo como um potro que chuta a mãe após sugar todo seu leite.[2] Zeller, um grande erudito,[3] em cujas páginas Aristóteles quase alcança o Nirvana da respeitabilidade, insiste que rejeitemos essas histórias; mas podemos presumir que onde ainda existe tanta fumaça devia existir uma chama imensa.

Os outros incidentes desse período ateniense são ainda mais problemáticos. Alguns biógrafos nos contam que Aristóteles fundou uma escola de oratória para rivalizar com Isócrates; e que ele tinha entre seus discípulos nessa escola o riquíssimo Hérmias, que logo se tornaria autocrata da cidade-estado de Atarneu. Depois de alcançar esse posto, Hérmias convidou Aristóteles para sua corte; e no ano de 344 a.C., ele quis recompensar o professor pelos favores prestados e lhe ofereceu uma irmã (ou sobrinha) em casamento. Alguns imaginam este como um presente de grego; mas os historiadores correm para nos garantir que Aristóteles, apesar da genialidade, teve uma vida bastante feliz ao lado de sua esposa, e falou com muita afeição sobre ela em seu testamento. Apenas um ano depois, Felipe, rei da Macedônia, chamou Aristóteles para a corte, em Pela, com o objetivo de educar Alexandre. Isso confirma a crescente reputação de nosso filósofo, mostrando que o maior monarca da época, em busca do maior professor, escolheu Aristóteles para ser o tutor do futuro mestre do mundo.

Felipe estava convencido de que seu filho deveria ter toda a vantagem educacional, pois havia feito planos ilimitáveis para ele. A conquista da Trácia, em 356 a.C., deu-lhe o comando de minas de ouro, que logo começaram a produzir o precioso metal dez vezes mais que a quantidade de prata destinada a Atenas das decadentes minas de Laurium; o povo dele era composto por vigorosos camponeses e guerreiros, ainda intocados pelos luxos e vícios da cidade: aqui havia a combinação que tornaria possível a submissão de cem cidades-estado mesquinhas e a unificação política da Grécia. Felipe não nutria simpatia pelo individualismo que incentivava a arte e o intelecto da Grécia e ao mesmo tempo desintegrara sua ordem social; em todas essas pequenas capitais ele não viu a cultura exuberante e a arte insuperável, mas a corrupção comercial e o caos político; viu mercadores e banqueiros insaciáveis absorvendo os recursos vitais da nação, políticos incompetentes e oradores espertos induzindo uma massa operária ao erro por meio de tramas e guerras desastrosas, facções partindo classes ao meio e classes que se consubstanciavam em castas: aquilo, disse Felipe, não era uma nação, mas uma confusão de indivíduos — gênios e escravos; ele instituiria sua liderança sobre aquele rebuliço e faria toda a Grécia erguer-se com união e força como o centro político e a base do mundo. Em sua juventude, em Tebas, ele aprendera as artes da estratégia militar e a organização civil sob o nobre Epaminondas; agora, com uma coragem tão ilimitada quanto sua ambição, aprimorou aquelas lições. Em 338 a.C., derrotou os atenienses em Queroneia, e, enfim, viu a Grécia unida, embora acorrentada. Depois, ainda comemorando sua vitória e planejando como ele e seu filho conquistariam e unificariam o mundo, caiu nas mãos de um assassino.

 Alexandre, quando Aristóteles chegou, era um jovem rebelde de treze anos; apaixonado, epilético, quase um alcoólatra; seu passatempo era domesticar cavalos que não podiam ser domados pelos homens. Os esforços do filósofo no sentido de apaziguar o fogo daquele vulcão em ebulição não prosperaram muito; Alexandre teve mais sucesso com Bucéfalo do que Aristóteles com Alexandre. "Por um tempo", diz Plutarco, "Alexandre amava e admirava Aristóteles como se ele fosse seu próprio pai; dizendo que embora tivesse recebido a vida de um, o outro lhe ensinara a arte de viver". ("Vida", diz um belo adágio grego, "é o presente da natureza; mas vivê-la com beleza é o presente da sabedoria".) "Quanto a mim", disse Alexandre em uma carta a Aristóteles, "preferia ter me destacado no conhecimento daquilo que é bom em vez de ter ampliado meu poder e domínio". Mas não deve ter sido mais que um mero elogio em virtude de sua juventude real; por trás do entusiasmo de um neófito em estudos filosóficos havia o impetuoso filho de uma princesa bárbara e um rei indomável; as amarras da razão eram delicadas demais para encoleirar essas paixões ancestrais; e Alexandre deixou a filosofia após dois anos para assumir o trono e cavalgar pelo mundo. A história nos deixa livres para acreditar (embora devêssemos suspeitar desses pensamentos agradáveis) que a paixão unificadora de Alexandre resultava, em parte, da influência da força e grandiosidade de seu professor, o pensador mais sintético da história do pensamento; e que a conquista da ordem no reino político por parte de seu discípulo, e no reino filosófico por parte do mestre, nada mais foi que os diversos lados de um mesmo projeto, nobre e épico — dois magníficos macedônios unificando dois mundos caóticos.

 Após partir para a conquista da Ásia, Alexandre deixou para trás, nas cidades gregas, governos que lhe eram favoráveis, mas populações energicamente hostis. A longa tradição de uma Atenas livre e anteriormente imperial tornava a submissão — ainda que por um brilhante déspota conquistador de mundo — intolerável; e a eloquência rancorosa de Demóstenes mantinha a Assembleia sempre à beira da revolta contra o "partido macedônio", que segurava as rédeas do poder da cidade. Porém, quando Aristóteles, depois de outro período de viagens, retornou a Atenas no ano de 334 a.C., naturalmente associou-se a esse grupo macedônio e não escondeu que era favorável à regra de unificação de Alexandre. Ao estudarmos a extraordinária sucessão de trabalhos, de especulação e pesquisa, que Aristóteles revelou em seus últimos doze anos de vida — e conforme o observamos realizar tarefas multifacetadas de organização em sua escola, e de coordenar tamanha riqueza de conhecimento como, provavelmente, jamais passara pela cabeça de alguém —, vamos relembrar ocasionalmente que essa não foi uma tranquila e segura busca da verdade; que a qualquer minuto o céu político podia mudar e precipitar uma tempestade nessa pacífica vida filosófica. Só com essa situação em mente é que podemos compreender a filosofia política de Aristóteles, e seu trágico fim.

II. O TRABALHO DE ARISTÓTELES

Não foi difícil para o instrutor do rei dos reis encontrar discípulos, mesmo numa cidade tão hostil quanto Atenas. Quando, aos cinquenta e três anos de idade, Aristóteles estabeleceu sua escola, o Liceu, foram tantos os alunos que correram até ele que houve a necessidade de criar regulamentos complexos para a manutenção da ordem. Os próprios alunos estabeleceram as regras e elegiam, a cada dez dias, um dos seus para supervisionar a escola. Mas não devemos imaginá-la como um local de disciplina rígida; pelo contrário, a imagem que nos vem à mente é a de estudiosos fazendo suas refeições junto do mestre e aprendendo enquanto ele perambulava com os alunos, de um lado para o outro, pela alameda que contornava o campo de atletismo, que emprestou seu nome ao Liceu.[4]

A nova escola não era uma mera réplica daquela que Platão deixara para trás. A Academia era dedicada, acima de tudo, à matemática e à filosofia política e especulativa; o Liceu tendia mais para a biologia e para as ciências naturais. Se pudermos acreditar em Plínio,[5] Alexandre instruiu seus caçadores, couteiros, jardineiros e pescadores a fornecer a Aristóteles todo o material zoológico e botânico que ele desejasse; outros escritores antigos nos contam que certa vez foram deixados à sua disposição mil homens espalhados pela Grécia e pela Ásia, coletando para ele espécimes da fauna e flora de cada lugar. Com essa abundância de materiais, ele foi capaz de estabelecer o primeiro grande jardim zoológico do mundo. Não é exagero nenhum ressaltar a influência dessa coleção em seus estudos científicos e filosóficos.

De onde vinham os fundos para financiar essas iniciativas? Ele próprio, àquela altura, era alguém de renda considerável; e, em virtude do casamento, obteve parte da fortuna de um dos homens públicos mais poderosos da Grécia. Ateneu (certamente com algum exagero) relata que Alexandre deu a Aristóteles, para equipamentos e pesquisas físicas e biológicas, a soma de oitocentos talentos (em valores atuais, algo perto de quatro milhões de dólares).*[6] Foi por sugestão de Aristóteles, pensam alguns, que Alexandre enviou uma custosa expedição para explorar as fontes do Nilo e descobrir as causas de suas cheias periódicas.[7] Trabalhos como o compêndio de 158 constituições políticas, elaborado para Aristóteles, indicam um considerável conjunto de auxiliares e secretários. Em resumo, temos aqui o primeiro exemplo na história europeia de financiamento científico em larga escala com dinheiro público. Quanto conhecimento não teríamos se os Estados modernos fomentassem a pesquisa em uma escala proporcionalmente vultosa!

No entanto, seríamos injustos com Aristóteles se ignorássemos as limitações quase fatais do equipamento que acompanhava os recursos e as estruturas sem precedentes. Ele foi forçado "a estabelecer uma hora sem um relógio, comparar graus de calor sem um termômetro, observar os céus sem um telescópio, e o clima sem um barômetro. (...) Dentre os nossos instrumentos matemáticos, ópticos e físicos, ele possuía apenas a regra e o compasso, junto com substitutos bastante imperfeitos para alguns outros. A análise química, medições e pesagens

---

* N. do T.: Esse valor, atualizado para o ano de 2018, segundo órgãos oficiais dos EUA, estaria perto de sessenta milhões de dólares.

corretas e uma aplicação precisa da matemática à física eram todos desconhecidos. A força de atração da matéria, a lei da gravidade, fenômenos elétricos, as condições da combinação química, pressão do ar e seus efeitos, a natureza da luz, do calor, da combustão etc., resumindo, todos os fatos em que baseamos as teorias físicas da ciência moderna não tinham, ou quase não tinham, sido descobertos".[8]

Veja agora como as invenções fazem história: pela falta de um telescópio, a astronomia de Aristóteles é uma rede de romances infantis; por falta de um microscópio, sua biologia vagueia sem cessar. De fato, foi na invenção industrial e técnica que a Grécia teve seu padrão reduzido com relação aos seus alcances sem precedentes. O desdém grego pelo trabalho manual evitou que todo o mundo, exceto os escravos, tivesse um contato direto com os processos de produção, evitou o contato empolgante com maquinários que revelam defeitos e preveem possibilidades; a invenção técnica só foi possível por conta daqueles que não tinham interesse nisso, e não podiam obter nenhuma recompensa material a partir dela. Talvez o próprio baixo preço dos escravos tenha causado o atraso das invenções; músculos ainda eram menos custosos do que máquinas. Assim, enquanto o comércio grego conquistava o mar Mediterrâneo e a filosofia grega conquistava a mente mediterrânea, a ciência grega ficava para trás, e a indústria grega continuava quase no mesmo lugar em que a indústria egeia estivera quando os invasores gregos tomaram conta da região, em Cnossos, Tirinto e Micenas, mil anos antes. Sem dúvida, vemos aqui o motivo pelo qual Aristóteles tão raramente recorre a experimentos; os mecanismos de experimento ainda não tinham sido criados; e o melhor que ele podia fazer era realizar uma observação quase universal e contínua. Apesar disso, a vasta quantidade de dados reunidos por ele e seus assistentes formou a base para o progresso científico, o manual do conhecimento por dois mil anos; uma das maravilhas do trabalho humano.

Os escritos de Aristóteles chegaram às centenas. Alguns autores antigos atribuem-lhe o crédito de quatrocentos volumes, outros chegam a mil. O que sobrou não passa de uma parte, mas ainda pode ser considerada uma biblioteca completa — imaginem a vastidão e grandiosidade do todo. Existem, num primeiro momento, os trabalhos de *Lógica*:

"Categorias", "Tópicos", "Primeira" e "Segunda Analítica", "Proposições" e "Refutação dos Sofistas"; esses trabalhos foram reunidos e editados pelos tardios peripatéticos sob o título generalista de "Órganon" de Aristóteles — ou seja, o órgão, ou instrumento, do pensamento correto. Em seguida, há os trabalhos *Científicos*: "Física", "Sobre o Céu", "Crescimento e Decadência", "Meteorologia", "História Natural", "Sobre a Alma", "As Partes dos Animais", "Os Movimentos dos Animais" e "A Geração dos Animais". Há, num terceiro momento, os trabalhos de *Estética*: "Retórica" e "Poética". E num quarto momento surgem os trabalhos mais estritamente *Filosóficos*: "Ética", "Política" e "Metafísica".⁹

Aqui, evidentemente, está a *Encyclopedia Britannica* da Grécia: todos os problemas abaixo do sol e ao redor dele encontram-se reunidos aí; não surpreende haver mais erros e absurdos em Aristóteles do que em qualquer outro filósofo que já escreveu. Nesse compêndio está uma síntese de conhecimento e teoria como nenhum outro homem chegou a realizar até os dias de Spencer, e mesmo assim, nem metade tão magnífico; aqui, melhor do que a errática e brutal vitória de Alexandre, estava uma verdadeira conquista do mundo. Se a filosofia é a busca pela unidade, Aristóteles merece o nobre título que recebeu durante vinte séculos — *Ille Philosophus*: O Filósofo.

É óbvio, a uma mente tão inclinada à ciência, faltava-lhe poesia. Não devemos esperar de Aristóteles o brilhantismo literário que transborda das páginas do filósofo-dramaturgo Platão. Em vez de nos ofertar uma excelente literatura, em que a filosofia está imbuída de mitos e imagética (e ofuscada por elas), Aristóteles nos oferece ciência, técnica, concisa, concentrada; se buscarmos nele entretenimento, abriremos processo pela devolução do dinheiro. Em vez de dar termos à literatura, como Platão o fez, Aristóteles construiu a terminologia da ciência e da filosofia; quase não podemos falar de qualquer ciência nos dias de hoje sem empregar os termos que ele inventou; eles estão ali como fósseis no substrato do nosso discurso: *faculdade, meio, máxima* (para Aristóteles, significa a principal premissa de um silogismo), *categoria, energia, realidade, motivo, finalidade, princípio, forma* — essas moedas indispensáveis do pensamento filosófico foram cunhadas em sua mente. E talvez essa transição do diálogo prazeroso para o tratado científico preciso fosse um passo necessário no desenvolvimento da filosofia; e a ciência, que é a base e a espinha dorsal da filosofia, não poderia crescer até ampliar seus próprios métodos estritos de procedimento e expressão. Aristóteles, também, escreveu diálogos literários tão estimados em sua época quanto os diálogos de Platão; mas eles se perderam, assim como os tratados científicos de Platão pereceram. Provavelmente, o tempo preservou de cada homem o que ele tinha de melhor.

Por fim, é possível que os escritos atribuídos a Aristóteles não fossem dele, mas sim, em grande parte, compilações de alunos e seguidores, que embalsamaram em anotações a substância sem adereços de suas palestras. Aparentemente, Aristóteles não publicou durante sua vida nenhum escrito técnico, a não ser aqueles sobre lógica e retórica; e a forma atual dos tratados de lógica se dá em razão de edições posteriores. No caso da *Metafísica* e da *Política*, as anotações deixadas por Aristóteles parecem ter sido reunidas, sem revisões ou alterações, pelos testamenteiros que o acompanharam. Até mesmo a unidade de estilo, que marca os escritos de Aristóteles e proporciona um argumento para aqueles que defendem sua direta autoria, pode ser, no fim das contas, uma mera unidade dada a eles pelo procedimento comum de edição da Escola Peripatética. Sobre esse assunto, levanta-se uma espécie de questão homérica, de escopo quase épico, que o leitor ocupado não vai querer escarafunchar, e sobre a qual um modesto aluno não irá querer tecer julgamentos.[10] De toda forma, podemos ter certeza de que Aristóteles é o autor espiritual de todos esses livros que carregam seu nome: que a mão, em alguns casos, pode ser a de outra pessoa, mas a cabeça e o coração são dele.*

---

* O leitor que desejar investigar o próprio filósofo verá que *Meteorologia* é um interessante exemplo de trabalho científico de Aristóteles; receberá muitas instruções práticas da *Retórica*; e lerá o melhor de Aristóteles nos livros I-II de *Ética*, e nos livros I-IV de *Política*. A melhor tradução de *Ética* é a de Welldon; de *Política*, de Jowett. *Aristotle*, de sir Alexander Grand, é um livro simples; *Aristotle*, de Zeller (vols. III-IV de seu *Greek Philosophy*), é erudito, mas seco; *Greek Thinkers*, de Gomprez (vol. IV), é magistral, mas difícil.

III. A FUNDAÇÃO DA LÓGICA

A primeira grande qualidade de Aristóteles é que, quase sem predecessores, quase integralmente em razão de profundas reflexões, ele criou uma nova ciência — a lógica. Renan[11] fala sobre "o péssimo treinamento de toda mente que não foi submetida, direta ou indiretamente, à disciplina grega"; mas, em verdade, o intelecto grego em si fora indisciplinado e caótico até as fórmulas implacáveis de Aristóteles proporcionarem um método pronto para testar e corrigir o pensamento. Mesmo Platão (se um admirador já puder presumir) era uma alma desregrada e irregular, muito frequentemente coberto por uma nuvem de mito, que deixava a beleza excessiva velar a face da verdade. O próprio Aristóteles, como veremos, violou seus próprios cânones em diversas ocasiões; porém, ele era produto do seu passado, não do futuro que seu pensamento iria criar. A decadência política e econômica da Grécia trouxe um enfraquecimento da mente e do caráter helênico pós-Aristóteles; mas quando uma nova raça, após um milênio de escuridão bárbara, encontrou novamente o prazer e a capacidade para a especulação, foi o *Órganon* de Aristóteles sobre lógica, traduzido por Boécio (470-525 d.C.), que se tornou o próprio modelo do pensamento medieval, a mãe rígida daquela filosofia escolástica, que, embora considerada estéril por dogmas que a rodeavam, não deixou de treinar o intelecto da Europa adolescente para o raciocínio e a sutileza, construiu a terminologia da ciência moderna e estabeleceu as bases daquela mesma maturidade mental que ultrapassou e destruiu o sistema e os métodos que lhe deram origem e sustentação.

Lógica significa, simplesmente, a arte e o método do pensamento correto. É a *logia*, ou método, de toda ciência, de toda disciplina e toda arte; e até a música a acolhe. É uma ciência porque em vasta medida os processos do pensamento correto podem ser reduzidos a regras, como física e geometria, e ensinados a qualquer mente normal; é uma arte porque, por meio da prática, propicia ao pensamento, por fim, aquela precisão inconsciente e imediata que orienta os dedos do pianista sobre o instrumento a reproduzir harmonias sem esforço. Nada é tão monótono quanto a lógica, e nada é tão importante.

Havia pistas dessa nova ciência na insistência enlouquecedora de Sócrates com relação às definições, e no constante refinamento de Platão em cada conceito. O pequeno tratado de Aristóteles sobre *Definições* mostra como sua lógica encontrou sustento nessa fonte. "Se quiser conversar comigo", disse Voltaire, "defina seus termos". Quantos debates seriam reduzidos a um parágrafo se os opositores tivessem ousado definir seus termos! Esse é o alfa e o ômega da lógica, o coração e a alma dela: o fato de que todo termo importante num discurso sério deve ser submetido ao escrutínio e à definição mais estritos. É difícil, e testa impiedosamente a mente; mas, uma vez realizado, terá concluído metade de qualquer tarefa.

Como devemos proceder à definição de um objeto ou de um termo? Aristóteles responde que toda boa definição possui duas partes, apoia-se sobre dois pés sólidos: primeiro, confere ao objeto em questão uma classe ou grupo, cujas características gerais pertencem a elas mesmas — portanto, homem é, sobretudo, um animal; e, em segundo lugar, indica o ponto em que o objeto difere de todos os outros membros de sua classe — portanto, homem, no sistema aristotélico, é um animal *racional*, sua "diferença específica" é que, ao contrário de todos os outros animais, ele é racional (esta é a origem de uma belíssima lenda). Aristóteles larga um objeto dentro do oceano de sua classe, então o tira de lá, ainda respingando de significado genérico, com as marcas de sua espécie e grupo — enquanto sua individualidade e diferença brilham com mais clareza ainda por essa justaposição com outros objetos que são tão semelhantes e tão diferentes.

Superando essa retaguarda da lógica, avançamos em direção ao grande campo de batalhas em que Aristóteles disputou com Platão a terrível questão dos "universais"; foi o primeiro conflito de uma guerra que duraria até os nossos dias, e faria toda a Europa medieval vibrar com a colisão entre "realistas" e "nominalistas".[12] Um universal, para Aristóteles, é qualquer substantivo comum, qualquer nome capaz de ser aplicado universalmente aos membros de uma classe: portanto, *animal, homem, livro, árvore* são universais. Mas esses universais são noções subjetivas, não realidades objetivas tangíveis; eles são *nomina* (nomes), não *res* (coisas); tudo que existe fora de nós é um mundo de objetos individuais e específicos, não de coisas genéricas e universais;

existem homens, árvores e animais; mas homem em geral, ou o homem universal, não existe, exceto no pensamento; ele é uma abstração mental útil, não uma presença externa ou re-alidade.

Ora, Aristóteles entende que Platão sustentou que universais têm existência objetiva; e, de fato, Platão disse que o universal é incomparavelmente mais duradouro, importante e substancial do que o indivíduo — sendo o último nada mais que uma ligeira ondulação em um maremoto interminável; *homens* vêm e vão, mas *homem* continua para sempre. A mente de Aristóteles é pragmática; como William James diria, uma mente durona, nada terna; ele vê a raiz do misticismo infinito e do disparate erudito nesse "realismo" platônico; e o ataca com todo o vigor de uma primeira polêmica. Assim como Brutus não amava menos César, mas amava mais Roma, Aristóteles diz: *Amicus Plato, sed magis amica veritas* — "Querido é Platão, mas ainda mais querida é a verdade."

Um comentarista hostil poderia observar que Aristóteles (como Nietzsche) critica Platão com tanta intensidade porque está consciente de ter se apropriado dele generosamente; nenhum homem é um herói para seus devedores. Mas, apesar disso, Aristóteles toma uma atitude saudável; ele é um realista, quase no sentido moderno; está decidido a se preocupar com o presente objetivo, enquanto Platão está absorto em um futuro subjetivo. Havia, na demanda socrática-platônica por definições, uma tendência de afastar-se das coisas e dos fatos e aproximar-se de teorias e ideias, de particulares para generalidades, de ciência para escolástica; no fim, Platão passou a dedicar-se tanto a generalidades que elas começaram a determinar seus particulares, a dedicar-se tanto a ideias que elas começaram a definir ou selecionar seus fatos. Aristóteles prega um retorno às coisas, à "incólume face da natureza" e à realidade; ele tinha uma forte preferência pelo particular concreto, pelo indivíduo de carne e osso. Mas Platão amava tanto o geral e universal que em *A República* destruiu o individual para criar um Estado perfeito.

Porém, com o costumeiro humor da história, o jovem guerreiro assume muitas das qualidades do velho mestre que está hostilizando. Sempre acumulamos em nós muito daquilo que condenamos: como só os semelhantes podem ser comparados de maneira proveitosa, também só as pessoas semelhantes brigam, e as guerras mais avassaladoras são declaradas por conta de pequenas mudanças no propósito ou na crença. Os cavaleiros templários das Cruzadas encontraram em Saladino um cavalheiro com quem podiam discutir amigavelmente; mas quando os cristãos da Europa invadiram acampamentos hostis, não houve abrigo nem para o inimigo mais cortês. Aristóteles é tão cruel com Platão porque há muito de Platão nele próprio; ele também continua um amante de abstrações e generalidades, traindo vez após outra esse simples fato por causa de alguma teoria caprichosamente enfeitada, e compelido a uma luta contínua para conquistar sua paixão filosófica a fim de explorar o empírico.

Há um forte sinal disso numa das contribuições mais características e originais de Aristóteles à filosofia — a doutrina do silogismo. Um silogismo é um trio de proposições, das quais a terceira (a conclusão) advém da verdade admitida pelas outras duas (as premissas "maior" e "menor"). Por exemplo, o homem é um animal racional; Sócrates é um homem; portanto, Sócrates é um animal racional. O leitor matemático verá, imediatamente, que a estrutura do silogismo lembra a proposição de que duas coisas iguais a uma mesma coisa são iguais entre si; se A é B, e C é A, então C é B. Como na matemática, chega-se à conclusão anulando de ambas as premissas seu termo comum, A; portanto, em nosso silogismo, chega-se à conclusão anulando de ambas as premissas o termo comum "homem", combinando o que sobra. A dificuldade, como os lógicos ressaltam desde os tempos de Pirro até os de Stuart Mill, jaz nisso: que a premissa maior do silogismo aceita como verdadeiro exatamente o ponto a ser provado; pois se Sócrates não é racional (e não há dúvidas de que ele seja um homem), não é universalmente verdadeiro que o homem é um animal racional. Aristóteles contestaria, sem sombra de dúvida, que quando se verifica que um indivíduo tem um grande número das qualidades características de uma classe ("Sócrates é um homem") estabelece-se uma forte presunção de que o indivíduo tem as outras qualidades características da classe ("racionalidade"). Mas, ao que nos parece, o silogismo não é um mecanismo para se descobrir a verdade, muito menos para o esclarecimento de exposições e pensamentos.

Tudo isso, como os outros itens do *Órganon*, tem seu valor: "Aristóteles descobriu e formulou todos os cânones da consistência teórica e todos os artifícios do debate dialético com uma diligência e uma perspicácia para as quais não há elogios suficientes; e seus trabalhos nessa direção talvez tenham contribuído mais do que a obra de qualquer outro escritor para o estímulo intelectual, de muitas e muitas gerações".[13] Mas nunca existiu um homem que pudesse elevar a lógica a um patamar grandioso: um guia para o raciocínio correto é tão enaltecedor quanto um manual de etiqueta; podemos usá-lo, mas ele dificilmente nos conduzirá à nobreza. Nem mesmo o mais corajoso dos filósofos se atreveria a elogiar um livro de lógica. Sempre nos sentimos com relação à lógica do mesmo modo como Virgílio instou Dante a sentir-se com relação àqueles que foram para o purgatório por causa de sua neutralidade incolor: *Non ragionam di lor, ma guarda e passa*[14] — "Não pensemos mais neles, mas olhe uma vez e siga adiante."

IV. A ORGANIZAÇÃO DA CIÊNCIA

1. CIÊNCIA GREGA ANTES DE ARISTÓTELES

"Sócrates", disse Renan,[15] "presenteou a humanidade com a filosofia, e Aristóteles, com a ciência. Havia filosofia antes de Sócrates e ciência antes de Aristóteles; e desde Sócrates e desde Aristóteles, filosofia e ciência fizeram grandes avanços. Mas tudo foi construído sobre o alicerce que eles consolidaram". Antes de Aristóteles, ciência era um embrião; com ele, ela nasceu.

Civilizações anteriores à grega fizeram tentativas com relação à ciência; mas até onde conseguimos entender suas ideias por meio de escritas hieroglíficas e cuneiformes ainda obscuras, sua ciência se confundia com a teologia. Isso significa que esses povos pré-helênicos explicavam todos os processos naturais por algum agente sobrenatural; havia deuses em todos os lugares. Aparentemente, foram os gregos jônicos que ousaram pela primeira vez dar explicações naturais às complexidades cósmicas e aos eventos misteriosos: eles buscaram na física as causas naturais de incidentes específicos, e na filosofia, uma teoria natural do todo. Tales (640-550 a.C.), o "Pai da Filosofia", foi, inicialmente, um astrônomo que chocou os nativos de Mileto ao informá-los de que o sol e as estrelas (que eles costumavam reverenciar como deuses) eram meras bolas de fogo. Seu discípulo Anaximandro (610-540 a.C.), o primeiro grego a fazer mapas astronômicos e geográficos, acreditava que o universo teve sua gênese como uma massa indiscriminada, da qual todas as coisas surgiram por meio da separação de opostos; que a história astronômica repetia-se periodicamente na evolução e dissolução de um número infinito de mundos; que a Terra pairava no espaço por meio de um equilíbrio de impulsões internas (como o asno de Buridan); que todos os nossos planetas já foram líquidos, mas foram evaporados pelo sol; que a vida se formou no mar, mas foi forçada a ir para a terra por causa da redução do nível da água; que desses animais encalhados, alguns desenvolveram a capacidade de respirar o ar, e, assim, tornaram-se os progenitores de toda a vida terrestre posterior; que o homem não poderia, desde o princípio, ter sido o que era agora, pois se o homem, em sua primeira aparição, fosse tão impotente ao nascer, e tivesse exigido uma adolescência tão longa, como nos dias dele, jamais teria sido capaz de sobreviver. Anaxímenes, outro milésio (floresceu em 450 a.C.), descreveu a condição primitiva das coisas como uma massa rarefeita que gradualmente se condensa em vento, nuvem, água, terra e pedra; as três formas da matéria — gás, líquido e sólido — eram estágios progressivos da condensação; calor e frio eram apenas rarefação e condensação; terremotos ocorriam em virtude da solidificação de uma terra originalmente fluida; vida e alma eram uma só, uma força animadora e expansiva presente em todas as coisas e todos os lugares. Anaxágoras (500-428 a.C.), professor de Péricles, parece ter dado uma explicação correta dos eclipses solar e lunar; ele descobriu os processos da respiração nas plantas e nos peixes; e explicou a inteligência do homem pela força da manipulação que surgiu quando os membros dianteiros foram libertos da tarefa de se locomover. Lentamente, nesses homens, o conhecimento evoluiu para a ciência.

Heráclito (530-470 a.C.), que renunciou às riquezas e suas preocupações para apreciar uma vida de pobreza e estudo à sombra dos pórticos do templo de Éfeso, redirecionou a ciência da astronomia para questões mais terrenas. Todas as coisas fluirão e mudarão para sempre, disse ele; mesmo na matéria mais imóvel, existem fluxo e movimento invisíveis. A história cósmica segue em ciclos repetitivos, cada um começando e terminando em fogo (eis aqui uma fonte da doutrina estoica e cristã do julgamento final e do inferno). "Por meio do conflito", diz Heráclito, "todas as coisas surgem e desvanecem. (...) A guerra é a mãe e a rainha de todos: alguns ela transformou em deuses, outros, em homens; alguns, escravos, outros, livres". Onde não existe conflito existe decadência: "a mistura que não é sacudida decompõe-se". Nesse fluxo de transformação, conflito e seleção, só uma coisa é constante, que é a lei. "Essa ordem, a mesma para todas as coisas, nenhum homem ou deus a criou; mas sempre foi, é e será." Empédocles (floresceu em 445 a.C., na Sicília) levou a um nível além a ideia de evolução.[16] Órgãos não surgem da idealização, mas da seleção. A natureza faz muitas tentativas e experiências com os organismos, combinando órgãos de várias formas; quando a combinação atende às necessidades do ambiente, o organismo sobrevive e se perpetua de maneira semelhante; quando a combinação fracassa, o organismo é eliminado; com o passar do tempo, os organismos ficam mais e mais adaptados, eficaz e intrinsecamente, ao ambiente que os rodeia. Finalmente, em Leucipo (floresceu em 445 a.C.) e Demócrito (460-360 a.C.), mestre e discípulo em Abdera, na Trácia, encontramos o último estágio da ciência pré-aristotélica — atomismo materialista e determinista. "Tudo", afirma Leucipo, "é conduzido pela necessidade". "Na realidade", disse Demócrito, "existem apenas átomos e o vazio". A percepção ocorre devido à expulsão dos átomos do objeto para o órgão do sentido. Existe, existiu e existirá um número infinito de mundos; a todo instante, planetas estão colidindo e morrendo, e novos mundos estão nascendo do caos pela agregação seletiva dos átomos de tamanho e forma semelhantes. Não há projeto; o universo é uma máquina.

Essa, num resumo estonteante e superficial, é a história da ciência grega antes de Aristóteles. Os elementos menos exatos podem ser relevados, se levarmos em consideração o círculo estrito de equipamentos experimentais e observacionais com os quais esses pioneiros eram forçados a trabalhar. A estagnação da indústria grega sob o íncubo da escravidão evitou o pleno desenvolvimento desses primórdios magníficos; e a rápida complicação da vida política em Atenas fez com que sofistas, Sócrates e Platão se afastassem das pesquisas físicas e biológicas e se dedicassem aos caminhos da ética e da teoria política. Uma das muitas glórias de Aristóteles é que ele foi forte e corajoso o bastante para compreender e combinar essas duas linhas do pensamento grego, a física e a moral; também, ao retroceder para um momento anterior ao seu professor, recuperou mais uma vez o fio do desenvolvimento científico na época dos gregos pré-socráticos, deu continuidade ao trabalho deles com detalhes mais precisos e observação mais variada, e reuniu todos os resultados acumulados em um conjunto magnífico de ciência organizada.

2. ARISTÓTELES COMO NATURALISTA

Se começarmos aqui em ordem cronológica, com a sua *Física*, ficaremos decepcionados; porque veremos que esse tratado é, na verdade, uma *metafísica*, uma análise truncada de matéria, movimento, espaço, tempo, infinito, causa e outros "conceitos fundamentais". Uma das passagens mais vivazes é um ataque ao "vazio" de Demócrito: não pode haver vazio, ou vácuo, na natureza, diz Aristóteles, pois num vácuo todos os corpos cairiam com igual velocidade; como isso é impossível, "o suposto vazio acaba por não ter nada dentro de si" — um exemplo que reúne o raríssimo humor de Aristóteles, seu vício por afirmações não comprovadas e sua tendência a depreciar seus predecessores na filosofia. Era hábito de nosso filósofo escrever um prefácio em seus trabalhos com esboços históricos de contribuições anteriores ao assunto em mão, e acrescentar a cada contribuição uma refutação aniquiladora. "Aristóteles, ao estilo otomano", afirma Bacon, "achava que não podia reinar em segurança sem levar todos os irmãos à morte".[17] Mas a essa mania fratricida devemos grande parte do nosso conhecimento do pensamento pré-socrático.

Por motivos já expostos, a astronomia de Aristóteles representa muito pouco avanço com relação aos seus precursores. Ele rejeita a visão de Pitágoras de que o sol é o centro de nosso sistema; ele prefere dar essa honra à Terra. Mas o pequeno tratado sobre meteorologia é cheio de observações brilhantes, e até suas especulações provocam uma resplandecência esclarecedora. Este é um mundo cíclico, diz nosso filósofo: o sol evapora o mar constantemente, seca os rios e mananciais, e transforma, por fim, o oceano ilimitado em rochas nuas; enquanto, em contrapartida, a umidade que sobe, reunida em nuvens, cai e renova os rios e os mares. A mudança acontece imperceptivelmente em todos os lugares, mas é inevitável. O Egito é "obra do Nilo", produto de seus depósitos através de milhares de séculos. Aqui, o mar invade a terra, lá, a terra se estende timidamente para dentro do mar; novos continentes e novos oceanos surgem, velhos oceanos e velhos continentes desaparecem, e toda a face da Terra é transformada e re--transformada, em uma grande sístole e diástole de crescimento e dissolução. Às vezes, esses efeitos vastos ocorrem de maneira repentina, destruindo as bases geológicas e materiais da civilização, e até da vida; grandes catástrofes devastam periodicamente a Terra e fazem o homem regredir aos seus primórdios; como Sísifo, a civilização, muitas vezes, chegou próxima de seu zênite, mas acaba retornando ao barbarismo e começa, da estaca zero, sua caminhada evolutiva. Por isso o quase "eterno retorno", civilização após civilização, das mesmas invenções e descobertas, as mesmas "idades das trevas" de lento acúmulo econômico e cultural, os mesmos renascimentos no aprendizado, na ciência e nas artes. Sem dúvida, alguns mitos populares são tradições muito antigas que sobreviveram de culturas passadas. Portanto, a história do homem segue em um círculo desolador, porque ainda não é o mestre da Terra que o sustenta.

3. A FUNDAÇÃO DA BIOLOGIA

Conforme Aristóteles perambulava pensativo por seu grande jardim zoológico, ficou convencido de que a infinita variedade da vida podia ser organizada em uma série contínua na qual cada elo seria quase idêntico ao próximo. Em todos os aspectos, seja na estrutura, no modo de vida, na reprodução e na criação, na sensação e no sentimento, existem ínfimas gradações e progressões, dos organismos mais inferiores aos mais elevados.[18] Na base da escala, mal podemos dividir os vivos dos "mortos"; "a natureza faz uma transição tão gradual dos reinos inanimado ao animado que as linhas divisórias entre eles são indistintas e duvidosas"; e talvez exista algum grau de vida nos inorgânicos. Novamente, muitas espécies não podem ser definidas com certeza como plantas ou animais. Assim como, nesses organismos inferiores, é quase impossível, às vezes, classificá-los em seus gêneros e espécies adequados de tão semelhantes que são; então, em toda ordem da vida, a continuidade das gradações e diferenças é tão notável quanto a diversidade das funções e formas. Mas no meio dessa riqueza assombrosa de estruturas, certas coisas se destacam com convicção: a vida tem se desenvolvido constantemente, em complexidade e em poder;[19] a inteligência progrediu em correlação com a complexidade da estrutura e com a mobilidade da forma;[20] houve um aumento na especialização da função, e uma contínua centralização do controle fisiológico.[21] Lentamente, a vida criou para si mesma um sistema nervoso e um cérebro; e a mente foi caminhando com firmeza na direção do controle de seu ambiente.

O fato impressionante aqui é que, com todas essas gradações e semelhanças pulando diante dos olhos de Aristóteles, ele não chegou à teoria da evolução. Ele rejeita a doutrina de Empédocles de que todos os órgãos e organismos são uma sobrevivência do mais apto,[22] e a ideia de Anaxágoras de que o homem se tornou inteligente ao usar as mãos para manipular e não para movimentar-se; Aristóteles acha, pelo contrário, que o homem usou as mãos porque se tornou inteligente.[23] De fato, Aristóteles comete todos os erros possíveis para um homem que está fundando a ciência da biologia. Ele pensa, por exemplo, que o elemento masculino na reprodução apenas estimula e acelera; não lhe ocorreu (o que hoje sabemos por meio de experimentos em partenogênese) que a função essencial do esperma não é só fertilizar o óvulo, mas fornecer ao embrião as qualidades transmissíveis do pai, permitindo assim que a prole seja uma variante vigorosa, uma nova mistura de duas linhas ancestrais. Como a autópsia humana não era praticada em sua época, ele é particularmente fértil em erros fisiológicos: não sabe nada sobre músculos, nem mesmo sobre sua existência; não distingue artérias de veias; acha que o cérebro é um órgão para resfriamento do sangue; acredita — o que é perfeitamente perdoável — que o homem tem mais suturas no crânio do que a mulher; ele acredita — o que é inacreditável e imperdoável — que a mulher tem menos dentes que o homem.[24] Aparentemente, suas relações com mulheres eram de um tipo mais amigável.

No entanto, ele faz um imenso avanço na biologia, mais do que qualquer grego antes ou depois dele. Percebe que os pássaros e répteis são estruturalmente quase afins; que o macaco tem uma forma intermediária entre quadrúpedes e o homem; e, uma vez, teve a coragem de declarar que o homem pertence a um grupo de animais em que estão também os quadrúpedes vivíparos (nossos "mamíferos").[25] Afirma que a alma na infância é quase indistinta da alma dos animais.[26] Ele faz a observação esclarecedora de que a dieta geralmente determina o modo de vida; "quanto aos animais, alguns são gregários, outros solitários — eles vivem da maneira mais bem adaptada para (...) obter a comida de sua preferência".[27] Ele antecipa a famosa lei de Von Baer, para quem as características comuns ao gênero (como olhos e orelhas) aparecem no organismo em desenvolvimento antes das características singulares de cada espécie (como a "fórmula" dos dentes), ou de cada indivíduo (como a cor final dos olhos);[28] e consegue avançar dois mil anos para antecipar a generalização de Spencer, a qual diz que a individuação varia em razão inversa à da gênese — ou seja, que quanto mais desenvolvida e especializada for a espécie ou indivíduo, menor será o número de sua prole.[29] Ele observa e explica a reversão ao tipo — a tendência de uma variação proeminente (como gênero) a ser diluída na relação sexual e perdida nas gerações sucessivas. Faz diversas observações zoológicas que, temporariamente rejeitadas por biólogos posteriores, foram confirmadas por pesquisa moderna — de peixes que fazem ninhos, por exemplo, e tubarões que ostentam uma placenta.

E finalmente, estabelece a ciência da embriologia. "Aquele que vê as coisas crescerem desde o início", escreve ele, "terá a melhor vista delas". Hipócrates (n. 460 a.C.), o maior dos médicos gregos, ofereceu-nos um belo exemplo do método experimental, ao quebrar os ovos de uma galinha em vários estágios da incubação; e aplicou os resultados desses estudos em seu tratado "Sobre a Origem da Criança". Aristóteles seguiu esse exemplo e realizou experimentos que lhe permitiram dar uma descrição do desenvolvimento da galinha que até hoje provoca a admiração de embriologistas.[30] Ele deve ter feito alguns experimentos originais na genética, pois rejeita a teoria de que o sexo da criança depende do testículo que fornece o fluido reprodutivo, citando um caso em que o testículo direito do pai fora amarrado e, mesmo assim, as crianças nasceram de diferentes sexos.[31] Ele levanta algumas questões bastante modernas sobre hereditariedade. Uma mulher de Élida casou com um negro; os filhos deles nasceram todos brancos, mas, na geração seguinte, os negros reapareceram; onde, pergunta Aristóteles, estava escondida a cor negra na geração intermediária?[32] Dessa pergunta, vital e inteligente, foi preciso apenas um passo para os memoráveis experimentos de Gregor Mendel (1822-1882). *Prudens quæstio dimidium scientiæ* — saber o que perguntar já é saber a metade. Certamente, apesar dos erros que prejudicam esses trabalhos biológicos, eles constituem o maior monumento já erguido à ciência por qualquer homem. Quando consideramos que antes de Aristóteles — pelo menos até onde sabemos — não havia biologia além de observações esparsas, percebemos que essa conquista por si só já seria suficiente para uma vida inteira e para garantir-lhe a imortalidade. Mas Aristóteles só estava começando.

V. METAFÍSICA E A NATUREZA DE DEUS

A metafísica dele nasceu de sua biologia. Tudo no mundo é movido por um impulso interior para se tornar algo maior do que já é. Tudo é a *forma*, ou realidade, que brotou de alguma coisa que era sua *matéria*, ou matéria-prima; e poderá, por sua vez, ser a matéria da qual formas ainda mais evoluídas emergirão. Portanto, o homem é a forma da qual a criança foi a matéria; a criança é a forma e seu embrião, a matéria; o embrião, a forma, o óvulo, a matéria; e seguimos recuando até chegarmos, de maneira vaga, à concepção de matéria sem forma nenhuma. Mas uma matéria sem forma seria nada, pois tudo tem uma forma. Matéria, em seu sentido mais amplo, é a possibilidade da forma; forma é a realidade, a realidade definitiva, da matéria. Matéria obstrui, forma constrói. Forma não é meramente o formato, mas a força que dá o formato, uma necessidade e um impulso internos que moldam mera matéria a uma figura e propósito específicos; é a concretização de uma capacidade potencial da matéria; é a soma dos poderes que residem em qualquer coisa a fazer, ser ou se tornar. A natureza é a conquista da matéria pela forma, o progresso constante e a vitória da vida.*

Tudo no mundo move-se naturalmente em direção a uma plenitude específica. Das várias causas que determinam um evento, a causa final, que determina o propósito, é a mais decisiva e importante. Os erros e as futilidades da natureza devem-se à inércia da matéria resistindo à força formadora do propósito — daí, os abortos e monstros que prejudicam o panorama da vida. O desenvolvimento não é aleatório ou acidental (caso contrário, como poderíamos explicar a aparência e a transmissão quase universais dos órgãos úteis?); tudo sai do interior e é guiado a uma certa direção, de acordo com sua natureza, estrutura e enteléquia;[33] o ovo da galinha é projetado ou destinado internamente para se tornar uma galinha, não um pato; a bolota se torna um carvalho, não um salgueiro. Isso não significa para Aristóteles que há uma providência exterior projetando estruturas e eventos terrenos; em vez disso, o projeto é interior, e desabrocha a partir do tipo e da função da coisa. "A Providência Divina, para Aristóteles, coincide completamente com a operação de causas naturais."[34]

No entanto, existe um Deus, embora talvez não seja o deus simples e humano concebido pelo perdoável antropomorfismo da mente adolescente. Aristóteles aborda o problema do velho enigma sobre o movimento — como, ele pergunta, começa o movimento? Ele não vai aceitar a possibilidade de que movimento é tão sem princípio quanto ele concebe que a matéria seja: a matéria pode ser eterna, porque é meramente a possibilidade eterna de formas futuras; mas quando e como aquele vasto processo de movimento e formação começou, e

---

* Metade dos nossos leitores gostará, e a outra metade se sentirá entretida, ao saber que entre os exemplos favoritos de matéria e forma de Aristóteles estão a mulher e o homem; o macho é o ativo, princípio formativo; a fêmea é a argila passiva, esperando para ser formada. As proles femininas são o resultado do fracasso da forma em dominar a matéria (*De Gen. An.*, I, 2).

que, por fim, preencheu todo o universo com uma infinidade de formatos? Sem dúvida, o movimento tem uma origem, diz Aristóteles; e se não quisermos mergulhar tristemente em um infinito regresso, retrocedendo em nossa problemática passo a passo sem chegar ao fim, devemos postular que existe um motor primordial imóvel (*primum mobile immotum*), um ser incorpóreo, indivisível, desprovido de espaço, de sexo, de paixões, imutável, perfeito e eterno. Deus não cria, mas move, o mundo; e ele o move não como uma força mecânica, mas como o motivo absoluto de todas as operações no mundo; "Deus move o mundo como o objeto amado move o amante".[35] Ele é a causa final da natureza, o impulso e o propósito das coisas, a forma do mundo; o princípio de sua vida, a soma de seus processos e poderes vitais, a meta inerente de seu crescimento, a enteléquia energizante do todo. Ele é pura energia;[36] o *Actus Purus* da escolástica — a atividade *per se*; talvez a "Força" mística dos físicos e filósofos modernos. Ele não é tanto uma pessoa, mas um poder magnético.[37]

Porém, com sua inconsistência de sempre, Aristóteles representa Deus como espírito autoconsciente. Um espírito mais misterioso; pois o Deus de Aristóteles nunca faz nada; não tem desejos, nem vontade, nem propósito; ele é uma atividade tão pura que nunca age. É absolutamente perfeito; portanto, não pode desejar nada; portanto, não faz nada. Sua única ocupação é contemplar a essência das coisas; e como ele próprio é a essência de todas as coisas, a forma de todas as formas, seu único afazer é a contemplação de si mesmo.[38] Pobre Deus aristotélico! — ele é um *roi fainéant*, um rei que nada faz; "o rei reina, mas não governa". Não admira que os britânicos gostem de Aristóteles; o Deus dele é obviamente copiado por seu rei.

Ou o rei copia o próprio Aristóteles. Nosso filósofo amava tanto a contemplação que imolou a ela sua concepção de divindade. Seu Deus é do tipo aristotélico tranquilo, nada romântico, retirado em sua torre de marfim da luta e da mácula das coisas; completamente afastado dos reis-filósofos de Platão, ou da inexorável realidade de carne e osso de Jeová, ou da paternidade gentil e solícita do Deus cristão.

VI. PSICOLOGIA E A NATUREZA DA ARTE

A psicologia de Aristóteles é danificada pela mesma obscuridade e hesitação. Existem muitas passagens interessantes: o poder do hábito é enfatizado, e é chamado, pela primeira vez, de "segunda natureza"; e as leis de associação, embora não desenvolvidas, encontram aqui uma formulação definida. Mas os dois problemas cruciais da psicologia filosófica — a liberdade da vontade, ou livre-arbítrio, e a imortalidade da alma — continuam nebulosos e duvidosos. Aristóteles, às vezes, fala como um determinista — "Não podemos querer diretamente ser diferentes do que somos"; mas, em seguida, argumenta, contra o determinismo, que podemos escolher o que seremos, ao escolhermos agora o ambiente que nos moldará; então, somos livres no sentido de que moldamos nossos próprios caracteres pelas nossas escolhas de amigos, livros, profissões e diversões.[39] Ele não antecipa a resposta pronta do determinista de que essas escolhas formativas são elas próprias determinadas pelo nosso caráter antecedente, e este, finalmente, pela hereditariedade e pelo ambiente prévio que não foi escolhido. Insiste no ponto de que nosso uso persistente de elogio e culpa pressupõe responsabilidade moral e livre-arbítrio; não lhe ocorre que o determinista poderia chegar, a partir das mesmas premissas, a uma conclusão exatamente oposta — de que elogio e culpa são dados para que possam fazer parte dos fatores determinantes da ação subsequente.

A teoria da alma de Aristóteles começa com uma definição interessante. A alma é o princípio vital integral de qualquer organismo, a soma de seus poderes e processos. Nas plantas, a alma é apenas um poder nutritivo e reprodutivo; nos animais, é também um poder sensitivo e locomotor; no homem, é, além de tudo, o poder da razão e do pensamento.[40] A alma, como soma dos poderes do corpo, não pode existir sem ele; os dois são como a forma e a cera, separáveis apenas no pensamento, mas, na realidade, um todo orgânico; a alma não é inserida no corpo como o azougue inserido por Dédalo nas imagens de Vênus para fazê-las ficar de pé. Uma alma pessoal e particular pode existir apenas em seu próprio corpo. Não obstante, a alma não é material, como Demócrito postulou; tampouco morre por completo. Parte do poder racional da alma humana é passiva: está atrelada à memória, e morre com o corpo que portava a memória; mas a "razão ativa", o poder puro do pensamento, é independente da memória e não pode deteriorar. A razão ativa é o universal como distinto do elemento individual no homem; o que sobrevive não é a personalidade, com suas afeições e desejos transitórios, mas a mente em sua forma mais abstrata e impessoal.[41] Em resumo, Aristóteles destrói a alma para presenteá-la com a imortalidade; a alma imortal é "puro pensamento", imaculada pela realidade, assim como o Deus de Aristóteles é pura atividade, imaculado pela ação. Quem puder, sinta-se consolado por essa teologia. Podemos pensar, às vezes: será que essa metafísica contraditória, que agrada os dois lados, não pode ser a maneira sutil de Aristóteles se safar da cicuta antimacedônica?

Numa área mais segura da psicologia, ele escreve com mais originalidade e assertividade, e quase cria o estudo da estética, a teoria da beleza e da arte. A criação artística, diz Aristóteles, nasce do impulso formativo e da ânsia por expressar as emoções. Essencialmente, a forma da arte é uma imitação da realidade; ela segura o espelho para a natureza.[42] Há dentro do homem um prazer na imitação, que, pelo visto, não existe em animais inferiores. Contudo, a meta da arte não é representar a aparência exterior das coisas, mas o seu significado interior; pois este, e não o maneirismo e o detalhe externos, é a realidade delas. Talvez haja mais verdade humana na austera moderação clássica do *Édipo Rei* do que em todas as lágrimas realistas de *As Troianas*.

A arte mais nobre instiga o intelecto e os sentimentos (como uma sinfonia nos instiga não só por conta das harmonias e sequências, mas por sua estrutura e seu desenvolvimento); e esse prazer intelectual é a forma mais elevada de graça que um homem pode alcançar. Assim, um trabalho artístico deve visar a forma e, sobretudo, a unidade, que é a espinha dorsal da estrutura e o foco da forma. Um drama, por exemplo, deveria ter unidade de ação: não deveriam existir subtramas confusas, tampouco episódios digressivos.[43] Mas, acima de tudo, a função da arte é a catarse, a purificação: emoções acumuladas em nós pela imposição de repressões sociais, e sujeitas à súbita libertação em ações destrutivas e antissociais, são desencadeadas e emancipadas na forma inofensiva de emoções teatrais; portanto, a tragédia, "por meio da pena e do medo, realiza a purgação adequada dessas emoções".[44] Aristóteles deixa de abordar certas características da tragédia (por exemplo, o conflito de princípios e personalidades); mas nessa teoria da catarse ele deu uma sugestão infinitamente fértil para a compreensão do poder quase místico da arte. É um exemplo elucidativo de sua capacidade de abordar qualquer campo especulativo, e de abrilhantar tudo o que toca.

VII. ÉTICA E A NATUREZA DA FELICIDADE

Ainda assim, conforme Aristóteles evoluía, e jovens o rodeavam em multidões para serem instruídos e formados, mais e mais sua mente passava dos detalhes da ciência para os problemas mais amplos e vagos da conduta e do caráter. Ele vislumbrou com mais clareza que, acima de todas as questões do mundo físico, pairava a questão das questões: qual é a melhor vida? Qual é o bem supremo da vida? O que é virtude? Como podemos encontrar felicidade e plenitude?

Ele é realisticamente simples em sua ética. O treinamento científico evitou que ele pregasse ideais sobrenaturais e vãos conselhos sobre perfeição. "Em Aristóteles", diz Santayana, "a concepção de natureza humana é perfeitamente sensata; todo ideal tem uma base natural, e tudo que é natural tem um desenvolvimento ideal". Aristóteles começa ao reconhecer abertamente que o objetivo da vida não é a bondade pela bondade, mas a felicidade. "Pois escolhemos a felicidade por si só, nunca com vistas a algo além; enquanto escolhemos honra, prazer, intelecto (...) porque acreditamos que por meio deles seremos felizes".[45] Mas ele se dá conta de que chamar a felicidade de bem supremo é um mero truísmo; o que se quer é uma explicação clara da natureza da felicidade, e o caminho para ela. Ele espera chegar a esse caminho ao indagar em que ponto o homem difere dos outros seres; e presumindo que a felicidade estará no funcionamento pleno dessa qualidade especificamente humana. Ora, a excelência peculiar do homem é seu poder de pensar; é por meio deste que ele sobrepuja e domina todas as outras formas de vida; e como o crescimento dessa faculdade deu-lhe sua supremacia, podemos presumir que seu desenvolvimento trará plenitude e felicidade.

A condição principal para a felicidade, então, excetuando-se certos pré-requisitos físicos, é a vida da razão — a glória e o poder específicos do homem. A virtude, ou melhor, a excelência* dependerá de um julgamento claro, autocontrole, simetria de desejo, requinte de meios; não é o domínio do homem simples, nem o dom da inocência nos atos, mas a conquista da experiência no homem plenamente desenvolvido. Porém, há uma estrada para isso, um guia para a excelência, que pode poupar muitos desvios e atrasos: é o caminho do meio, a justa medida. As qualidades do caráter podem ser dispostas em tríades, em cada uma delas a primeira e a última qualidades serão extremos e vícios, e a qualidade do meio, uma virtude ou uma excelência. Assim, entre a covardia e a precipitação está a coragem; entre a avareza e a extravagância está a liberalidade; entre a preguiça e a ganância está a ambição; entre a humildade e o orgulho está a modéstia; entre o sigilo e a loquacidade, a honestidade; entre a sisudez e a bufonaria, o bom humor; entre a beligerância e a bajulação, a amizade; entre a indecisão de Hamlet e a impulsividade de Quixote está o autocontrole.[46] O "certo", portanto, na ética ou na conduta não é diferente do "certo" na matemática ou na engenharia; significa correto, adequado, o que funciona melhor para o melhor resultado.

A justa medida, contudo, não é, como a via matemática, uma média exata de dois extremos precisamente calculáveis; ela flutua com as circunstâncias colaterais de cada situação, e se revela apenas com o raciocínio maduro e flexível. A excelência é uma arte conquistada pelo treinamento e pelo hábito: não agimos corretamente porque

---

* A palavra *excelência* é provavelmente a tradução mais adequada do grego *arete*, em geral traduzido de maneira errônea como *virtude*. O leitor evitará a compreensão equivocada de Platão e Aristóteles se, onde os tradutores escreverem *virtude*, substituir por *excelência, habilidade ou capacidade*. O grego *arete* é o *virtus* romano; ambos implicam um tipo masculino de excelência (*Ares*, deus da guerra; *vir*, um macho). A antiguidade clássica concebia a virtude relacionada ao homem, assim como o cristianismo medieval a concebia relacionada à mulher.

temos virtude ou excelência, mas, ao contrário, nós as temos porque agimos da maneira correta; "essas virtudes são formadas no homem quando ele realiza ações";⁴⁷ somos o que fazemos de maneira recorrente. Dessa forma, excelência não é um ato, mas um hábito: "o bem do homem é um exercício da alma na via da excelência durante uma vida inteira; (...) assim como uma andorinha, ou um belo dia, não faz verão, também um dia, ou um curto espaço de tempo, não torna um homem abençoado e feliz".⁴⁸

A juventude é a idade dos extremos: "se um jovem comete uma falta, esta sempre está relacionada ao excesso e ao exagero". A grande dificuldade dos jovens (e de muitos adultos que se portam como jovens) é escapar de um extremo sem cair no seu oposto. Pois um extremo transita facilmente para o outro, seja por "excesso de correção", seja por outra coisa: a insinceridade protesta demais, e a humildade fica à beira do precipício da presunção.⁴⁹ Aqueles que estiverem conscientemente em um extremo darão o nome de virtude não ao meio, mas ao extremo oposto. Às vezes, isso serve; pois se estivermos conscientes do erro em um extremo, "devemos mirar o outro, assim, podemos chegar ao meio-termo, (...) como os homens fazem para endireitar a madeira torta".⁵⁰ Mas extremistas inconscientes acabam considerando a justa medida como o maior dos vícios; eles "repudiam mutuamente o homem na posição intermediária; o homem corajoso é chamado de precipitado pelo covarde, e de covarde pelo precipitado, e nos outros casos a mesma coisa";⁵¹ por isso, na política moderna, o "liberal" é chamado de "conservador" e "radical" pelo radical e pelo conservador.

É óbvio que essa doutrina do meio-termo é a formulação de uma atitude característica que aparece em quase todos os sistemas gregos de filosofia. Platão a teve em mente ao chamar a virtude de ação harmoniosa; Sócrates, quando identificou a virtude com o conhecimento. Os Sete Sábios estabeleceram a tradição ao entalhar, no templo de Apolo em Delfos, o lema *meden agan* — nada em excesso. Talvez, como alega Nietzsche,⁵² todas essas eram meras tentativas dos gregos de conter sua própria violência e impulsividade de caráter; mais verdadeiramente, elas refletiam o sentimento grego de que paixões não são propriamente vícios, mas a matéria-prima tanto do vício quanto da virtude, conforme elas atuassem em excesso e desproporção ou com comedimento e harmonia.*

Mas a justa medida, diz nosso filósofo prático, não é todo o segredo da felicidade. Devemos ter, também, um nível justo de bens mundanos: a pobreza deixa a pessoa mesquinha e gananciosa; ao passo que posses proporcionam aquela dispensa de preocupação e cobiça, que é a fonte da tranquilidade e do encanto aristocráticos. O mais nobre auxílio externo para a felicidade é a amizade. De fato, a amizade é mais necessária para o feliz do que para o infeliz; pois felicidade é multiplicada quando é compartilhada. É mais importante do que a justiça: pois "quando homens são amigos, a justiça é desnecessária; mas quando os homens são justos, a amizade continua sendo uma bênção". "Ter um amigo é haver uma só alma em dois corpos." No entanto, amizade implica poucos amigos em vez de muitos; "aquele que tem muitos amigos não tem amigo nenhum"; e "ser amigo de muita gente e querer ter uma amizade perfeita é impossível". Uma boa amizade demanda duração em vez de intensidade irregular; e duração implica estabilidade de caráter; é ao caráter alterado que devemos atribuir o caleidoscópio dissipador de amizades. E amizade exige igualdade; pois gratidão, na melhor das hipóteses, dá a ela uma base escorregadia. "Quase sempre, observa-se que benfeitores têm mais amizade pelos receptores de sua bondade do que estes com aqueles. A explicação que satisfaz a maioria das pessoas é que uns são devedores e outros são credores, (...) e que os devedores desejam que seus credores saiam do caminho, enquanto os credores anseiam pela preservação de seus devedores." Aristóteles rejeita essa interpretação; ele prefere acreditar que a grande ternura do benfeitor deve ser explicada pela analogia da afeição do artista por sua obra, ou do amor da mãe pelo filho. Amamos aquilo que fizemos.[53]

---

* Cf. Uma formulação sociológica da mesma ideia: "Valores nunca são absolutos, mas apenas relativos. (...) Uma certa qualidade da natureza humana é considerada menos abundante do que deveria ser; consequentemente, atribuímos-lhe um valor, então (...) a incentivamos e cultivamos. Decorrente dessa avaliação, chamamo-la de vício e tentamos reprimi-la." — Carver, *Essays in Social Justice*.

No entanto, embora bens exteriores e relacionamentos sejam necessários para a felicidade, sua essência continua dentro de nós, no conhecimento polido e na clareza da alma. Claro que a via não é o prazer sensorial — essa estrada é um círculo: como Sócrates verbalizou a grosseira ideia epicurista, nós coçamos para sentir a comichão, e sentimos comichão para que possamos coçar. Tampouco uma carreira política pode ser a via; pois nela caminhamos sujeitos aos caprichos do povo; e nada é tão volúvel quanto o povo. Não, a felicidade deve ser um prazer da mente; e só podemos confiar nela quando advém da busca ou aquisição da verdade. "A operação do intelecto (...) visa a nenhum fim além dele mesmo, e encontra em si mesmo o prazer que o estimula a mais operações; e já que os atributos da autossuficiência, da infatigabilidade e da capacidade de descansar (...) pertencem claramente a essa ocupação, nela deve residir a felicidade perfeita".[54]

Contudo, o homem ideal de Aristóteles não é um simples metafísico.

> Ele não se expõe ao perigo sem necessidade, pois existem algumas coisas com as quais ele se importa o suficiente; mas está disposto, em grandes crises, a dar a própria vida, sabendo que sob determinadas condições não vale a pena viver. Está disposto a servir aos homens, embora se envergonhe quando o servem. Fazer um favor é sinal de superioridade; receber um favor é sinal de subordinação (...) Ele não assume lados em manifestações públicas (...) É sincero quanto a suas antipatias e preferências; fala e age com franqueza, devido ao seu desprezo por homens e coisas (...) Nunca se sente estimulado pela admiração, já que não há nada de excepcional aos seus olhos. Não consegue viver em complacência para com outros, salvo se for um amigo; a complacência é a característica de um escravo. (...) Nunca sente malícia, e sempre supera e se esquece de prejuízos. (...) Não é afeito a falar. (...) Não tem interesse em ser elogiado ou que outros sejam culpados. Não fala mal dos outros, nem de seus inimigos, a menos que seja com eles mesmos. Seus modos são serenos, sua voz é grave, sua fala, comedida; não costuma estar apressado, pois só se preocupa com poucas coisas; não é dado à veemência, pois não acha nada muito importante. Uma voz estridente e passos apressados manifestam-se num homem por

causa das preocupações. (...) Ele suporta os acidentes da vida com dignidade e graça, tirando o máximo proveito de suas circunstâncias, como um hábil general que lidera seus exércitos limitados com toda a estratégia da guerra. (...) Ele é o melhor amigo de si mesmo, e aprecia a privacidade, enquanto o homem sem virtude ou capacidade é o pior inimigo de si mesmo, e tem medo da solidão.[55]

Esse é o super-homem de Aristóteles.

VIII. POLÍTICA

1. COMUNISMO E CONSERVADORISMO

De uma ética tão aristocrática, naturalmente, origina-se (ou a sequência era ao contrário?) uma filosofia política severamente aristocrática. Não era de se esperar que o tutor de um imperador e marido de uma princesa tivesse um afeto tão grande pelo homem do povo, ou mesmo pela burguesia mercantilista; nossa filosofia está onde se encontra nosso tesouro. Além do mais, Aristóteles era honestamente conservador em virtude do turbilhão e do desastre que advieram da democracia ateniense; como um típico erudito, ele ansiava por ordem, segurança e paz; segundo ele, não era momento para extravagâncias políticas. Radicalismo é um luxo da estabilidade; podemos ousar mudar as coisas só quando elas estão firmes em nossas mãos. E, em geral, diz Aristóteles, "o hábito de alterar as leis de maneira leviana é um mal; e quando a vantagem da mudança é pequena, alguns defeitos, sejam na lei, sejam no governante, são mais bem enfrentados com a tolerância filosófica. O cidadão ganhará menos com a mudança do que irá perder ao adquirir o hábito da desobediência".[56] O poder da lei de assegurar a observância e, portanto, manter a estabilidade política depende em grande parte do costume; e "passar levianamente de leis velhas para leis novas é uma maneira de enfraquecer a essência de toda lei, seja ela qual for".[57] "Não vamos desprezar as experiências do passado: certamente, ao longo de tantos anos, essas coisas, se fossem boas, não teriam permanecido desconhecidas."[58]

"Essas coisas", é claro, referem-se principalmente à república comunista de Platão. Aristóteles combate o realismo de Platão sobre os universais e o idealismo de Platão sobre o governo. Ele encontra muitos pontos obscuros na imagem pintada pelo mestre. Não é grande fã do contato contínuo, como num quartel, ao qual Platão, aparentemente, condenava seus filósofos guardiões; embora seja conservador, Aristóteles valoriza a qualidade, privacidade e liberdade individuais acima da eficiência e do poder sociais. Não se importava em chamar todos os seus contemporâneos de irmãos ou irmãs, nem todas as pessoas mais velhas de pai ou mãe; se todos são seus irmãos, então nenhum o é; e "como é melhor ser primo de verdade de alguém do que um filho à moda de Platão!".[59] Em um Estado com mulheres e crianças em comum, "o amor seria diluído. (...) Das duas qualidades que realmente inspiram consideração e afeto — aquela de que uma coisa lhe pertence e a de que essa coisa desperta em você o amor verdadeiro —, nenhuma delas pode existir em tal Estado", como o de Platão.[60]

Talvez tenha havido, no passado longínquo, uma sociedade comunista, quando a família era o único Estado, e o pastoreio ou a agricultura, a única forma de vida. Mas "numa sociedade estatal mais dividida", em que a divisão do trabalho em funções desigualmente importantes desperta e aumenta a desigualdade entre os homens, o comunismo fracassa, porque não oferece incentivos adequados para o emprego de capacidades superiores. O estímulo do ganho é necessário para o trabalho árduo; e o estímulo da propriedade é necessário para uma indústria, uma agricultura e um interesse adequados. Quando todos são donos de tudo, ninguém toma conta de nada. "Aquilo que pertence ao maior número de pessoas recebe o mínimo de atenção. Cada um pensa, principalmente, no seu próprio interesse, quase nunca no interesse público."[61] E "há sempre a dificuldade de se viver junto, ou ter coisas em comum, mas, sobretudo, de ter propriedade comum. As parcerias de companheiros de viagem" (para não comentar sobre o árduo comunismo do casamento) "são um bom exemplo; pois, geralmente, elas se desfazem no meio do caminho e eles discutem por qualquer besteira que aconteça".[62]

"Os homens prestam logo atenção" às Utopias, "e são facilmente induzidos a acreditar que, de alguma maneira fantástica, todos se tornarão amigos de todo o mundo, principalmente quando alguém é ouvido denunciando os males existentes, (...) que dizem ter sido criados por causa da posse da propriedade privada. No entanto, esses males surgem de outra fonte completamente diferente — da maldade da natureza humana".* A ciência política não cria homens, mas deve aceitá-los como vêm da natureza.[63]

E a natureza humana, a média humana, está mais próxima da besta do que do deus. A grande maioria dos homens é formada por estúpidos e vagabundos naturais; em qualquer sistema, qualquer um desses homens irá para o fundo do poço; e ajudá-los com subsídios estatais é "como jogar água em um tonel furado". Tais pessoas devem ser governadas na política e comandadas na indústria; com seu consentimento, se possível; sem ele, se necessário. "Desde a hora do nascimento, alguns são destinados à submissão e outros ao comando."[64] "Porque aquele que pode prever com sua mente está, por natureza, destinado a ser senhor e mestre; e aquele que só consegue trabalhar com seu corpo é um escravo por natureza."** O escravo é para o mestre o que o corpo é para a mente; e assim como o corpo deveria ser submisso à mente, também "é melhor para todos os inferiores que fiquem sob o comando de um mestre".[65] "O escravo é uma ferramenta com vida, a ferramenta é um escravo sem vida." Então nosso filósofo de coração de pedra, vislumbrando as possibilidades que a Revolução Industrial nos revelou, escreve por um momento com uma esperança melancólica: "Se todo instrumento realizasse o seu trabalho, obedecendo ou antecipando a vontade dos outros, (...) se a lançadeira tecesse, ou a palheta tocasse a lira, sem uma mão para guiá-los, então os chefes não precisariam de assistentes, nem mestres, de escravos."[66]

---

* Observe que os conservadores são pessimistas, e os radicais, otimistas, quando à natureza humana, que é, provavelmente, nem tão boa, nem tão ruim como eles gostariam de acreditar, e que pode não ser tanto a natureza, mas treinamento e meio ambiente iniciais.
** Talvez *escravo* seja uma tradução muito rígida para *doulos*; a palavra era apenas um reconhecimento sincero de um fato brutal que, em nossos dias, é embelezado com conversas sobre dignidade do trabalho e a fraternidade entre os homens. Facilmente superamos os antigos em criar frases feitas.

Essa filosofia deixa claro o desdém dos gregos pelo trabalho manual. Trabalhos desse tipo, em Atenas, não se tornaram tão complicados como o são hoje, quando a inteligência demandada em muitos negócios manuais é, às vezes, muito maior do que a requerida para operações da classe média baixa, e até um professor de faculdade pode considerar um mecânico de automóvel (com certas exigências) como um verdadeiro deus; o trabalho manual era, na época, meramente manual, e Aristóteles o via com desprezo, lá dos píncaros da filosofia, como pertencente a homens sem mentes, como se fosse adequado apenas para escravos e como atividades que preparassem os homens para a escravidão. O trabalho manual, ele acredita, entorpece e deteriora a mente, e não deixa sobrar tempo nem energia para a inteligência política; para Aristóteles, parece um corolário razoável que apenas pessoas com acesso ao lazer devessem ter voz no governo.[67] "A melhor forma de Estado não admitirá mecânicos como cidadãos. (...) Em Tebas, havia uma lei que dizia que nenhum homem poderia assumir um cargo público se não estivesse afastado dos negócios por pelo menos dez anos."[68] Até os comerciantes e financistas eram classificados por Aristóteles como escravos. "O comércio varejista é antinatural, (...) e um modo pelo qual homens ganham uns dos outros. O tipo mais odioso nesse intercâmbio é (...) a usura, que aufere lucros por meio do próprio dinheiro, e não pelo seu uso natural. Pois o dinheiro foi criado como instrumento de troca, não como a mãe dos juros. Essa usura (*tokos*), que significa o nascimento do dinheiro a partir do dinheiro, (...) é, dentre todos os métodos de ganho, o mais antinatural."[69] O dinheiro não deveria dar cria. Logo, "a discussão da teoria da finança não merece ser tratada na filosofia; mas envolver-se com as finanças, ou com a geração de dinheiro, é indigno de um homem livre".*

---

* Aristóteles acrescenta que os filósofos não poderiam ser bem-sucedidos nessas atividades se descessem a esse patamar; e ele, orgulhosamente, destaca Tales, que, prevendo uma boa colheita, comprou todas as foices da cidade, e, depois, na época da colheita, vendeu-as pelo preço que quis; baseado nisso, Aristóteles observa que o segredo universal das grandes fortunas é a criação de um monopólio.

2. CASAMENTO E EDUCAÇÃO

A mulher está para o homem como o escravo para o mestre, o trabalhador manual para o intelectual, o bárbaro para o grego. A mulher é um homem inacabado, deixada de pé em um degrau mais baixo na escala do desenvolvimento.[70] O macho é, por natureza, superior, e a fêmea, inferior; o primeiro comanda e a segunda é comandada; e esse princípio se estende, forçosamente, por toda a humanidade. A mulher tem pouca força de vontade, portanto, é incapaz de ter independência de caráter ou posição; a melhor condição para ela é uma vida tranquila dentro de casa, em que, enquanto dominada pelo homem em suas relações externas, pode reinar absoluta nos afazeres domésticos. As mulheres não deveriam ser mais iguais aos homens, como na república de Platão; ao contrário, a disparidade deveria ser aumentada; nada é tão atraente quanto o diferente. "A coragem de um homem e a de uma mulher não são iguais, como supunha Sócrates: a coragem de um homem é demonstrada quando comanda; a da mulher, quando obedece. (...) Como diz o poeta, 'o silêncio é a glória da mulher'."[71]

Aristóteles parece desconfiar de que essa escravidão ideal da mulher é uma conquista rara para um homem, e que, mais frequentemente do que se pensa, o cetro está com a língua, não com o braço. Como se quisesse dar ao macho uma vantagem indispensável, ele o aconselha a adiar o casamento até perto dos trinta e sete anos, e, depois, casar-se com uma donzela de vinte e poucos anos. Uma garota que esteja na casa dos vinte anos, geralmente, é igual a um homem de trinta, mas talvez possa ser gerenciada por um guerreiro experiente de trinta e sete. O que atrai Aristóteles a essa matemática matrimonial é a ponderação de que duas pessoas tão díspares perderão o poder reprodutivo e as paixões aproximadamente na mesma época. "Se o homem ainda for capaz de gerar filhos enquanto a mulher não puder mais tê-los, ou vice-versa, surgirão discussões e diferenças. (...) Já que a fase de geração está comumente limitada até os setenta anos no homem, e cinquenta anos para as mulheres, o começo da união deles deve estar atrelado a esse período. A união de macho e fêmea, quando muito jovens, é ruim para a criação dos filhos; em todos os animais, a prole dos jovens é menor e com malformação, e, geralmente, nascem fêmeas." Saúde é mais importante do que amor. Além disso, "não casar cedo demais leva à temperança; pois as mulheres que se casam cedo ficam predispostas à licenciosidade; e, para os homens também, a estrutura corporal fica comprometida, se eles se casarem enquanto estiverem crescendo".* Esses assuntos não deveriam ser deixados ao capricho dos jovens, mas sob a supervisão e o controle do Estado: o Estado deveria determinar idades máximas e mínimas de casamento para cada sexo, as melhores épocas para a concepção e a taxa de crescimento populacional. Se a taxa de crescimento natural estiver muito elevada, a prática cruel do infanticídio pode ser substituída pelo aborto; e "que o aborto seja providenciado antes que comecem a vida e os sentidos".[72] Há um número ideal de população para cada Estado, variando com sua posição e seus recursos. "Um Estado quando composto por muito pouca gente não é autossuficiente, como deveria ser; ao passo que, se tiver muitos habitantes (...), torna-se uma nação, não um Estado, e é quase incapaz de um governo constitucional", ou de unidade étnica ou política.[73] Qualquer número que exceda uma população de 10 mil habitantes é indesejável.

A educação também deveria estar nas mãos do Estado. "O que mais contribui para a permanência das constituições é a adaptação da educação à forma de governo. (...) O cidadão deveria ser moldado à forma de governo sob a qual vive."[74] Por meio do controle estatal das escolas, poderíamos desviar homens da indústria e do comércio para a agricultura; e poderíamos treinar homens, enquanto mantivéssemos a propriedade privada, para abrirem suas propriedades para um uso público regulado. "Entre os homens bons, com relação ao uso da propriedade, vigorará o provérbio que diz: 'amigos deveriam ter tudo em comum'."[75] Mas, acima de tudo, o cidadão em formação deveria aprender a ser obediente à lei, caso contrário, um Estado se torna incontrolável. "Muito já foi dito que 'aquele que nunca aprendeu a obedecer não pode ser um bom comandante'. (...) O bom cidadão deveria ser capaz

---

* É evidente que Aristóteles tem em mente apenas a temperança das mulheres; o efeito moral do casamento postergado sobre os homens não parece preocupá-lo.

das duas coisas." E só um sistema estatal de educação pode proporcionar unidade social em meio à heterogeneidade étnica; o Estado é uma pluralidade que deve ser transformada em unidade e numa comunidade pela educação.[76] Que seja ensinada à juventude a grande dádiva que é ter o Estado, a segurança pouco reconhecida que advém da organização social, a liberdade que vem da lei. "O homem, quando aperfeiçoado, é o melhor dos animais; mas quando isolado é o pior de todos; pois a injustiça é mais perigosa quando armada, e o homem é equipado, desde o nascimento, com a arma da inteligência e com as qualidades do caráter que poderá ser usado para os fins mais vis. Portanto, se ele não tiver virtude, será o animal mais perverso e selvagem de todos, cheio de gula e lascívia." E somente o controle social pode proporcionar a virtude. Por meio da fala, o homem desenvolveu a sociedade; por meio da sociedade, a inteligência; por meio da inteligência, a ordem; e por meio da ordem, a civilização. Em um Estado bem ordenado, o indivíduo tem disponíveis mil oportunidades e meios de evoluir, o que uma vida solitária jamais lhe poderia oferecer. "Para se viver sozinho", portanto, "é preciso ser um animal ou um deus".[77]

Por isso, a revolução é quase sempre insensata; pode ser que propicie algum bem, mas à custa de muitos males, sendo o pior deles a perturbação, e talvez a dissolução, daquela ordem e estrutura sociais de que depende toda boa política. As consequências diretas das inovações revolucionárias podem ser calculáveis e salutares; mas as indiretas, normalmente, são incalculáveis, e não raro desastrosas. "Aqueles que só levam em conta alguns poucos detalhes acham fácil fazer um julgamento"; e um homem pode decidir rapidamente se tiver pouca coisa para decidir. "Os homens jovens são facilmente enganados, pois rapidamente tomam esperanças para si." A supressão de hábitos de longa data traz a queda de governos inovadores, porque os velhos hábitos persistem entre as pessoas; caracteres não são tão facilmente mudados quanto leis. Se uma constituição é feita para ser permanente, todas as partes de uma sociedade devem querer que ela seja mantida. Consequentemente, um governante que desejasse evitar uma revolução deveria prevenir extremos de pobreza e riqueza — "uma condição que, quase sempre, resulta em guerras"; ele deveria (como os ingleses) incentivar a colonização como uma porta de saída para uma população perigosamente congestionada; e deveria acolher e praticar a religião. Um governante autocrata, em especial, "deveria parecer fervoroso ao adorar os deuses; pois se os homens acham que um governante é religioso e reverencia os deuses, terão menos medo de sofrer injustiças em suas mãos, e ficam menos predispostos a conspirar contra ele, já que acreditam que os próprios deuses estão lutando ao seu lado".[78]

3. DEMOCRACIA E ARISTOCRACIA

Com as salvaguardas da religião, da educação e do ordenamento na vida familiar, praticamente qualquer uma das formas tradicionais de governo funcionará. Todas as formas têm uma mistura de coisas boas e más, e são diversamente adaptadas a várias condições. Teoricamente, a forma ideal de governo seria a centralização de todo o poder político nos melhores homens. Homero está certo: "Ruim é o mando de muitos; que apenas um seja seu governante e mestre". Pois para um homem assim, a lei seria mais como um instrumento do que uma limitação: "para homens de capacidade eminente não existe lei — eles próprios são a lei". Qualquer um faria papel ridículo se tentasse fazer leis para eles, que provavelmente retrucariam com o que, na fábula de Antístenes, disseram os leões às lebres, quando, no concílio dos animais, elas começaram a protestar e exigir igualdade para todos: "Onde estão as suas garras?".[79]

Mas na prática, a monarquia costuma ser a pior forma de governo, pois grande força e grande virtude não são exatamente aliados próximos. Logo, o melhor regime praticável é a aristocracia, o domínio dos poucos mais informados e capazes. Governo é uma coisa muito complexa para ter seus assuntos decididos por número, quando casos menores ficam reservados ao conhecimento e à capacidade. "Do mesmo modo que o médico deveria ser julgado por outro médico, os homens deveriam, de um modo geral, ser julgados por seus pares. (...) Ora, não é exatamente esse o mesmo princípio que se aplica às eleições? Fato é que uma eleição correta só pode ser realizada por aqueles que detêm conhecimento: um geômetra, por exemplo, escolherá corretamente em assuntos de geometria; ou um piloto, em assuntos de navegação. (...)[80]

Portanto, nem a eleição de magistrados nem a cobrança que se faça deles devem ser confiadas à maioria."

A dificuldade encontrada na aristocracia hereditária é que ela não tem uma base econômica permanente; o eterno surgimento dos *nouveaux riches* coloca o cargo político, mais cedo ou mais tarde, à disposição de quem der o maior lance. "Não há dúvida de que é lamentável o fato de os cargos mais importantes (...) serem comprados. A lei que permite tamanho abuso faz a riqueza valer mais do que a capacidade, e o Estado inteiro se torna avarento. Pois sempre que os chefes de Estado consideram qualquer coisa honrada, os outros cidadãos, com certeza, seguem seu exemplo" (a "imitação do prestígio" da psicologia social moderna); "e onde a capacidade não está em primeiro lugar não há verdadeira aristocracia".[81]

A democracia, normalmente, é o resultado de uma revolução contra a plutocracia. "O amor ao lucro nas classes governantes tende, constantemente, a diminuir seu número" (a "eliminação da classe média", de Marx), "e assim a fortalecer as massas, que, no fim, voltam-se contra seus senhores e estabelecem democracias". Esse "governo dos pobres" tem algumas vantagens. "As pessoas, embora individualmente sejam piores juízas do que aquelas com conhecimento específico, coletivamente tornam-se boas. Além do mais, existem alguns artistas cujos trabalhos são mais bem julgados não apenas por eles próprios, mas por aqueles que não possuem a arte; por exemplo, o usuário, ou mestre, de uma casa saberá julgá-la melhor que o construtor; (...) e o convidado saberá julgar melhor um banquete do que o cozinheiro."[82] E "a maioria é menos corruptível do que a minoria; ela é como uma grande quantidade de água que é menos maculada do que uma pequena poça. O indivíduo está sujeito a ser dominado pela raiva, ou por alguma outra paixão, e, então, seu julgamento fica, forçosamente, deturpado; mas é difícil imaginar que um grande número de pessoas possa se deixar levar por uma paixão e por um equívoco, todas ao mesmo tempo".*

---

* *Política*, III, 15. Gabriel de Tarde, Gustave Le Bon e outros psicólogos sociais afirmam exatamente o contrário; e, embora exagerem nos vícios da multidão, poderiam encontrar uma base melhor de comparação do que Aristóteles via no comportamento da Assembleia ateniense em 430-330 a.C.

No entanto, a democracia é, de modo geral, inferior à aristocracia.[83] Pois ela é baseada na falsa presunção de igualdade; ela "nasce da noção de que aqueles que são iguais quanto a um aspecto (por exemplo, no respeito às leis) são iguais em todos os demais; pelo fato de os homens serem igualmente livres, reivindicam ser absolutamente iguais". O resultado é que a capacidade é sacrificada em favor da quantidade, enquanto os números são manipulados por meio de fraudes. Como o povo é facilmente enganado, e muito volúvel em seus pontos de vista, as urnas deveriam ser limitadas aos inteligentes. O que precisamos é de uma combinação de aristocracia e democracia.

O governo constitucional oferece essa feliz união. Não é o governo dos sonhos — esse seria uma aristocracia pela educação —, mas é o melhor Estado que se pode alcançar. "Devemos nos perguntar qual é a melhor constituição para a maioria dos Estados, e a melhor vida para a maioria dos homens; sem presumir um padrão de excelência que estará acima de todas as pessoas comuns, nem uma educação excepcionalmente favorecida pela natureza ou pelas circunstâncias, tampouco um Estado ideal, que não passará de uma aspiração; mas tendo em mente uma vida que possa ser partilhada pela maioria, e uma forma de governo à qual os Estados, em geral, possam se ater." "É necessário começar adotando um princípio geral de aplicação, ou seja, um no qual a parte do Estado que deseja a continuidade do governo deva ser mais forte do que a que não deseja isso";[84] e força consiste não apenas em quantidade, não apenas na propriedade, não apenas na capacidade militar ou política, mas numa combinação de todos os fatores, de modo que devemos levar em consideração "liberdade, riqueza, cultura e nascimento nobre, assim como a mera superioridade numérica". Ora, onde iremos encontrar essa *maioria econômica* para embasar o nosso governo constitucional? Talvez mais na classe média: temos aqui, mais uma vez, a justa medida, assim como o próprio governo constitucional seria uma via entre a democracia e a aristocracia. Nosso Estado será suficientemente democrático se o caminho para todos os cargos estiver aberto para todos; e suficientemente aristocrático, se esses mesmos cargos estiverem vedados a todos aqueles que não tiverem trilhado o caminho e chegado plenamente preparados. Seja qual for o ângulo pelo qual abordemos o nosso eterno problema político, monotonamente chegamos à mesma conclusão: que a comunidade deveria determinar os fins a serem perseguidos, mas que só os especialistas deveriam selecionar e aplicar os meios; que a escolha deveria se espalhar democraticamente, mas que o cargo deveria ser rigidamente reservado para os mais bem equipados e selecionados.

IX. CRÍTICAS

O que podemos dizer dessa filosofia? Talvez nada muito arrebatador. É difícil ficar entusiasmado com Aristóteles, porque era difícil para ele ficar entusiasmado com qualquer coisa; e *si vis me flere, primum tibi flendum*.[85] O lema dele é *nil admirari* — admirar-se ou maravilhar-se com nada; e hesitamos em violar esse lema, no caso dele. Não vemos nele o zelo reformador de Platão, o amor colérico pela humanidade que fez o grande idealista denunciar seus contemporâneos. Sentimos falta da originalidade de seu professor, a imaginação magnânima, a capacidade para um delírio generoso. No entanto, após ler Platão, nada poderia ser tão salutar para nós do que a calma cética de Aristóteles.

Resumamos nossa divergência. Incomodamo-nos, logo de cara, com sua insistência na lógica. Ele vê o silogismo como uma descrição da maneira de raciocinar do homem, enquanto meramente descreve a maneira de um homem travestir seu raciocínio para a persuasão de outra mente; ele supõe que o pensamento começa com premissas e busca suas conclusões, quando, na verdade, o pensamento começa com conclusões hipotéticas e busca as premissas que o justifiquem — e as procura da melhor maneira pela observação de eventos particulares sob as condições controladas e isoladas de experimentos. Entretanto, seríamos tolos se esquecêssemos que dois mil anos mudaram apenas insignificâncias na lógica de Aristóteles, que Occam, Bacon, Whewell, Mill e centenas de outros encontraram apenas manchas em seu sol, e que a criação de Aristóteles dessa nova disciplina do pensamento, além do firme estabelecimento de suas linhas essenciais, continua entre as conquistas mais duradouras da mente humana.

Mais uma vez, é a ausência de experimentos e hipóteses frutíferas que deixa a ciência natural de Aristóteles como uma massa de observações não assimiladas. A especialidade dele é a coleção e classificação de dados; em todos os campos, ele maneja suas categorias e produz catálogos. Mas lado a lado com essa tendência e esse talento para observação, segue um apego platônico pela metafísica; isso o faz tropeçar em todas as ciências, e o induz às mais absurdas pressuposições. Esse, de fato, foi o grande defeito da mente grega: ela não era disciplinada; faltavam-lhe tradições limitantes e estabilizadoras; ela movia-se livremente em um campo inexplorado, e se dispersava rapidamente em teorias e conclusões. Então, a filosofia grega deu saltos a alturas jamais novamente alcançadas, enquanto a ciência grega arrastava-se e ficava para trás. Nosso perigo moderno é o exato oposto; dados indutivos caem sobre nós de todos os lados, como a lava do Vesúvio; sufocamo-nos com fatos descoordenados; nossas mentes ficam sobrecarregadas pelas ciências que criam e se multiplicam num caos especializado por falta de pensamento sintético e uma filosofia unificadora. Somos todos simples fragmentos do que um homem poderia ser.

A ética de Aristóteles é uma ramificação de sua lógica: a vida ideal é como um silogismo apropriado. Ele nos dá um manual de boas maneiras em vez de um estímulo para nos aperfeiçoarmos. Um antigo crítico falou dele como "moderado em excesso". Um extremista poderia chamar a *Ética* de a coleção campeã de trivialidades em toda a literatura; e um anglófobo seria consolado pelo pensamento de que os ingleses, em sua juventude, pagaram antecipadamente pelos pecados dos imperialistas em seus anos adultos, já que, tanto em Cambridge quanto em Oxford, obrigavam os alunos a ler cada uma das palavras do *Ética a Nicômaco*. Não vemos a hora de misturar plantas frescas e verdes de *Folhas da Relva* com essas páginas mais secas, acrescentar a inebriante justificativa para o prazer dos sentidos feita por Whitman até a exaltação de Aristóteles feita a uma felicidade puramente intelectual. Perguntamo-nos se esse ideal aristotélico de moderação imoderada não teve nada a ver com a virtude incolor, a rígida perfeição e as inexpressivas convenções sociais da aristocracia britânica. Matthew Arnold conta-nos que, em seu tempo em Oxford, os tutores olhavam para a *Ética* como infalível. Durante trezentos anos, esse livro e a *Política* formaram o pensamento inglês dominante, talvez para grandes e nobres conquistas, mas, certamente, para uma dura e fria eficiência. Qual teria sido o resultado se os senhores do maior dos impérios tivessem, em vez disso, estimulado o santo fervor e a paixão construtiva de *A República*?

Afinal de contas, Aristóteles não era exatamente grego; ele já estava estabelecido e formado antes mesmo de chegar a Atenas; não havia nada de ateniense nele, nada do experimentalismo apressado e inspirador que fez Atenas fervilhar com o elã político, e que acabou ajudando a sujeitá-la a um déspota unificador. Aristóteles cumpriu rigorosamente a ordem délfica de evitar o excesso: ele é tão ansioso para se afastar dos extremos que, por fim, não deixa nada para trás. Tem um pavor tão grande da desordem que se esquece de ter medo da escravidão; é tão tímido quanto à mudança incerta que prefere uma certa imutabilidade, que quase se assemelha à morte. Falta-lhe aquele senso de fluxo heraclitiano que justifica que o conservador acredite que toda mudança permanente é gradual, e justifica a crença do radical de que nenhuma imutabilidade é permanente. Ele se esquece de que o comunismo de Platão era feito para a elite, uma minoria altruísta e sem ganâncias; e chega tortuosamente a um resultado platônico quando diz que, embora a propriedade devesse ser privada, seu uso deveria ser, tanto quanto possível, comum. Não percebe (e talvez não se pudesse esperar que percebesse, naqueles tempos) que o controle individual dos meios de produção era estimulante e salutar só quando esses meios eram tão simples que podiam ser comprados por qualquer homem; e que o aumento da complexidade e do custo desses meios leva a uma perigosa centralização da propriedade e do poder, e a uma desigualdade artificial e, por fim, desordeira.

Porém, depois de tudo, essas críticas são basicamente insignificantes daquilo que resta do mais maravilhoso e influente sistema de pensamento já organizado por uma só mente. Pode ser que duvidem de que qualquer outro pensador tenha contribuído tanto para o esclarecimento do mundo. Toda grande era tem recorrido a Aristóteles e subido em seus ombros para ver a verdade. A cultura variada e magnífica de Alexandria encontrou nele sua inspiração científica. Seu *Órganon* teve papel central em fazer com que as mentes dos bárbaros medievais se transformassem em pensamentos disciplinados e consistentes. As outras obras, traduzidas por cristãos nestorianos para o siríaco no século V d.C., e deste para o árabe e o hebraico no século X, e depois para o latim, por volta de 1225, transformaram a escolástica de seus eloquentes primórdios em Abelardo na conclusão enciclopédica em Tomás de Aquino. Os cruzados trouxeram exemplares gregos mais perfeitos dos textos do filósofo; e os eruditos gregos de Constantinopla trouxeram outros tesouros aristotélicos consigo, quando, após 1453, fugiram do cerco turco. As obras de Aristóteles chegaram a representar para a filosofia europeia o que a Bíblia era para a teologia — um texto quase infalível, com soluções para todos os problemas. Em 1215, o núncio papal em Paris proibiu os professores de ensinar com base nos trabalhos dele; em 1231, Gregório IX designou uma comissão para expurgá-lo; em 1260, ele era *de rigueur* em toda escola cristã, e as assembleias eclesiásticas puniam os desvios das opiniões do filósofo. Chaucer descreve um aluno seu como sendo feliz por ter

> À cabeceira de seu leito
> Vinte livros encadernados em preto ou escarlate
> De Aristóteles e sua filosofia;

E nos primeiros círculos do Inferno, diz Dante:

> Lá, vi o Mestre daqueles que sabem,
> Em meio à família filosófica,
> Por todos admirado, e por todos reverenciado;
> Também lá vi Platão, e Sócrates,
> Mais perto dele do que os demais.

Versos como esses nos dão um vislumbre da honra que mil anos prestaram ao estagirita. Só quando novos instrumentos, observações acumuladas e experimentos pacientes refizeram a ciência e deram armas tentadoras para Occam e Ramus, a Roger e Francis Bacon, o reinado de Aristóteles chegou ao fim. Nenhuma outra mente dominou por tanto tempo o intelecto da humanidade.

X. ÚLTIMOS DIAS E MORTE

Enquanto isso, a vida se tornou incontrolavelmente complicada para nosso filósofo. Por um lado, Aristóteles via-se num imbróglio com Alexandre por protestar contra a execução de Calístenes (sobrinho de Aristóteles), que se recusara a reverenciar Alexandre como deus; e Alexandre respondeu ao protesto dando a entender que estava perfeitamente dentro de sua onipotência levar à morte até mesmo filósofos. Ao mesmo tempo, Aristóteles ocupava-se em defender Alexandre entre os atenienses. Ele preferia a solidariedade grega ao patriotismo municipal, e achava que a cultura e a ciência floresceriam melhor quando soberanias e disputas mesquinhas chegassem ao fim; e viu em Alexandre o que Goethe iria ver em Napoleão — a unidade filosófica de um mundo caótico e intoleravelmente multifacetado. Os atenienses, com fome de liberdade, bradavam contra Aristóteles, e se zangaram quando Alexandre mandou erguer uma estátua do filósofo no coração da cidade hostil. No meio desse turbilhão, temos uma impressão de Aristóteles completamente oposta à que foi deixada para nós em sua *Ética*: aqui vemos um homem que não é frio e desumanamente calmo, mas um lutador, buscando concluir um trabalho titânico cercado de inimigos por todos os lados. Os sucessores de Platão na Academia, a escola retórica de Isócrates e as multidões raivosas que ficavam empolgadas com a eloquência ácida de Demóstenes faziam intrigas e clamavam pelo seu exílio ou sua morte.

Então, de repente (323 a.C.), Alexandre morreu. Atenas foi ao delírio em uma festa patriótica; o partido macedônico foi destituído, e a independência ateniense, proclamada. Antípatro, sucessor de Alexandre e amigo íntimo de Aristóteles, marchou sobre a cidade rebelde. A maior parte do partido macedônico fugiu. O sumo sacerdote Eurímedon apresentou uma acusação contra Aristóteles, alegando que ele ensinava que oração e sacrifício não valiam de nada. Aristóteles viu seu destino ser julgado por juízes e multidões incomparavelmente mais hostis do que aquelas que assassinaram Sócrates. Muito sabiamente, ele deixou a cidade, dizendo que não daria a Atenas uma chance de pecar uma segunda vez contra a filosofia. Não foi um ato de covardia; uma pessoa acusada em Atenas sempre tinha a opção de preferir o exílio.[86] Ao chegar a Cálcis, Aristóteles caiu doente; Diógenes Laércio nos conta que o velho filósofo, muito decepcionado ao ver tudo se voltando contra ele, cometeu suicídio bebendo cicuta.[87] Qualquer que tenha sido a causa, sua doença mostrou-se fatal; e alguns meses depois de deixar Atenas (322 a.C.), o solitário Aristóteles morreu.

No mesmo ano, e com a mesma idade, sessenta e dois, Demóstenes, o maior dos inimigos de Alexandre, tomou veneno. Dentro de um período de doze meses, a Grécia perdeu seu maior governante, seu maior orador e seu maior filósofo. A glória que havia sido a Grécia empalideceu, agora, na aurora do sol romano; e a grandiosidade que se tornou Roma foi mais uma pompa do poder do que a luz do pensamento. Então, aquela grandeza também decaiu, aquela pequena luz quase se apagou. Durante mil anos, a escuridão assombrou a face da Europa. O mundo inteiro esperava a ressurreição da filosofia.

CAPÍTULO III

Francis Bacon

I. DE ARISTÓTELES À RENASCENÇA

Quando Esparta bloqueou e derrotou Atenas próximo ao fim do século V a.C., a supremacia política saiu das mãos da mãe da filosofia e arte gregas, e o vigor e a independência da mente ateniense decaíram. Quando, em 399 a.C., Sócrates foi executado, a alma de Atenas morreu com ele, sobrevivendo apenas em seu orgulhoso discípulo, Platão. E quanto Felipe da Macedônia derrotou os atenienses em Queroneia, em 338 a.C., e Alexandre incendiou toda a grande cidade de Tebas três anos mais tarde, nem mesmo o fato de a casa de Píndaro ter sido ostensivamente poupada conseguiu encobrir a realidade de que a independência ateniense, com relação ao governo e às ideias, foi irremediavelmente destruída. O domínio da filosofia grega pelo macedônio Aristóteles refletia a submissão política da Grécia pelos jovens e viris povos do norte.

A morte de Alexandre (323 a.C.) acelerou esse processo de decadência. O menino-imperador, embora tivesse continuado a ser um bárbaro depois de toda a educação recebida de Aristóteles, aprendera a reverenciar a rica cultura da Grécia, e havia sonhado em espalhar aquela cultura pelo Oriente, no embalo das vitórias de seus exércitos. O desenvolvimento do comércio grego e a multiplicação dos postos de comercialização por toda a Ásia Menor proporcionaram uma base econômica para a unificação dessa região como parte de um império helênico; e Alexandre esperava que, a partir desses agitados postos, o pensamento grego, assim como os produtos gregos, irradiassem e conquistassem. Mas ele subestimou a inércia e a resistência da mente oriental, e a profusão e a complexidade da cultura oriental. Enfim, não passou de um sonho juvenil supor que uma civilização tão imatura e instável quanto a da Grécia pudesse ser imposta a uma civilização incomensuravelmente mais difundida e enraizada nas tradições mais veneráveis. A quantidade da Ásia provou-se muito maior do que a qualidade da Grécia. O próprio Alexandre, no auge da sua glória, foi conquistado pela alma do Oriente; casou-se (dentre várias damas) com a filha de Dario; adotou o diadema e o manto de gala persas; introduziu na Europa a ideia oriental do divino direito dos reis; e, finalmente, assombrou a Grécia cética ao anunciar, em magnífico estilo oriental, que era um deus. A Grécia caiu na risada; e Alexandre bebeu até a morte.

Essa sutil infusão de uma alma asiática no corpo exaurido do mestre grego foi rapidamente seguida pela invasão de cultos e crenças orientais na Grécia, junto com aquelas mesmas linhas de comunicação que o jovem conquistador tinha aberto; os diques rompidos deixaram o oceano do pensamento oriental inundar as terras baixas da ainda adolescente mente europeia. As fés místicas e supersticiosas que criaram raízes entre os povos mais pobres de Hélade foram reforçadas e difundidas; e o espírito oriental de apatia e resignação encontrou um solo preparado na Grécia decadente e abatida. A introdução da filosofia estoica em Atenas pelo mercador fenício Zenão (cerca de 310 a.C.) foi só uma dentre incontáveis infiltrações orientais. Tanto o estoicismo quanto o epicurismo — a aceitação apática da derrota e o esforço para esquecer a derrota nos braços do prazer — eram teorias de como, ainda assim, poderíamos ser felizes, apesar de subjugados ou escravizados; exatamente como o estoicismo oriental e pessimista de Schopenhauer e o desmoralizado epicurismo de Renan foram, no século XIX, os símbolos para uma revolução despedaçada e uma França quebrada.

Não que essas antíteses naturais de teoria ética fossem de todo novas para a Grécia. Encontramo-las no sombrio Heráclito e em Demócrito, o "filósofo que ri"; e vemos os discípulos de Sócrates dividindo-se entre cínicos e cirenaicos, sob a liderança de Antístenes e Aristipo, e exaltando, a primeira escola, a apatia, a segunda escola, a felicidade. Contudo, mesmo nessa época, foram vistas como modos quase exóticos de pensamento: a Atenas imperial não aderiu a elas. Porém, quando a Grécia viu a Queroneia banhada em sangue e Tebas em cinzas, passou a ouvir Diógenes; e quando a glória partiu de Atenas, ficou no ponto ideal para a chegada de Zenão e Epicuro.*

Zenão ergueu sua filosofia de *apatheia* num determinismo que um estoico posterior, Crísipo, achou difícil de ser distinguido do fatalismo oriental. No momento em que Zenão, que não acreditava na escravidão, espancava um escravo por alguma infração, o escravo alegou como atenuante que, de acordo com a filosofia de seu senhor, ele tinha sido destinado, por toda eternidade, a cometer aquele erro; ao que Zenão respondeu, com a calma de um sábio, que, segundo a mesma filosofia, ele, Zenão, tinha sido destinado a espancá-lo pelo delito. Assim como Schopenhauer julgava inútil a vontade individual lutar contra a vontade universal, os estoicos alegavam que a indiferença filosófica era a única atitude razoável para uma vida em que a batalha pela existência é tão injustamente fadada à derrota inevitável. Se a vitória for completamente impossível, deve ser desdenhada. O segredo da paz não é tornar nossas conquistas equivalentes aos nossos desejos, mas baixar nossos desejos ao nível de nossas conquistas. "Se o que possui parece insuficiente para você", disse o estoico romano Sêneca (m. 65 d.C.), "então você poderá ter o mundo, e ainda continuará miserável".

Um princípio desses berrava aos céus pelo seu oposto, então Epicuro, embora ele próprio tão estoico em vida quanto Zenão, supriu a lacuna. Epicuro, diz Fenelon,[1] "comprou um belo jardim, que ele próprio cultivou. Foi lá que instalou sua escola, e ali vivia uma vida tranquila e agradável com seus discípulos, aos quais ensinava enquanto andava e trabalhava. (...) Era gentil e afável com todos os homens (...) Sustentava que não havia nada mais nobre do que dedicar-se à filosofia". O ponto de partida dele é uma convicção de que a apatia é impossível, e que o prazer

---

* O quadro indica aproximadamente as principais linhas da evolução filosófica na Europa e nos Estados Unidos.

— embora não exatamente o prazer sexual — é a única finalidade concebível, e perfeitamente legítima, da vida e das ações. "A natureza leva todo organismo a preferir seu próprio bem ao bem de todos os outros"; até mesmo o estoico sente um prazer sutil na renúncia. "Não devemos evitar os prazeres, mas selecioná-los." Epicuro, então, não é epicurista; ele exalta os prazeres no intelecto mais do que nos sentidos; alerta contra os prazeres que excitam e perturbam a alma, os quais deveriam ser apaziguados e tranquilizados. No fim, ele propõe a busca não pelo prazer no sentido comum, mas a *ataraxia* — tranquilidade, equanimidade, repouso da mente; todos os quais oscilam à beira da "apatia" de Zenão.

Os romanos, quando foram saquear Eleia em 146 a.C., encontraram essas escolas rivais dividindo o campo filosófico; e sem terem tempo nem sutileza para especulações, levaram para Roma essas filosofias, juntamente com outros espólios. Grandes organizadores, tanto quanto os escravos inevitáveis, tendem ao sentimento estoico: é difícil ser mestre ou servo se a pessoa for sensível. Por isso, a filosofia adotada por Roma era, em sua maioria, a da escola de Zenão, quer em Marco Aurélio, o imperador, quer em Epiteto, o escravo; e até Lucrécio difundia estoicamente o epicurismo (como o inglês de Heine, divertindo-se tristemente), e concluiu seu austero evangelho de prazer cometendo suicídio. Sua nobre epopeia, *Sobre a Natureza das Coisas*,[2] segue Epicuro condenando o prazer com lânguidos elogios. Quase contemporâneo de César e Pompeia, ele viveu em meio a tumultos e pânico; sua pena nervosa está eternamente compondo preces à tranquilidade e à paz. Imaginamo-lo como uma alma tímida, cuja juventude foi obscurecida por temores religiosos; porque ele jamais se cansa de relatar aos leitores que não há inferno, exceto este em que vivemos, e que não existem deuses exceto deuses cavalheirescos que moram em um jardim de Epicuro nas nuvens, e nunca se intrometem nos assuntos dos homens. Com relação ao crescente culto de paraíso e inferno em meio à população romana, ele discorda com um materialismo impiedoso. Alma e mente evoluem com o corpo, crescem com seu crescimento, sofrem com seus sofrimentos e morrem com a sua morte. Nada existe além de átomos, espaço e lei; e a lei das leis é a da evolução e dissolução em toda parte.

Coisa alguma perdura, mas todas as coisas fluem.
Fragmento se agarra a fragmento; as coisas assim crescem,
Até que as conheçamos e as nomeemos. Em níveis
Elas se dissolvem, e deixam de ser as coisas que conhecemos.

Englobados por átomos, caindo devagar ou depressa,
Vejo os sóis, vejo os sistemas erguerem
Suas formas; e até os sistemas e seus sóis
Voltarão lentamente à eterna mutação.

Tu também, ó Terra — teus impérios, terras e mares —
Aos poucos, com tuas estrelas, de todas as galáxias,
Englobada pela mutação como aquelas, como aquelas também tu
Irás. Estás indo, a cada hora, como aquelas.

Nada perdura. Teus mares, em suave neblina,
Desaparecem; aquelas areias lunares abandonam seu lugar;
E onde estão, outros mares irão, por sua vez,
Cortar com suas alvas foices outras baías.[3]

À evolução e dissolução astronômicas acrescentem a origem e a eliminação das espécies.

Muitos monstros, também, a Terra de antigamente tentou produzir, coisas de caras e membros estranhos; (...) alguns sem pés, alguns sem mãos, alguns sem bocas, alguns sem olhos. (...) Mais e mais monstros (...) desse tipo a Terra tentou produzir, mas em vão; como a natureza baniu o aumento de seu número, eles não puderam alcançar a cobiçada flor da idade, nem encontrar comida, nem se unir em casamento; (...) e muitas raças de coisas vivas devem ter se extinguido e sido incapazes de procriar e continuar suas linhagens. Pois no caso de todas as coisas que vocês veem respirando o sopro vital, a habilidade, a coragem ou a velocidade vêm desde o princípio protegendo e preservando cada raça. (...) Aqueles aos quais a natureza não concedeu nenhuma dessas qualidades ficavam expostos como presas ou vítimas dos outros, até que a natureza extinguisse tal espécie.[4]

Também as nações, como os indivíduos, lentamente crescem e, com toda a certeza, morrem: "algumas nações prosperam, outras esvanecem, e em um curto espaço de tempo as raças de coisas vivas se transformam, e, como corredores, passam adiante a tocha da vida". Diante da guerra e da morte inevitável, não há sabedoria senão na *ataraxia* — "encarar todas as coisas com serenidade de espírito". Aqui, claramente, a velha alegria de viver pagã deixa de existir, e um espírito quase exótico toca uma lira quebrada. A história, que é acima de tudo bem-humorada, nunca foi tão brincalhona como quando deu a esse abstêmio e épico pessimista o nome de epicurista.

E se este é o espírito do seguidor de Epicuro, imagine o inebriante otimismo de estoicos declarados, como Aurélio ou Epiteto. Nada, em toda a literatura, é tão deprimente quanto as "Dissertações" do escravo, a menos que se tratem das "Meditações" do imperador. "Não procure fazer com que as coisas aconteçam segundo sua preferência, e, sim, prefira que elas aconteçam como têm que acontecer; assim, terá uma vida próspera."[5] Sem dúvida, é possível, dessa maneira, ditar o futuro e fingir que somos as Suas Altezas do universo. A história nos conta que o mestre de Epiteto, que o tratava com constante crueldade, certo dia, resolveu torcer-lhe a perna só para passar o tempo. "Se continuar", disse Epiteto com calma, "vai quebrar minha perna". O mestre continuou, e a perna se quebrou. "Não lhe avisei", Epiteto observou calmamente, "que iria quebrar minha perna?".[6] Entretanto, há uma certa nobreza mística nessa filosofia, como na coragem silenciosa de algum pacifista de Dostoiévski. "Nunca diga, sob hipótese alguma, eu perdi tal coisa; mas, sim, eu devolvi tal coisa. Teu filho morreu? Foi devolvido. Tua esposa morreu? Ela foi devolvida. Perdeste tuas propriedades? Também não foram devolvidas?"[7] Nesse tipo de passagem, sentimos a proximidade do cristianismo e seus intrépidos mártires; de fato, não eram a ética cristã da abnegação, o ideal político cristão de uma fraternidade quase comunista do homem e a escatologia da conflagração final do mundo inteiro fragmentos da doutrina estoica flutuando na corrente do pensamento? Em Epiteto, a alma greco-romana perdeu o seu paganismo e está pronta para uma nova fé. Seu livro teve a distinção de ser adotado como manual religioso pela Igreja Cristã primitiva. Dessas *Dissertações* e das *Meditações* de Aurélio, há nada além de um passo para *A Imitação de Cristo*.

Enquanto isso, o contexto histórico estava derretendo para formar novos cenários. Há uma passagem notável em Lucrécio*[8] que descreve a decadência da agricultura no Estado romano, atribuindo a isso o esgotamento do solo. Qualquer que tenha sido a causa, a riqueza de Roma transformou-se em pobreza, a organização em desintegração, o poder e o orgulho em decadência e apatia. Cidades dissiparam-se em interiores sem distinção; as estradas ficaram sem manutenção e já não vibravam com a agitação do comércio; as pequenas famílias dos romanos bem instruídos foram sobrepujadas pelos alemães robustos e sem instrução que cruzavam, ano após ano, a fronteira; a cultura pagã cedeu aos cultos orientais; e quase num piscar de olhos o império foi transferido para o papado.

A Igreja, apoiada nos primeiros séculos pelos imperadores cujos poderes ela absorveu aos poucos, teve um aumento acelerado no número de crentes, na riqueza e no raio de influência. Lá pelo século XIII, já possuía um terço do solo da Europa,[9] e seus cofres estavam inchados com donativos de ricos e pobres. Durante mil anos, ela uniu, com a magia de uma crença invariável, a maioria das pessoas de um continente; nunca houve, antes ou depois, uma organização tão difundida e tão pacífica. Porém, essa unidade exigia, como pensava a Igreja, uma fé comum exaltada por sanções sobrenaturais que atravessassem as mudanças e corrosões temporais; consequentemente, o dogma, definitivo e definido, foi exercido como se colocasse uma concha sobre a mente de um adolescente na Europa medieval. Era dentro dessa concha que a filosofia escolástica transitava com limitações entre a fé e a razão, restringindo-se a um círculo de pressupostos aceitos sem críticas e conclusões predeterminadas. No século XIII, toda a cristandade ficou assustada e estimulada com traduções árabes e judaicas de Aristóteles;

---

* N. do T.: é bom lembrar que o escritor da presente obra refere-se à primeira metade do século XX, no caso, meados dos anos 1920.

mas o poder da Igreja ainda era adequado para garantir, por meio de São Tomás de Aquino e outros, a metamorfose de Aristóteles em um teólogo medieval. O resultado foi a sutileza, mas sem sabedoria. "A inteligência e a mente do homem", como disse Bacon, "se trabalham em conjunto com a matéria, funcionam de acordo com sua substância e limitam-se a ela; mas se trabalham por si sós, como a aranha que trabalha em sua teia, então serão infinitas e criarão, de fato, teias de aprendizado, admiráveis pela delicadeza dos fios e do labor, mas desprovidas de substância ou benefício". Mais cedo ou mais tarde, o intelecto da Europa irromperia de sua concha.

Após mil anos de cultivo, o solo voltou a germinar; os bens foram multiplicados, criando excedentes que incentivaram o comércio; e o comércio em suas encruzilhadas voltou a construir grandes cidades onde os homens podiam cooperar para estimular a cultura e reconstruir a civilização. As Cruzadas abriram rotas para o Oriente e permitiram um fluxo de luxos e heresias que condenaram a ascese e o dogma. O papel agora chegava mais barato do Egito, substituindo o caro pergaminho, que tornara o saber um monopólio de sacerdotes; a imprensa, que havia muito aguardava por um meio mais barato, irrompeu como uma explosão e começou a expandir sua influência destrutiva e esclarecedora para todos os cantos. Bravos marinheiros, agora armados com bússolas, aventuraram-se pela imensidão dos mares e subjugaram a ignorância do homem a respeito da terra; observadores pacientes, armados com telescópios, aventuraram-se além dos limites do dogma e subjugaram a ignorância do homem a respeito do céu. Aqui e ali, em universidades, monastérios e retiros secretos, homens cessaram as disputas e começaram a pesquisar; indiretamente, graças aos esforços para transformar os metais inferiores em ouro, a alquimia foi transmutada em química; da astrologia, homens foram tateando pelo caminho, com uma coragem tímida, até chegar à astronomia; e das fábulas de animais falantes veio a ciência da zoologia. O despertar começou com Roger Bacon (m. 1294); e cresceu com o ilimitado Leonardo (1452-1519); a astronomia atingiu a plenitude com Copérnico (1473-1543) e Galileu (1564-1642), nas pesquisas de Gilbert (1544-1603) sobre magnetismo e eletricidade, de Vesalius (1514-1564) na anatomia, e de Harvey (1578-1657) na circulação sanguínea.

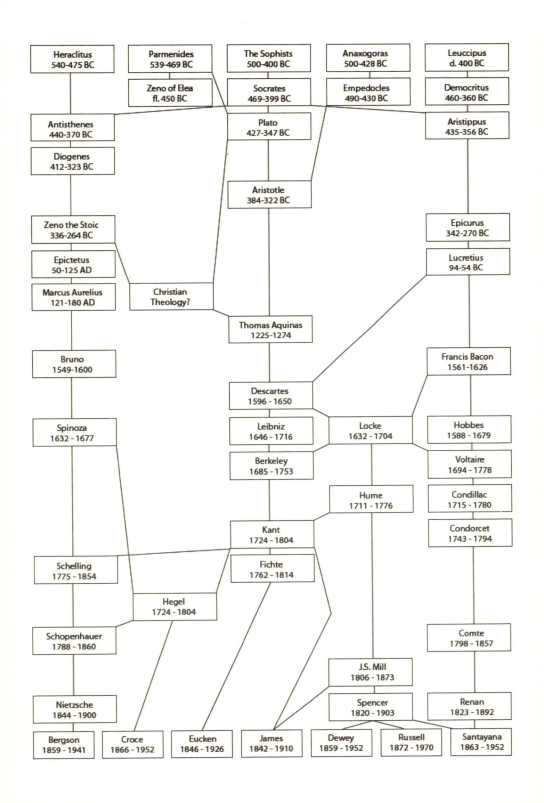

Conforme o conhecimento se desenvolvia, o medo diminuía; homens pensavam menos em reverenciar o desconhecido e mais em dominá-lo. Todo espírito vital era estimulado por uma nova confiança; barreiras foram quebradas; agora não havia mais limites para o que o homem poderia fazer. "O fato de pequenas embarcações, como os corpos celestiais, navegarem ao redor do globo é a felicidade de nossa era. Esta época pode usar, com toda a justiça, *plus ultra*" — mais além — "onde os antigos usavam *non plus ultra*".[10] Foi uma era de conquistas, esperança e vigor; de novos começos e empreendimentos em todos os campos; uma era que esperava por uma voz, uma alma sintética para resumir seu espírito e sua firmeza. Esse foi Francis Bacon, "a mente mais poderosa dos tempos modernos",[11] aquele que "tocou o sino que reuniu as inteligências" e anunciou que a Europa tinha se emancipado.

II. A CARREIRA POLÍTICA DE FRANCIS BACON

Bacon nasceu em 22 de janeiro de 1561, na York House, Londres, residência de seu pai, sir Nicholas Bacon, que nos primeiros vinte anos do reinado de Elizabeth fora Guardião do Sinete. "A fama do pai", diz Macaulay, "foi ofuscada pela do filho. Mas sir Nicholas não era um homem comum".[12] Como já poderíamos suspeitar; pois o gênio é um auge para o qual uma família se constrói por meio do talento, e por meio do talento nos descendentes do gênio volta a decair em direção à mediocridade do homem. A mãe de Bacon era lady Anne Cooke, cunhada de sir William Cecil, lorde Burghley, que era o Tesoureiro-Mor de Elizabeth, e um dos homens mais poderosos da Inglaterra. O pai dela fora tutor-chefe do rei Eduardo VI; ela mesma era linguista e teóloga, e não tinha dificuldade em se corresponder em grego com bispos. Lady Cooke resolveu tornar-se instrutora do próprio filho, e não poupou esforços para educá-lo.

Mas a verdadeira tutora da grandeza de Bacon foi a Inglaterra elisabetana, a maior era da mais poderosa das nações modernas. A descoberta da América desviara o comércio do Mediterrâneo para o Atlântico, elevando as nações do Atlântico — Espanha, França, Holanda e Inglaterra — àquela supremacia financeira e comercial que tinha sido a

Itália, quando metade da Europa havia feito dela seu porto de entrada e saída no comércio com o Oriente; e com essa mudança, a Renascença transferira-se de Florença, Roma, Milão e Veneza para Madri, Paris, Amsterdã e Londres. Depois da destruição da esquadra espanhola em 1588, o comércio da Inglaterra espalhou-se para todos os mares, suas cidades prosperavam com a indústria nacional, seus marinheiros circum-navegavam pelo planeta e seus capitães conquistaram a América. A literatura floresceu na poesia de Spenser e na prosa de Sidney; seus palcos vibravam com os dramas de Shakespeare, Marlowe, Ben Johnson e mais uma centena de escritores vigorosos. Nenhum homem poderia deixar de florescer numa época e num país desses, se houvesse uma semente dentro dele.

Aos doze anos, Bacon foi enviado à Trinity College, em Cambridge. Ficou ali por três anos, mas abandonou-a com um forte desapreço por seus textos e métodos, uma hostilidade inveterada ao culto de Aristóteles, e decidido a colocar a filosofia numa direção mais fértil, para tirá-la das disputas escolásticas e levá-la ao esclarecimento e aumento do bem humano. Com apenas dezesseis anos, foi-lhe oferecida uma nomeação ao quadro de funcionários do embaixador inglês na França; e após uma análise cuidadosa dos prós e contras, ele aceitou. No proêmio da *The Interpretation of Nature*, ele discute essa decisão fatídica que o desviou da filosofia para a política. É uma passagem indispensável:

> Considerando que eu acreditava ter nascido para servir à humanidade e reconhecia que o cuidado do bem comum estava entre os deveres a que o público tem direito, aberto a todos, tal como as águas e o ar, perguntei a mim mesmo o que poderia ser mais vantajoso para a humanidade e quais as tarefas para as quais eu parecia ter sido talhado pela natureza. Mas quando procurei, não encontrei trabalho mais meritório do que a descoberta e o desenvolvimento das artes e das invenções que tendam a civilizar a vida do homem. (...) Acima de tudo, se qualquer homem pudesse conseguir não apenas trazer à luz uma determinada invenção, por mais útil que fosse, mas acender uma luminária que, ao erguer-se pela primeira vez, pudesse lançar uma certa luz sobre os atuais limites e fronteiras das descobertas humanas e que, mais

tarde, ao subir ainda mais alto, revelasse com toda a clareza todos os recantos da escuridão, parecia-me que um descobridor desses mereceria ser chamado de verdadeiro Ampliador do Reino do Homem sobre o universo, o Paladino da liberdade humana, e o Exterminador das necessidades que agora mantêm o homem em cativeiro. Além disso, descobri em minha própria natureza uma adaptação especial para a contemplação da verdade. Porque eu possuía uma inteligência versátil o bastante para aquele importantíssimo objetivo — refiro-me ao reconhecimento das similitudes — e, ao mesmo tempo, suficientemente firme e concentrada para a observação de sutis gradações de diferença. Eu tinha paixão pela pesquisa, o poder de manter, com paciência, o julgamento em suspensão, de meditar com prazer, de concordar com cautela, de corrigir prontamente falsas impressões, e de ordenar meus pensamentos com escrupuloso cuidado. Não tinha aspiração pela novidade, nem uma cega admiração pela antiguidade. Embustes de toda forma eu detestava com todas as minhas forças. Por todos esses motivos, eu achava que minha natureza e minha disposição tinham, por assim dizer, uma espécie de afinidade e conexão com a verdade.

Mas o meu nascimento, minha criação e educação, todos apontavam não para a filosofia, e sim para a política: eu fora, digamos, embebido na política desde a infância. E como não é raro acontecer com os jovens, às vezes eu tinha a mente abalada por opiniões. Também pensava que meu dever para com o meu país me fazia exigências especiais, que não podiam ser reivindicadas por outros deveres da vida. Por último, tive a esperança de que, se ocupasse um cargo honroso no Estado, poderia assegurar os auxílios e o apoio para ajudar na minha obra, com vistas à realização da tarefa que me foi destinada. Por esses motivos, dediquei-me à política.[13]

Sir Nicholas Bacon morreu subitamente em 1579. O pai pretendia doar uma propriedade a Francis; mas a morte burlou seus planos, então o jovem diplomata, chamado às pressas a Londres, viu-se, aos dezoito anos, sem pai e sem nenhum centavo. O jovem se acostumara com a maioria dos luxos da época, e achou difícil reconciliar-se, agora, com uma vida de simplicidade forçada. Ele dedicou-se à prática do direito, enquanto importunava os parentes influentes para que o recolocassem num cargo político que pudesse libertá-lo das preocupações econômicas. As cartas dele, em que quase implorava, surtiram pouco efeito, considerando a graça e a vivacidade de seu estilo de escrita e a comprovada capacidade do autor. Talvez tenha sido porque Bacon não subestimasse essa capacidade, e considerasse um cargo assim como direito seu, que Burghley não lhe deu a resposta desejada; e talvez, também, aquelas cartas asseverassem com muita veemência a lealdade passada, presente e futura do escritor ao seu honorável lorde: na política, como no amor, não adianta dar-se por inteiro; deve-se doar-se o tempo todo, mas em nenhum momento tudo de si. A gratidão é alimentada pela expectativa.

Com o passar do tempo, Bacon ascendeu sem ser puxado de cima; mas cada degrau custou-lhe muitos anos. Em 1583, foi eleito para o Parlamento pela cidade de Taunton; e seus eleitores gostavam tanto dele que o reconduziam à cadeira eleição após eleição. Ele tinha uma eloquência lapidar e vivaz nos debates, e era um orador sem oratória. "Nenhum homem", disse Ben Jonson, "falou mais clara, concisa e ponderadamente, ou tinha menos vacuidade, menos inutilidade naquilo que dizia. Nenhum fragmento de seu discurso deixava de exibir sua graça. Os ouvintes não podiam tossir ou desviar o olhar sem que perdessem algum detalhe. Ele comandava onde quer que falasse. (...) Nenhum outro homem teve mais em seu poder o afeto da plateia. O receio de todo homem que o ouvia era de que ele parasse de falar".[14] Orador invejável!

Um amigo poderoso foi generoso com ele — aquele belo conde de Essex que Elizabeth amou sem ser correspondida, e assim aprendeu a odiar. Em 1595, Essex, para compensar não ter conseguido um cargo político para Bacon, deu-lhe de presente uma linda propriedade em Twickenham. Foi um presente magnífico que, presumia-se, vincularia Bacon a Essex pelo resto da vida; mas não foi o que aconteceu. Alguns anos depois, Essex organizou uma conspiração para aprisionar Elizabeth e escolher seu sucessor ao trono. Bacon escreveu cartas e mais cartas ao seu benfeitor, protestando contra essa traição; e quando Essex persistiu, Bacon avisou-lhe que colocaria sua lealdade à rainha acima mesmo da gratidão pelo amigo. Essex fez sua tentativa, falhou e foi preso. Bacon intercedeu perante a rainha em seu favor com tanta insistência, que ela acabou ordenando-lhe "que falasse de outro assunto". Quando Essex, temporariamente libertado, conseguiu reunir forças armadas para lutarem do seu lado, marchou sobre Londres e tentou incitar a população à revolta, Bacon voltou-se contra ele, tomado de ira. Entrementes, Bacon tinha recebido um cargo na promotoria do reino; e quando Essex, novamente preso, foi julgado por traição, Bacon participou ativamente na acusação do homem que fora seu amigo generoso.*

III. OS ENSAIOS**

Sua elevação parecia tornar realidade os sonhos de Platão de um rei-filósofo. Pois, degrau por degrau em sua escalada ao poder político, Bacon vinha subindo aos píncaros da filosofia. É quase inacreditável que o imenso saber e as conquistas literárias desse homem tenham sido apenas incidentes e divagações de uma carreira política turbulenta. Era seu lema que se vivia melhor com uma vida secreta — *bene vixit qui bene latuit*. Ele não conseguia decidir se gostava mais da vida contemplativa ou da vida ativa. Sua esperança era de ser filósofo e estadista também, assim como Sêneca; embora desconfiasse de que essa dupla direção de vida pudesse encurtar seu alcance e reduzir suas conquistas. "É difícil dizer", escreve ele,[15] "se a mistura de contemplações com uma vida ativa ou o retiro inteiramente dedicado a contemplações é o que mais incapacita ou prejudica a mente". Achava que os estudos não podiam ser

---

* Centenas de volumes foram escritos sobre esse aspecto da carreira de Bacon. O ataque a Bacon, como sendo "o mais sábio e o mais vil da humanidade" (assim Pope o chamou), encontra-se relatado no ensaio de Macaulay, e mais minuciosamente em *Francis Bacon*, de Abbott; os dois aplicariam a ele suas próprias palavras: "A sabedoria para o interesse pessoal é a sabedoria dos ratos, que, sem dúvida, sairão de uma casa pouco antes que ela caia" (Ensaio "Da Sabedoria do Interesse Pessoal"). A defesa de Bacon é apresentada em *Life and Times of Francis Bacon*, de Spedding, e em seu *Evenings with a Reviewer* (uma resposta detalhada a Macaulay). *In medio veritas*.
** O autor achou melhor, nesta seção, não tentar de maneira nenhuma concentrar mais o já compacto pensamento de Bacon, e preferiu expor a sabedoria do filósofo no seu próprio inglês incomparável, em vez de ocupar, provavelmente, mais espaço para dizer as mesmas coisas, porém com menos clareza, beleza e força.

um fim ou a sabedoria por si sós, e que o conhecimento não aplicado na ação era uma pálida vaidade acadêmica. "Passar também muito tempo dedicado aos estudos é indolência; usá-los em excesso como ornamento é afetação; fazer julgamentos seguindo inteiramente suas regras é o capricho de um erudito. (...) Homens astutos condenam os estudos, os homens simples os admiram, e os homens sábios se utilizam deles; pois eles não ensinam como usá-los; mas isso é uma sabedoria sem eles, e acima deles, conquistada pela observação."[16] Eis aqui uma nova nota, que marca o fim da escolástica — ou seja, o divórcio entre o conhecimento e o uso com observação — e coloca aquela ênfase na experiência e nos resultados que distingue a filosofia inglesa, e culmina no pragmatismo. Não que Bacon tivesse parado em algum momento de amar os livros e a meditação; com palavras reminiscentes de Sócrates, ele escreve: "sem filosofia, não quero viver";[17] e ele descreve a si mesmo como, enfim, "um homem naturalmente mais propenso à literatura do que a qualquer outra coisa, e levado por algum destino, contra a inclinação de seu gênio" (isto é, caráter), "à vida ativa".[18] Sua primeira publicação quase foi chamada de *O Elogio do Conhecimento* (1592); o entusiasmo da obra pela filosofia nos impele a fazer uma citação:

> Meu elogio será dedicado à própria mente. A mente é o homem, e o conhecimento é a mente; um homem é apenas aquilo que ele sabe. (...) Não são os prazeres das afeições maiores do que os prazeres dos sentidos, e não são os prazeres do intelecto maiores do que os prazeres das afeições? Não se trata, apenas, de um verdadeiro e natural prazer do qual não há saciedade? Não é só esse conhecimento que livra a mente de todas as perturbações? Quantas coisas existem que imaginamos não existirem? Quantas coisas estimamos e valorizamos mais do que são? Essas vãs imaginações, essas avaliações desproporcionais, são as nuvens do erro que se transformam nas tempestades das perturbações. Existirá, então, felicidade igual à possibilidade da mente do homem elevar-se acima da confusão das coisas, de onde ele possa ter uma atenção especial para com a ordem da natureza e o erro dos homens? Existirá apenas uma ideia de deleite, e não de descoberta? De contentamento e não de benefício? Será que não devemos perceber

tanto a riqueza do armazém da natureza quanto a beleza de sua loja? Será estéril a verdade? Não poderemos, por meio dela, produzir efeitos dignos e dotar a vida do homem com uma infinidade de coisas úteis?

Sua mais bela produção literária, *Ensaios* (1597-1623), o mostra ainda dividido entre esses dois amores, a política e a filosofia. No "Ensaio sobre a Honra e a Reputação", ele relaciona todos os graus de honra a conquistas políticas e militares, nenhum às literárias e filosóficas. Porém, no ensaio "Da Verdade", escreve: "A indagação da verdade, que é o fazer amor ou o flertar com ela; o conhecimento da verdade, que é o elogio a ela; e a crença na verdade, que é desfrutar dela, são o bem soberano das naturezas humanas". Nos livros, "conversamos com os sábios, como na ação conversamos com tolos". Quer dizer, isso se soubermos escolher os nossos livros. "Alguns livros são feitos para serem apreciados", diz um famoso trecho, "outros para serem engolidos, e alguns poucos para serem mastigados e digeridos"; todos esses grupos formam, indubitavelmente, uma porção infinitesimal dos oceanos e das cataratas de tinta nos quais o mundo é diariamente banhado, envenenado e afogado.

Decerto, *Ensaios* deve ser incluído entre os poucos livros que merecem ser mastigados e digeridos. Raramente você encontrará uma refeição tão suculenta, tão admiravelmente preparada e temperada, em um prato tão pequeno. Bacon abomina os recheios e despreza o desperdício de palavras; ele nos oferece infinitas riquezas em uma pequena frase; cada um desses ensaios nos oferece, em uma ou duas páginas, a destilada sutileza de uma mente magistral sobre um importante aspecto da vida. É difícil dizer o que mais se destaca, se a matéria ou o estilo; porque nele encontra-se uma linguagem tão fabulosa na prosa quanto nos versos em Shakespeare. É um estilo como o do robusto Tácito, compacto mas refinado; e, na verdade, uma parte de sua concisão se deve a uma habilidosa adaptação das frases e expressões latinas. Mas sua riqueza nas metáforas é uma das principais características elisabetanas, e reflete a exuberância da Renascença; nenhum homem na literatura inglesa é tão fértil em comparações significativas e incisivas. A excessiva sucessão dessas comparações é o único defeito do estilo de

Bacon: as intermináveis metáforas, alegorias e alusões caem como chicotes sobre os nossos nervos, até, por fim, nos deixarem exaustos. Os *Ensaios* são como um alimento rico e pesado, que não pode ser digerido em grandes quantidades de uma só vez; mas tomados quatro ou cinco de cada vez, constituem o melhor alimento intelectual em inglês.[19]

O que podemos deduzir dessa sabedoria obtida? Talvez o melhor ponto de partida e o mais interessante desvio das modas da filosofia medieval seja a franca aceitação, por parte de Bacon, da ética epicurista. "A progressão filosófica que diz 'Não use aquilo que talvez não deseje, não deseje aquilo que talvez tema' parece uma indicação de uma mente fraca, desconfiada e assustadiça. E de fato a maioria das doutrinas dos filósofos parece ser demasiado desconfiada e ter mais cuidados com a humanidade do que a natureza das coisas requer. Assim, elas aumentam os temores da morte com os remédios que apresentam contra ela; pois, enquanto elas tornam a vida do homem pouco mais do que uma preparação e uma disciplina para morrer, é impossível o inimigo não parecer terrível quando não há fim para a defesa a ser feita contra ele."[20] Nada poderia ser mais danoso à saúde do que a estoica repressão do desejo; de que adianta prolongar uma vida que a apatia transformou em morte prematura? Além do mais, trata-se de uma filosofia impossível; porque o instinto vai querer libertar-se. "A natureza está, muitas vezes, oculta; às vezes, dominada; raramente, extinta. A força torna a natureza mais violenta quando reage; a doutrina e o discurso tornam a natureza menos inoportuna; no entanto, o costume altera ou modera a natureza. (...) Mas não deixe que nenhum homem confie demais em sua vitória sobre a própria natureza; pois esta ficará enterrada durante um bom tempo, até ressuscitar dependendo da ocasião ou da tentação. Como aconteceu com a donzela de Esopo, transformada de gata em mulher, que ficou sentada muito recatadamente em uma ponta da mesa até que um rato passou correndo à sua frente. Portanto, que o homem evite a ocasião completamente, ou que ele a experimente muitas vezes, assim não se sentirá muito afetado por ela."[21] De fato, Bacon acha que o corpo deve estar habituado tanto com os excessos quanto com as restrições; caso contrário, um simples momento de liberação poderá arruiná-lo. (Dessa forma, a pessoa acostumada com os alimentos mais puros e de mais fácil digestão fica facilmente incomodada quando o esquecimento ou a necessidade a distrai da perfeição.) Entretanto, "variedade de deleites em vez de excesso"; porque "a força da natureza na juventude suporta muitos excessos que são cobrados do homem até o fim da vida";[22] a maturidade do homem paga o preço de sua juventude. Um ótimo caminho para a saúde é um jardim; Bacon concorda com o autor de *Gênesis*, que diz o seguinte: "primeiro, Deus Todo-Poderoso plantou um jardim"; e com Voltaire, de que devemos cultivar nossos quintais.

A filosofia moral dos *Ensaios* mais se assemelha a Maquiavel do que ao cristianismo, ao qual Bacon tantas homenagens astutas prestou. "Somos devedores de Maquiavel, e escritores desse tipo, que abertamente e sem máscaras declaram aquilo que os homens realmente fazem, e não o que deveriam fazer; porque é impossível unir a sabedoria da serpente e a inocência da pomba sem um conhecimento prévio da natureza do mal; porque, sem isso, a virtude fica exposta e desprotegida."[23] "Os italianos têm um provérbio indelicado: *Tanto buon che val niente*" — tão bom que de nada vale.[24] Bacon harmoniza sua pregação com a sua prática e aconselha uma criteriosa mistura de dissimulação com honestidade, como uma liga que tornará o metal mais puro, porém mais macio, capaz de uma vida mais longa. Ele deseja uma carreira plena e variada, travando conhecimento com tudo aquilo que possa alargar, aprofundar, fortalecer ou apurar a mente. Não admira a vida meramente contemplativa; assim como Goethe, ele desdenha do conhecimento que não leva à ação: "os homens deveriam saber que, no teatro da vida humana, só os deuses e os anjos devem ser espectadores".[25]

A religião de Bacon é patrioticamente como a do rei. Embora tenha sido mais de uma vez acusado de ateísmo, e toda a tendência de sua filosofia seja secular e racionalista, ele apresenta um eloquente e aparentemente sincero repúdio à descrença. "Prefiro acreditar em todas as fábulas da Lenda, do Talmude e do Alcorão do que afirmar que essa estrutura universal não possui uma mente. (...) Um pouco de filosofia inclina a mente do homem ao ateísmo; mas aprofundar-se na filosofia conduz a mente dos homens à religião. Porque enquanto a mente do homem mira segundas causas dispersas, poderá, de vez em quando, parar nelas e não avançar mais; mas quando contempla a cadeia contínua dessas causas, confederadas e vinculadas umas às outras, deve precisar alçar-se à Providência e à Deidade."[26] A indiferença religiosa ocorre devido a uma multiplicidade de facções. "As causas do ateísmo são as divisões na religião, se forem muitas; pois qualquer divisão aumenta o zelo de ambos os lados; muitas divisões, porém, dão causa ao ateísmo. (...) E, por último, as épocas de erudição, principalmente aquelas com paz e prosperidade; pois problemas e adversidades levam a mente dos homens a curvar-se diante da religião."[27]

Mas o valor de Bacon encontra-se menos na teologia e na ética do que na psicologia. Ele é um analista da natureza humana que não pode ser enganado, e lança seu dardo em todos os corações. Mesmo no assunto mais banal do mundo, ele nos reconforta pela originalidade. "Um homem casado fica sete anos mais velho em seus pensamentos no primeiro dia."[28] "Frequentemente, vemos que maus maridos têm boas esposas." (Bacon era uma exceção.) "Uma vida solteira faz bem aos clérigos, pois a caridade dificilmente regará o solo quando tiver, primeiro, que encher um poço. (...) Aquele que tem mulher e filhos torna-se refém da sorte; pois eles são impedimentos para grandes empreendimentos, quer virtuosos, quer nocivos."[29] Bacon parece ter trabalhado demais para ter tido tempo para o amor, e talvez nunca o tenha sentido em toda a sua profundidade. "É estranho perceber o excesso dessa paixão. (...) Nunca houve um homem orgulhoso que pensasse tão absurdamente bem de si mesmo quanto o amante pensa da pessoa amada. (...) Pode ser que observe que, dentre todas as grandes e dignas pessoas (das quais as lembranças sejam antigas ou recentes), não há uma que tenha sido transportada ao grau louco do amor; o que demonstra que grandes espíritos e grandes empreendimentos mantêm a distância essa frágil paixão."[30]

Ele dá mais valor à amizade do que ao amor, embora também possa ser cético quanto à amizade. "Há pouca amizade no mundo, menos ainda entre os iguais, o que era costume ser louvado. Aquela que existe é entre o superior e o inferior, cujas fortunas podem compreender uma à outra. (...) Um dos principais frutos da amizade é o alívio e a descarga do preenchimento e dos inchaços do coração, que as paixões de todos os tipos provocam e induzem." Um amigo é um ouvido. "Aqueles que querem amigos com os quais possam se abrir são canibais de seus próprios corações. (...) Quem tiver a mente repleta de muitos pensamentos, suas faculdades mentais e sua compreensão ficam mais claras e se fragmentam na comunicação e na conversa com outra pessoa; tem mais facilidade para discutir suas ideias; dispõe-nas de maneira mais ordenada; percebe como parecem quando transformadas em palavras; finalmente, torna-se mais sábio do que era; e isso mais por um discurso de uma hora do que por uma meditação de um dia inteiro."[31]

No ensaio "Da Juventude e da Idade", ele resume um livro em um parágrafo. "Os jovens são mais aptos para inventar do que para julgar, mais aptos para a execução do que para o aconselhamento, e mais aptos para novos projetos do que para atividades já estabelecidas; porque a experiência da idade em coisas que estejam ao alcance dessa idade direciona-os; mas em coisas novas, abusa deles. (...) Os jovens, na conduta e na administração dos atos, abraçam mais do que podem segurar, agitam mais do que podem acalmar; voam para o fim sem levarem em consideração os meios e os graus; perseguem absurdamente alguns poucos princípios com que deparam; não se importam em inovar" (isto é, como irão inovar) "o que suscita incômodos desconhecidos. (...) Os homens maduros fazem objeções demais, demoram-se demais em consultas, aventuram-se muito pouco, arrependem-se cedo demais e dificilmente conduzem um negócio até o fim, mas se contentam com uma mediocridade de sucesso. Sem dúvida, é bom forçar o emprego de ambos, (...) porque as virtudes de qualquer um deles poderão corrigir os defeitos dos dois". Nosso filósofo, não obstante, acha que a juventude e a infância podem ter uma liberdade exagerada, e, por isso, crescem desordenadas e relaxadas. "Que os pais escolham cedo as vocações e os cursos que pretendam que seus filhos sigam, pois é nessa fase que eles são mais flexíveis; e que não se concentrem demais na propensão de seus filhos, pensando que estes irão dedicar-se melhor àquilo para que tenham mais inclinação. É verdade que se as propensões ou a aptidão dos filhos forem extraordinárias é bom não contrariá-los; mas, geralmente, é bom o preceito" dos pitagóricos: "*Optimum lege, suave et facile illud faciet consuetudo*", — escolha o melhor; o hábito irá torná-lo agradável e fácil.[32] Pois "o hábito é o principal magistrado da vida do homem".[33]

A política dos *Ensaios* prega um conservadorismo natural em um indivíduo que aspirava governar. Bacon quer um forte poder central. A monarquia é a melhor forma de governo; e, em geral, a eficiência de um Estado varia com a concentração do poder. "Deve haver três pontos essenciais nas atividades" do governo: "a preparação; o debate, ou exame; e o aperfeiçoamento" (ou execução). "A partir daí, se é presteza que deseja, deixe que só o do meio faça o trabalho de muitos, com o primeiro e o último ficando a cargo de uns poucos."[34] Bacon é um militarista confesso; deplora o crescimento da indústria, pois julga que isso deixa os homens despreparados para a guerra, e lamenta uma paz prolongada, pois isso acalenta o guerreiro existente no homem. Mesmo assim, reconhece a importância das matérias-primas: "Sólon disse muito bem a Creso (quando, por ostentação, Creso mostrou o seu ouro): 'Senhor, se chegar qualquer outro que tenha melhor ferro do que vós, ele será o dono de todo esse ouro'".[35]

Como Aristóteles, Bacon dá alguns conselhos para se evitarem revoluções. "O meio mais seguro para evitar sedições (...) é afastar a causa; porque se o combustível estiver preparado, é difícil dizer de onde virá a fagulha que irá atear o fogo. (...) Tampouco se deve confiar que a supressão dos rumores" (ou seja, da discussão) "com demasiada severidade deva ser o remédio para os problemas; porque desprezá-los diversas vezes é a melhor forma de contê-los, e as providências tomadas para reprimi-los só fazem dar vida longa à especulação. (...) A substância da sedição é de dois tipos: muita pobreza e muito descontentamento. (...) As causas e os motivos de sedições são: inovação na religião; os impostos; alteração de leis e costumes; a quebra dos privilégios; opressão geral; promoção de pessoas sem merecimento, estranhas; as privações; soldados desmobilizados; facções desesperadas; e tudo aquilo que puder ofender uma pessoa agrega-se à causa comum". A dica de todos os líderes, óbvio, é dividir os inimigos e unir os amigos. "Geralmente, dividir e enfraquecer todas as facções (...) contrárias ao Estado, e colocá-las longe umas das outras, ou pelo menos semear a desconfiança entre elas, não é um dos piores remédios; pois essa é uma causa desesperada, se aqueles que apoiam o governo estão cheios de discórdia e cizânias, e aqueles que são contra ele estão inteiros e unidos."[36] Uma receita melhor para evitar as revoluções é uma distribuição equitativa de riqueza: "O dinheiro é como o esterco, só é bom se for espalhado."[37] Mas isso não significa socialismo, nem mesmo democracia; Bacon não confia no povo, que na sua época, praticamente, não tinha acesso à educação; "a mais baixa das bajulações é a bajulação do homem do povo";[38] e "Fócion compreendeu bem quando, ao ser aplaudido pela multidão, perguntou o que tinha feito de errado".[39] O que Bacon quer é, primeiro, uma pequena burguesia de proprietários rurais; depois, uma aristocracia para a administração; e, acima de todos, um rei-filósofo. "Quase não há exemplos de que um governo não tenha prosperado com governos cultos."[40] Ele cita Sêneca, Antônio Pio e Aurélio; tinha a esperança de que aos nomes deles a posteridade acrescentasse o seu.

IV. A GRANDE RECONSTRUÇÃO

Inconscientemente, em meio aos seus triunfos, seu coração estava com a filosofia. Foi aquela que o acolheu na juventude, era sua companheira no cargo público, seria o seu consolo na prisão e na desgraça. Bacon lamentava a má reputação que, segundo ele, a filosofia havia adquirido, e culpava uma escolástica árida. "As pessoas tendem muito a menosprezar a verdade, devido às controvérsias surgidas em torno dela, e a fazer um julgamento errôneo daqueles que nunca refutam."[41] "As ciências (...) encontram-se quase imutáveis, sem receberem quaisquer incrementos dignos da raça humana; (...) e toda a tradição e sucessão de escolas ainda é uma sucessão de mestres e estudiosos, não de inventores. (...) No que agora é feito no âmbito da ciência existe apenas um turbilhão e uma agitação perpétua, terminando onde começou."[42] Em todos os anos de sua ascensão e exaltação, Bacon remoía no pensamento a restauração ou reconstrução da filosofia; "*Meditor Instaurationem philosophiae*".[43]

Ele planejava concentrar todos os seus estudos nessa tarefa. Antes de qualquer coisa, diz-nos em seu "Plano de Obra", ele escreveria alguns *Tratados Introdutórios*, explicando a estagnação da filosofia por causa da persistência póstuma de métodos antigos e esboçando suas propostas para um novo começo. Em segundo lugar, tentaria uma nova

Classificação das Ciências, atribuindo-lhes seus elementos e relacionando os problemas não resolvidos de cada área. Em terceiro lugar, descreveria seu novo método para a *Interpretação da Natureza*. Em quarto, tentaria dedicar sua atenção já ocupada à ciência natural e às investigações dos *Fenômenos da Natureza*. Quinto, mostraria a *Escada do Intelecto*, pela qual os escritores do passado subiram em direção às verdades que agora assumiam formas saídas do contexto da verborragia medieval. Sexto, procuraria certas *Previsões* dos resultados científicos que ele estava certo de que surgiriam do uso de seu método. E por último, como uma *Segunda Filosofia* (ou *Filosofia Aplicada*), Bacon faria o retrato da utopia que floresceria de toda aquela ciência em botão da qual ele esperava ser o profeta. O conjunto inteiro iria constituir a *Magna Instauratio*, a Grande Reconstrução da filosofia.[44]

Era um empreendimento grandioso e — a não ser por Aristóteles — sem precedentes na história do pensamento. Esta diferiria de todas as outras filosofias, pois visava a prática em vez da teoria, a bens concretos específicos e não a uma simetria especulativa. Conhecimento é poder, não mero argumento ou ornamento; "não é uma opinião a ser sustentada (...), mas um trabalho a ser feito; e eu (...) estou trabalhando para assentar os alicerces não de qualquer seita ou doutrina, mas da utilidade e do poder".[45] Aqui, pela primeira vez, estão a voz e o tom da ciência moderna.

1. O AVANÇO DO APRENDIZADO

Para produzir obras é preciso ter conhecimento. "A natureza não pode ser comandada a não ser que seja obedecida."[46] Aprendamos as leis da natureza e seremos os mestres dela, tal como agora somos, por ignorância, seus servos; a ciência é o caminho para a utopia. Mas em que condições está essa estrada — tortuosa, sem iluminação, dando voltas em si mesma, perdida em atalhos inúteis e levando não à luz, mas ao caos. Comecemos, portanto, fazendo um levantamento da situação das ciências e demarcando para elas seus campos adequados e distintivos; coloquemos então "cada ciência no seu lugar";[47] examinemos os seus desfeitos, as suas necessidades e as suas possibilidades; indiquemos os novos problemas que aguardam suas luzes; e, de modo geral, "abramos e remexamos um pouco a terra em volta das raízes" delas.[48]

Essa foi a tarefa que o próprio Bacon estabeleceu em *O Progresso do Conhecimento*. "É minha intenção", escreve ele, como um rei entrando em seu reino, "fazer o circuito do conhecimento, observando quais partes ficam desperdiçadas e sem serem cultivadas, e abandonadas pela indústria do homem; com vistas a engajar, por um fiel mapeamento dos tratos desertos, as energias de pessoas públicas e privadas em seu aprimoramento".[49] Ele seria o agrimensor real do solo com erva daninha, tornando reta a estrada e dividindo os campos entre os trabalhadores. Era um plano audacioso, que beirava à imodéstia; mas Bacon ainda era suficientemente jovem (quarenta e dois anos é jovem para um filósofo) para planejar grandes viagens. "Decidi que todos os ramos do conhecimento ficarão sob a minha jurisdição", escrevera ele a Burghley em 1592; sem querer dizer que iria fazer uma edição prematura da *Encyclopedia Britannica*, mas dando a entender, apenas, que seu trabalho o levaria a todos os setores, como crítico e coordenador de cada ciência na tarefa da reconstrução social. A própria magnitude de seus propósitos dá uma majestosa magnificência ao seu estilo e o leva, por vezes, às alturas da prosa inglesa.

Então, ele toma conta do vasto campo de batalha em que a pesquisa humana luta contra os obstáculos naturais e a ignorância humana; e em todos os campos ele irradia sua luz. Dá grande importância à fisiologia e à medicina; exalta essa última como sendo reguladora de "um instrumento musical de grande e primorosa arte, que desafina com facilidade".[50] Mas faz objeções ao empirismo relaxado dos médicos contemporâneos e sua tendência fácil de tratar todos os males com a mesma receita: geralmente, um tônico. "Nossos médicos são como bispos, que têm as chaves para obrigar e liberar, nada mais."[51] Eles confiam muito na mera experiência individual casual e descoordenada; que eles façam experimentos mais amplos, que iluminem o humano com a anatomia comparativa, que dissequem e, caso necessário, façam uma vivissecção; e, acima de tudo, deixe que criem um registro, de fácil acesso e inteligível, dos experimentos e dos resultados. Bacon acredita que à profissão médica deveria ser permitido facilitar e apressar a morte (eutanásia) quando o fim, no caso de não se fazer isso, fosse adiado por alguns dias e à custa de grande sofrimento; mas implora para que os médicos dediquem mais estudos à arte de prolongar a vida. "Esta é uma parte nova" da medicina, "e deficiente, embora seja a mais nobre de todas; porque se puder ser implementada, a medicina não será, assim, inteiramente versada em curas sórdidas, nem os médicos serão homenageados apenas por obrigação, mas como distribuidores da maior felicidade terrena que poderia ser outorgada aos mortais".[52] Podemos ouvir um rabugento schopenhaueriano protestando, a essa altura, contra a premissa de que uma vida mais longa seria uma dádiva e insistindo, ao contrário, que a velocidade com que alguns médicos põem *um fim* às nossas doenças é uma conquista a ser devotadamente elogiada. Mas Bacon, embora preocupado, casado e hostilizado, nunca duvidou de que, no fim das contas, a vida era uma coisa boa.

Na psicologia, ele é quase um "behaviorista": defende um estudo estrito da causa e efeito na ação humana e deseja eliminar a palavra *acaso* do vocabulário da ciência. "Acaso é o nome de uma coisa que não existe."[53] E "aquilo que o acaso é no universo, a vontade é no homem".[54] Aqui vemos um mundo de significados, e um desafio bélico, tudo numa só frase: a doutrina escolástica do livre-arbítrio é colocada de lado como indigna da discussão; e é descartada e ideia universal de uma "vontade" diversa do "intelecto". Trata-se de orientações a que Bacon não dá seguimento;[55] não é o único caso em que ele coloca um livro numa frase e depois segue adiante, feliz e contente.

Novamente, em poucas palavras, Bacon inventa uma nova ciência — psicologia social. "Os filósofos devem investigar com diligência os poderes e a energia dos costumes, do exercício, do hábito, da educação, do exemplo, da imitação, da emulação, do companheirismo, da amizade, do elogio, da reprovação, da exortação, da reputação, das leis, dos livros, dos estudos etc.; pois essas são as coisas que reinam na moral dos homens; por meio desses agentes, a mente é formada e subjugada."[56] Esse esquema foi seguido tão à risca pela nova ciência que quase parece ser um sumário para as obras de Tarde, Le Bon, Ross, Wallas e Durkheim.

Nada está abaixo da ciência, nem acima dela. Feitiçarias, sonhos, previsões, comunicações telepáticas, "fenômenos psíquicos" em geral devem ser submetidos ao exame científico; "porque não se sabe em que casos e até que ponto efeitos atribuídos à superstição têm algo de causas naturais".[57] A despeito de sua forte tendência naturalista, ele sente o fascínio desses problemas; nada humano é estranho para ele. Quem sabe que verdade incontestável, que nova ciência, de fato, pode advir dessas investigações, como a química desabrochou da alquimia? "A alquimia pode ser comparada à história do homem que disse aos filhos que deixara para eles ouro enterrado em algum canto do vinhedo; ao cavar, eles não encontraram nenhum ouro, mas, ao retirar o mofo em torno das raízes das videiras, conseguiram uma safra abundante. Portanto, a busca e os esforços empregados no sentido de obter ouro trouxeram a lume muitas invenções e experimentos instrutivos."[58]

Outra ciência ainda cresceu e se transformou no Livro VIII: a ciência do sucesso na vida. Ainda sem ter caído do poder, Bacon oferece algumas sugestões preliminares sobre como subir no mundo. O primeiro requisito é o conhecimento: tanto nosso como dos outros. *Gnothe seauton* é apenas a metade; conheça-te a ti mesmo é valioso, principalmente como meio de conhecer os outros. Temos que diligentemente:

> informarmo-nos sobre as determinadas pessoas com as quais tenhamos que lidar — seus temperamentos, desejos, pontos de vista, costumes, hábitos; as assistências, os auxílios e as garantias nos quais têm seu apoio principal e de onde receberam o poder; seus defeitos e suas fraquezas, pelos quais elas fiquem mais expostas e se tornem acessíveis; seus amigos, facções, patrocinadores, dependentes, inimigos, invejosos rivais; o momento e os meios de abordá-los. (...) Mas a chave mais certa para abrir a mente dos outros gira sobre a pesquisa e o exame minucioso de seu temperamento e sua natureza, ou de seus objetivos e projetos; e os mais fracos e simples são mais bem julgados de acordo com o temperamento, mas os mais prudentes e próximos, por seus projetos. (...) O caminho mais curto de todo esse levantamento, porém, baseia-se em três detalhes; a saber: 1. Conseguir inúmeras amizades. (...) 2. Observar uma prudente média e moderação entre liberdade de discurso e silêncio. (...) Mas, sobretudo, nada conduz mais à boa representação do íntimo do homem, assegurando seu próprio

direito, do que não se desarmar pelo excesso de doçura e afabilidade, o que expõe o homem a agressões e reprovações; e sem dúvida (...) às vezes lançar algumas fagulhas de uma mente livre e generosa, que tem ferrão e mel nas mesmas proporções.[59]

Amigos são, para Bacon, primordialmente um meio de chegar ao poder; ele compartilha com Maquiavel um ponto de vista que a princípio nos vemos inclinados a atribuir à Renascença, até pensarmos nas belas e desinteressadas amizades de Michelangelo e Cavalieri, Montaigne e La Boetie, sir Philip Sidney e Hubert Languet.[60] Talvez essa avaliação muito prática de amizade ajude a explicar a queda de Bacon do poder, tal como pontos de vista semelhantes ajudam a explicar a de Napoleão; porque os amigos de um raramente irão praticar, em suas relações com ele, uma filosofia mais elevada do que aquela que ele professa na maneira de tratá-los. Bacon chega a citar Bias, um dos Sete Sábios da Grécia Antiga: "Ame seu amigo como se ele fosse se tornar seu inimigo, e seu inimigo como se ele fosse se tornar seu amigo".[61] Não revele, mesmo a um amigo, muitos detalhes de seus verdadeiros objetivos e pensamentos; nas conversas, faça perguntas com uma frequência maior do que aquela com que expressa opiniões; e quando falar apresente dados e informações, e não convicções e conclusões.[62] O orgulho manifesto é um auxiliar do progresso; e "a ostentação é um defeito na ética, e não na política".[63] Aqui, novamente, recordamos Napoleão; Bacon, como o pequeno corso, era um homem bem simples dentro de suas quatro paredes, mas fora delas aparentava uma pompa e circunstância que ele considerava indispensável para a reputação pública.

Assim, Bacon passa de área em área, lançando a semente de seu pensamento em todas as ciências. No fim de sua investigação, ele chega à conclusão de que a ciência, por si só, não é suficiente: deve existir uma força e disciplina alheias às ciências para coordená-las e apontá-las a uma meta. "Há, ainda, outra grande e poderosa causa por que as ciências têm progredido tão pouco, que é a seguinte: não é possível seguir um caminho certo quando o próprio objetivo não foi colocado corretamente."[64] O que a ciência precisa é de filosofia — a análise do método científico e a coordenação dos resultados e propósitos científicos; sem isso, qualquer ciência será meramente superficial. "Porque, assim como não se pode ter uma visão ampla de um território observado de uma planície, é impossível descobrir as partes remotas e profundas de qualquer ciência quando se está no mesmo nível dessa ciência, ou sem ascender para um nível mais elevado."[65] Ele condena o hábito de olhar para fatos isolados fora de seu contexto, sem considerar a unidade da natureza; é como, diz ele, se alguém quisesse levar uma pequena vela pelos cantos de uma sala já iluminada por uma luz central.

A filosofia, e não a ciência, é, no fim das contas, o amor de Bacon; só a filosofia é que pode dar, até mesmo a uma vida de tumultos e sofrimento, a absoluta paz que brota da compreensão. "O saber vence ou alivia o medo da morte e de uma sorte adversa." Ele cita as grandes frases de Virgílio:

> Felix qui potuit rerum cognoscere causas,
> Quique metus omnes, et inexorabile fatum,
> Subjecit pedibus, strepitumque Acherontis avari...

"Feliz aquele que aprendeu a causa das coisas e pisoteou todos os medos, o destino inexorável e a ruidosa discórdia do inferno da avareza." Talvez o melhor fruto da filosofia seja que, por intermédio dela, podemos desaprender a lição da interminável aquisição que um ambiente industrial repete com tanta insistência. "A filosofia nos leva, primeiro, a buscar os bens da mente; o resto será fornecido ou, então, não será muito desejado."[66] Um pouco de sabedoria é um eterno júbilo.

O governo, exatamente como a ciência, sofre pela falta de filosofia. A filosofia mantém com a ciência a mesma relação que a estatística mantém com a política: movimento guiado por um reconhecimento e uma perspectiva totais, em comparação com a procura a esmo e individual. Assim como a busca pelo conhecimento se torna escolástica quando divorciada das reais necessidades dos homens e da vida, a busca pela política torna-se um caos destruidor quando divorciada da ciência e da filosofia. "É um equívoco confiar o corpo natural a curandeiros, que normalmente possuem algumas receitas em que confiam, mas que não sabem qual é a causa da doença, não conhecem a constituição dos pacientes, nem o perigo dos acidentes, nem os verdadeiros métodos de cura. E, por isso, deve ser perigoso ter o corpo civil dos Estados gerenciados por estadistas empíricos, a menos que estejam bem misturados com outros que se baseiam no saber. (...) Embora pudesse ser considerado como tendencioso em favor de sua profissão aquele que disse que 'Os Estados seriam felizes quando os reis fossem filósofos, ou os filósofos, reis', a experiência atesta que as melhores épocas foram aquelas sob o domínio de príncipes sábios e cultos."[67] E ele nos lembra dos grandes imperadores que governaram Roma depois de Domiciano e antes de Cômodo.

Assim, Bacon, como Platão e todos nós, exaltava seu passatempo, e o oferecia como a salvação do homem. Mas reconhecia, muito mais claramente que Platão (e a distinção anuncia a era moderna), a necessidade de uma ciência especializada, e de soldados e exércitos de pesquisa especializada. Nenhuma mente, nem a de Bacon, poderia abranger o campo todo, embora ele devesse olhar do alto do próprio Olimpo. Ele sabia que precisava de ajuda e sentia profundamente a sua solidão no ar montanhoso de seu empreendimento desassistido. "Que companheiros tem você em seu trabalho?", pergunta ele a um amigo. "Quanto a mim, estou na mais completa solidão."[68] Ele sonha com cientistas coordenados em especializações por uma comunhão e uma cooperação constantes e por alguma grande organização que os mantém unidos com um mesmo objetivo. "Reflitam sobre o que se pode esperar de homens com tempo livre em abundância, da associação de trabalhos e de sucessivas gerações; em especial, por não se tratar de um caminho pelo qual só pode passar um homem de cada vez (como no caso do caminho do raciocínio), mas dentro do qual os trabalhos e as indústrias do homem (em especial no que diz respeito à coleta de experiência) possam, com o máximo esforço, ser coletados e distribuídos, e depois combinados. Porque os homens só começarão a conhecer a sua força quando, em vez de muitos ficarem fazendo a mesma coisa, um ficar encarregado de uma coisa, e outro, de outra."[69] A ciência, que é a organização do conhecimento, deve ser, por sua vez, organizada.

E essa organização deve ser internacional; que atravesse livremente as fronteiras, e então poderá tornar a Europa intelectualmente unida. "A outra deficiência que descubro é a pouca simpatia e correspondência que existe entre faculdades e universidades, tanto no território europeu quanto num mesmo Estado ou reino."⁷⁰ Que todas essas universidades dividam matérias e problemas entre si e cooperem tanto na pesquisa como na publicação. Assim organizadas e correlacionadas, as universidades poderão ser consideradas dignas de um apoio real que faça com que elas se tornem o que serão na Utopia — centros de saber imparcial governando o mundo. Bacon menciona "os míseros salários atribuídos às funções públicas das cátedras, seja nas ciências, seja nas artes";⁷¹ e acha que isso irá continuar até que os governos assumam as grandes tarefas da educação. "A sabedoria dos mais antigos e melhores tempos sempre reclamou que os Estados estavam preocupados demais com as leis e omissos demais na questão da educação."⁷² O grande sonho dele é a socialização da ciência para a conquista da natureza e a ampliação do poder do homem.

Desse modo, ele apela para Jaime I, derramando em abundância sobre ele toda a bajulação que sabia que Sua Alteza Real adorava sorver. Jaime era tanto um erudito quanto um monarca, mais orgulhoso de sua pena do que de seu cetro ou sua espada; alguma coisa poderia ser esperada de um rei assim tão literário e erudito. Bacon diz a Jaime que os planos que ele esboçou são "realmente *opera basilica*" — tarefas de um rei — "para as quais os esforços de um só homem são apenas como uma placa numa encruzilhada, que aponta o caminho, mas não pode trilhá-lo". É claro que essas realizações reais envolverão despesas; mas "assim como os secretários e espiões de príncipes e Estados prestam contas pelo fornecimento das informações, Vossa Majestade deve permitir que os espiões e agentes do serviço de informações da natureza prestem suas contas, para que Vossa Majestade não fique sem saber de muitas coisas que merecem ser conhecidas. E se Alexandre colocou um tesouro tão grande sob as ordens de Aristóteles para apoiar caçadores de animais, caçadores de aves selvagens, pescadores e assemelhados, muito mais necessitados dessa benesse estão aqueles que desvendam os labirintos da natureza".⁷³ Com essa ajuda real, a Grande Reconstrução poderá ser concluída em poucos anos; sem ela, a tarefa exigirá gerações.

O que é inusitadamente novo em Bacon é a magnífica segurança com que ele prevê a conquista da natureza pelo homem: "Nessa corrida, aposto tudo na vitória da arte sobre a natureza". Aquilo que o homem já fez "é apenas uma garantia de tudo o que fará". Mas por que essa grande esperança? Os homens não tinham estado, nos últimos dois mil anos, à procura da verdade e explorando os caminhos da ciência? Por que se deveria esperar, agora, um sucesso tão grande, sendo que um período tão longo não produzira nada mais que um resultado bastante pífio? Sim, responde Bacon; mas e se os métodos que os homens vêm usando estiverem errados e forem inúteis? E se nos perdemos no caminho, e a pesquisa enveredou por atalhos que acabam no nada? Precisamos de uma revolução implacável em nossos métodos de pesquisa e pensamento, no nosso sistema de ciência e lógica; precisamos de um novo *Órganon*, melhor do que o de Aristóteles, adaptado a este mundo maior.

E assim Bacon nos presenteou com seu livro supremo.

2. O NOVO ÓRGANON

"O melhor desempenho de Bacon", diz seu crítico mais impiedoso, "é o primeiro livro do *Novo Órganon*".[74] Nunca nenhum outro homem deu tanta vida à lógica, tornando a indução uma aventura épica e uma conquista. Se alguém tiver que estudar lógica, comece por este livro. "Essa parte da filosofia humana que trata da lógica é desagradável para o gosto de muitos, por parecer-lhes nada mais do que uma rede e uma armadilha de espinhosa sutileza. (...) Mas se fôssemos classificar as coisas de acordo com seu valor real, as ciências racionais seriam a chave para todo o resto."[75]

A filosofia ficou estéril por tanto tempo, diz Bacon, porque precisava de um novo método para torná-la fértil. O grande erro dos filósofos gregos foi passarem tanto tempo dedicados à teoria, e tão pouco à observação. Mas o pensamento deve ser o auxiliar da observação, não o seu substituto. Diz o primeiro aforismo do *Novo Órganon*, como se lançando um desafio a toda a metafísica: "O homem, como o ministro e intérprete da natureza, faz e compreende aquilo que suas observações da ordem da natureza (...) lhe permitem; e não sabe nem é capaz de mais." Os precursores de Sócrates eram, quanto a esse assunto, mais completos do que seus seguidores; Demócrito, em particular, tinha um fato para os fatos, e não olhos para as nuvens. Não admira que a filosofia tenha avançado tão pouco desde os tempos de Aristóteles; ela tem usado os métodos de Aristóteles. "Ultrapassar Aristóteles usando a luz de Aristóteles é pensar que uma luz tomada por empréstimo pode aumentar a luz original de onde ela é tomada."[76] Agora, depois de dois mil anos de retalho da lógica com a maquinaria inventada por Aristóteles, a filosofia decaiu tanto que ninguém irá reverenciá-la. Todos esses teoremas, teorias e controvérsias medievais devem ser jogados fora e esquecidos; para se renovar, a filosofia deve começar tudo do zero e com a mente purificada.

O primeiro passo, portanto, é o Expurgo do Intelecto. Devemos tornar a ser crianças, livres de ismos e abstrações, despidos de quaisquer preconceitos e predisposições. Temos que destruir os Ídolos da mente.

Um ídolo, tal como Bacon utiliza a palavra (refletindo, talvez, a rejeição protestante de adoração de imagens), é um retrato considerado como se fosse uma realidade, um pensamento confundido com uma coisa. Erros surgem nesse item; e o primeiro problema da lógica é encontrar e represar as fontes desses erros. Bacon passa, agora, a uma análise, merecidamente famosa, das falácias; "nenhum homem", disse Condillac, "conheceu melhor do que Bacon as causas do erro humano".

Esses erros são, primeiro, *Ídolos da Tribo* — falácias naturais à humanidade em geral. "Porque o sentido do homem é falsamente declarado" (pela frase de Pitágoras: "O homem é a medida de todas as coisas") "como sendo o padrão das coisas: pelo contrário, todas as percepções, tanto dos sentidos como da mente, fazem referência ao homem, e não ao universo; e a mente humana se assemelha àqueles espelhos irregulares que dão propriedades suas a diferentes objetos (...) e os distorcem e desfiguram".[77] Nossos pensamentos são retratos mais de nós mesmos do que de seus objetos. Por exemplo, "a compreensão humana, devido à sua natureza peculiar, pressupõe facilmente um grau de ordem e regularidade nas coisas maior do que aquele que encontra na realidade. (...) Daí a ficção de que todos os corpos celestes se movem em círculos perfeitos".[78] De novo,

> a compreensão humana, quando qualquer proposição tiver sido aprovada (seja por uma admissão e uma crença gerais, seja pelo prazer que proporciona), obriga tudo o mais a acrescentar um novo apoio e uma nova confirmação: e embora possam existir instâncias muitíssimo válidas e

abundantes em contrário, ela não as observa, ou as despreza, ou se livra delas e as rejeita segundo uma certa distinção, com violento e injurioso preconceito, em vez de sacrificar a autoridade de suas primeiras conclusões. Foi boa a resposta daquele a quem mostraram, num templo, os ex-votos pendurados por aqueles que haviam escapado do perigo do naufrágio e com quem insistiram para que dissesse se reconhecia o poder dos deuses. (...) 'Mas onde estão os retratos daqueles que pereceram, apesar de suas promessas?' Todas as superstições são muito parecidas, quer seja a da astrologia, dos sonhos, dos presságios, do julgamento punitivo ou coisa parecida, em todas as quais os crentes iludidos observam atentamente eventos que são confirmados, mas se esquecem ou passam por cima de seus fracassos, embora sejam muito mais comuns."[79]

"Uma vez tendo, primeiro, determinado a questão segundo sua vontade, o homem *então* apela para a experiência; e submetendo-a a se conformar ao seu alvitre, leva-a de um lado para outro como uma prisioneira em uma procissão."[80] Resumindo, "a compreensão humana não é uma luz seca, mas recebe uma infusão da vontade e das afeições, de onde provêm as ciências que podem ser chamadas de 'ciências como se gostaria que fossem'. (...) Pois o que um homem preferiria que fosse verdade prontamente acredita como o sendo".[81] Não é mesmo?

Bacon dá-nos, a essa altura, um conselho que vale ouro. "Em geral, permita que cada estudante da natureza tenha como regra o seguinte: seja qual for a coisa que sua mente capte e se atente a ela com peculiar satisfação, deve ser considerada suspeita; e que se tenha um cuidado ainda maior, ao lidar com tais questões, para manter a compreensão equilibrada e clara."[82] "A compreensão não deve ter permissão para saltar e voar de particularidades a axiomas remotos e generalidades quase máximas; (...) não se deve dar asas, mas prendê-la com pesos que as impeçam de saltar e voar."[83] A imaginação pode ser a maior inimiga do intelecto, ao passo que deveria apenas ser sua tentativa e seu experimento.

Uma segunda classe de erros é chamada por Bacon de *Ídolos da Caverna* — erros peculiares ao indivíduo. "Fato é que todos (...) têm uma caverna ou toca própria, que refrata e descolore a luz da natureza"; é o seu caráter formado pela natureza e pela criação, e pela sua disposição ou condição de corpo e mente. Algumas mentes, por exemplo, são constitucionalmente analíticas e veem diferenças em tudo; outras são constitucionalmente sintéticas e veem semelhanças; portanto, temos o cientista e o pintor de um lado, e, do outro, o poeta e o filósofo. Mais uma vez, "certas disposições evidenciam uma limitada admiração pela antiguidade, outras abraçam ansiosamente a novidade; só poucas conseguem preservar o justo meio, sem rasgar o que os antigos estabeleceram como correto nem desprezar as justas inovações dos modernos".[84] A verdade não escolhe lados.

A terceira classe é a dos *Ídolos do Mercado*, nascidos "do comércio e da associação dos homens entre si. Porque os homens conversam por meio da língua; mas as palavras são impostas de acordo com a compreensão da multidão; e de uma danosa e inapta formação de palavras brota uma maravilhosa obstrução da mente".[85]. Os filósofos distribuem infinitos com a segurança descuidada com que os gramáticos tratam os infinitivos; ainda assim, será que algum homem sabe o que é esse "infinito" ou se, ao menos, ele teve o cuidado de existir? Os filósofos falam sobre "primeira causa não causada", ou "primeiro motor não movido"; mas será que não se trata, mais uma vez, de frases do tipo folha de parreira usadas para cobrir a nudez da ignorância e, talvez, indicativas de uma consciência culpada por parte de quem as usa? Toda inteligência clara e honesta sabe que nenhuma causa pode ser sem causa, nem qualquer motor não movido. Talvez a maior reconstrução na filosofia fosse simplesmente essa: deveríamos parar de mentir.

"Por último, existem ídolos que migraram para a mente dos homens, vindos dos vários dogmas dos filósofos, e também de leis de demonstração erradas. A eles dou o nome de *Ídolos do Teatro*, porque, penso eu, todos os sistemas filosóficos são nada além de muitas peças teatrais, representando mundos criados por elas mesmas segundo um estilo cênico e irreal. (...) E nas peças desse teatro filosófico é possível observar a mesma coisa que se encontra no teatro dos poetas — o fato de que histórias inventadas para o palco são mais compactas e elegantes, e mais gostaríamos que fossem, do que as histórias verdadeiras tiradas do mundo real."[86] O mundo que Platão descreve é meramente um mundo construído por Platão e retrata Platão, não o mundo.

Nunca chegaremos muito longe no caminho em direção à verdade se esses ídolos ainda nos fizerem tropeçar, mesmo os melhores entre nós, em cada esquina. Precisamos de novos modos de raciocínio, novas ferramentas para a compreensão. "E assim como as imensas regiões das Índias Ocidentais nunca teriam sido descobertas se antes não tivéssemos aprendido a usar a bússola, não é de admirar que a descoberta e o avanço das artes não tenham progredido mais, visto que a arte da invenção e da descoberta das ciências continua desconhecida até hoje."[87] "E certamente seria vergonhoso se, enquanto as regiões do globo material (...) foram expostas e reveladas em nossa época, o globo intelectual devesse continuar fechado nos estreitos limites das velhas descobertas."[88]

Em última instância, nossas dificuldades existem em virtude do dogma e da dedução; não encontramos nenhuma verdade nova, porque tomamos uma venerável, mas questionável, proposição como um indubitável ponto de partida, e nunca pensamos em submeter essa nossa hipótese ao teste da observação e do experimento. Ora, "se um homem começar com certezas, acabará com dúvidas; mas se ele ficar contente em começar com dúvidas, deverá terminar com certezas" (infelizmente, isso não é inevitável). Eis uma nota comum na juventude da filosofia moderna, parte de sua declaração de independência; Descartes também viria a falar da necessidade da "dúvida metódica" como o pré-requisito do pensamento honesto que remova todas as teias de aranha.

Bacon nos oferece, então, uma descrição admirável do método científico da investigação. "Resta a *simples experiência*; que, se aceita quando se manifesta, é chamada de acidente" ("empírica"), "se procurada, de experimento. (...) O verdadeiro método de experiência acende, primeiro, a vela" (hipótese), "e depois, com a vela, mostra o caminho" (organiza e delimita o experimento); "começando, como se faz, com a experiência devidamente ordenada e resumida, não malfeita nem errática, e dela inferindo axiomas, e de axiomas estabelecidos, de novo, novos experimentos".[89] (Temos aqui — como novamente em passagem posterior[90] que fala dos resultados dos experimentos iniciais como sendo uma "primeira safra" para guiar mais pesquisas — um explícito, embora talvez inapropriado, reconhecimento daquela necessidade por uma hipótese, experimento e dedução que alguns dos críticos de Bacon supõem ter ele ignorado por completo.) Devemos recorrer à natureza, não aos livros, às tradições e às autoridades; temos que "colocar a natureza na câmara de tortura e obrigá-la a testemunhar" até contra si mesma, para que, assim, possamos controlá-la para atingir nossos objetivos. Temos que reunir elementos de toda parte numa "história natural" do mundo, construída pela pesquisa conjunta dos cientistas europeus. Precisamos de indução.

Mas indução não significa "simples enumeração" de todos os dados; há que se conceber que isso poderia ser interminável e inútil; nenhuma massa de material pode sozinha fazer ciência. Isso seria como "perseguir uma caça num campo aberto"; precisamos estreitar e delimitar nosso campo a fim de capturar nossa presa. O método de indução deve incluir uma técnica para a classificação de dados e a eliminação de hipóteses; assim, pela anulação progressiva de possíveis explicações, finalmente, restaria apenas uma. Talvez o item mais útil nessa técnica seja a "tabela de mais ou menos", que lista exemplos em que duas qualidades ou condições aumentam e diminuem juntas, e assim revela, em tese, uma relação causal entre os fenômenos simultaneamente variantes. Então, Bacon, ao perguntar "o que é calor?", está em busca de algum fato que aumente com o aumento do calor e diminua com a sua diminuição; depois de uma longa análise, ele encontra uma correlação exata entre calor e movimento; e a conclusão de que o calor é uma forma de movimento constitui uma de suas poucas contribuições específicas à ciência natural.

Por meio desse insistente acúmulo e análise de dados, chegamos, nos dizeres de Bacon, à *forma* do fenômeno que estudamos — à sua natureza secreta e à sua essência íntima. A teoria das formas, em Bacon, é muito semelhante à teoria das ideias de Platão: uma metafísica da ciência. "Quando falamos em formas, queremos dizer nada além do que aquelas leis e aqueles regulamentos da natureza simples. (...) A forma do calor ou a forma da luz, por conseguinte, significa nada além do que a lei do calor ou a lei da luz."[91] (Numa toada parecida, Espinosa diria que a lei do círculo é sua *substância*.) "Pois embora nada exista na natureza que não sejam corpos individuais exibindo claros efeitos individuais de acordo com leis em particular, ainda assim, em cada ramo do saber, essas mesmas leis — a investigação, a descoberta e o desenvolvimento delas — formam o alicerce tanto da teoria quanto da prática."[92] Da teoria e da prática; uma sem a outra é inútil e perigosa; conhecimento que não gere empreendimento é uma coisa pálida e anêmica, indigna da humanidade. Lutamos para aprender as formas das coisas não pelas formas em si, mas porque ao conhecermos as formas, as leis, podemos recriar coisas à imagem de nosso desejo. Portanto, estudamos matemática para estimar quantidades e construir pontes; estudamos psicologia, para encontrar nosso caminho na selva da sociedade. Quando a ciência tiver saído o bastante de seu isolamento das formas das coisas, o mundo será meramente a matéria-prima de qualquer utopia que o homem decida criar.

3. A UTOPIA DA CIÊNCIA

Aperfeiçoar assim a ciência e depois aperfeiçoar a ordem social ao colocar a ciência no comando já seria utopia o bastante. Tal é o mundo que nos é descrito no breve fragmento e último trabalho de Bacon, *Nova Atlântida*, publicado dois anos antes de sua morte. Wells considera que "o maior serviço à ciência"[93] de Bacon foi ter ilustrado para nós, ainda que em esboços, a figura de uma sociedade em que, enfim, a ciência tem um lugar adequado para si, como senhora das coisas; foi um ato real de imaginação pelo qual, durante três séculos, um objetivo tem sido mantido em vista pelo grande exército de guerreiros na batalha do conhecimento e da invenção contra a ignorância e a pobreza. Aqui, nessas poucas páginas, temos a essência e a "forma" de Francis Bacon, a lei de seu ser e de sua vida; a secreta e contínua aspiração de sua alma.

Platão, em *Timeu*,[94] conta sobre a antiga lenda de Atlântida, o continente submerso nos mares ocidentais. Bacon e outros identificaram a nova América de Colombo e Cabot com essa velha Atlântida; afinal, o grande continente não afundara, e sim somente a coragem dos homens de navegar por aqueles mares. Pelo fato de que, agora, essa velha Atlântida era conhecida, e parecia habitada por uma raça bastante pujante, mas não tanto quanto os brilhantes "utopienses" da criação de Bacon, ele concebeu uma nova Atlântida, uma ilha naquele distante Pacífico, que só Drake e Magalhães haviam atravessado, uma ilha distante o bastante da Europa e do conhecimento para oferecer um generoso campo à imaginação utópica.

A história começa da maneira mais artística e simples possível, como os grandes contos de Defoe e Swift. "Zarpamos do Peru (onde permanecemos por um ano inteiro) para a China e o Japão, pelo Mar do Sul." Houve uma grande calmaria, daquelas em que navios passam semanas sem oscilações no oceano ilimitado como manchas sobre um espelho, enquanto as provisões dos aventureiros minguavam aos poucos. Então, ventos sem resistência levaram os navios impiedosamente para o norte, fora do sul cheio de ilhas e para uma infinita imensidão de mar. As rações foram reduzidas, e reduziram-se ainda mais, e reduzidas novamente; então a doença tomou conta da tripulação. Finalmente, quando eles se haviam resignado com a morte, viram, quase sem acreditar, uma bela ilha que surgia sob os céus. Na orla, à medida que a embarcação dela se aproximava, viram não selvagens, mas sim homens com roupas simples, porém lindíssimas, limpas, e de uma inteligência desenvolvida que saltava aos olhos. Tiveram permissão para desembarcar, mas foi-lhes dito que o governo da ilha não permitia que estranhos permanecessem ali. Não obstante, já que alguns membros da tripulação estavam doentes, todos puderam ficar até que aqueles estivessem recuperados novamente.

Durante as semanas de convalescença, os viajantes desvendaram, dia após dia, o mistério da Nova Atlântida. "Há cerca de mil e novecentos anos", disse-lhes um dos habitantes, "reinou nesta ilha um rei cuja memória adoramos acima da de todos os outros. (...) O nome dele era Solamona, e nós temos grande consideração por ele como o Legislador de nossa nação. Esse rei tinha um coração enorme (...) e se dedicava plenamente a deixar o povo do reino feliz".[95] "Entre os atos excelentes daquele rei, um, acima de tudo, teve grande destaque. Foi a criação e a instituição da Ordem, ou Sociedade, que é chamada de Casa de Salomão; aos nossos olhos, parecia ser a fundação mais nobre que já existiu sobre a Terra; e o farol que iluminava esse reino."[96]

Na sequência segue uma descrição da Casa de Salomão, complicada demais para um resumo citado, mas eloquente o bastante para extrair do hostil Macaulay o julgamento de que "não se pode encontrar em qualquer outra criação humana uma passagem mais eminentemente distinta por uma profunda e serena sabedoria".[97] A Casa de Salomão assume o lugar, na Nova Atlântida, das Casas do Parlamento em Londres; é o lar do governo da ilha. Mas não há políticos lá, não há insolentes "pessoas eleitas", nenhum "palavrório nacional", como diria Carlyle; nada de partidos, reuniões partidárias, primárias, convenções, campanhas, broches, litografias, editoriais, discursos, mentiras e eleições; a ideia de preencher cargos públicos por esses métodos dramáticos parece nunca ter passado pela cabeça daqueles atlantes. Porém, o caminho para o auge da reputação científica está aberto a todos, e só aqueles que percorreram essa estrada sentam-se nas cadeiras dos conselhos do Estado. É um governo do povo e para o povo, exercido pelos melhores indivíduos selecionados do povo; um governo de técnicos, arquitetos, astrônomos, geólogos, biólogos, médicos, químicos, economistas, sociólogos, psicólogos e filósofos. Bastante complicado; mas imagine um governo sem políticos!

Com efeito, há pouco governo nessa Nova Atlântida; esses governantes estão dedicados mais a controlar a natureza do que a governar os homens. "O Objetivo de Nossa Fundação é o Conhecimento das Causas e dos movimentos secretos das coisas; e o alargamento das fronteiras do império humano, para tornar efetivo tudo o que for possível".[98] Essa é a frase-chave do livro, e de Francis Bacon. Vemos os governantes dedicados a tarefas indignas como estudar as estrelas, providenciar a utilização pela indústria da energia das quedas d'água, desenvolver gases para a cura de várias doenças,[99] realizar experimentos com animais para adquirir conhecimento cirúrgico, obter novas variedades de plantas e animais pela hibridização etc. "Imitamos os voos dos pássaros; temos um pouco da tecnologia para voar. Temos navios e barcos para andar debaixo d'água." Existe comércio exterior, mas de um tipo incomum; a ilha produz o que consome, e consome o que produz; não entra em guerra à procura de mercados externos. "Mantemos um intercâmbio, não de ouro, prata ou joias, nem por seda, nem especiarias, nem outras mercadorias ou matéria; mas apenas da primeira criatura de Deus, que foi a luz; para ter a luz do crescimento de todas as partes do mundo."[100] Esses "Mercadores da Luz" são membros da Casa de

Salomão, que são enviados ao exterior a cada doze anos para viver entre povos estrangeiros de todos os lugares do globo civilizado; para aprender as línguas deles e estudar suas ciências, indústrias e literaturas; e voltar, ao fim dos doze anos, para reportar suas descobertas aos líderes da Casa de Salomão; enquanto seus postos no exterior são ocupados por um novo grupo de exploradores científicos. Assim, o melhor de todo o mundo chega em pouco tempo à Nova Atlântida.

Por mais breve que pareça esse retrato, vemos nele, mais uma vez, os contornos da utopia de todo filósofo — um povo guiado em paz e em modesta fartura pelos seus homens mais sábios. O sonho de todo pensador é substituir o político pelo cientista; por que continua sendo apenas um sonho, depois de tantas encarnações? Será porque o pensador é um intelectual muito sonhador para entrar na arena dos negócios de Estado e transformar seu conceito em realidade? Será porque a dura ambição da alma estritamente aquisitiva é eternamente destinada a sobrepujar as aspirações gentis e escrupulosas de filósofos e santos? Ou será que a ciência ainda não chegou à maturidade e ao poder consciente? — que só em nossos dias os físicos, químicos e técnicos começam a notar que o crescente papel da ciência na indústria e na guerra lhes proporciona uma posição essencial na estratégia social, e isso aponta para o dia em que a força organizada irá persuadir o mundo a chamá-los de líderes? Talvez a ciência ainda não tenha merecido o domínio do mundo; e talvez venha a merecê-lo em breve.

V. CRÍTICAS

Agora, como poderemos avaliar essa filosofia de Francis Bacon?

Existe algo de novo nela? Macaulay pensa que a indução tal como descrita por Bacon é algo muito antiquado, sobre o qual não há necessidade de gerar nenhuma celeuma, muito menos um monumento. "A indução tem sido praticada do amanhecer ao anoitecer por todo ser humano desde a criação do mundo. O homem que infere que uma torta de carne moída não lhe cai bem porque ficou doente quando a comeu, ficou bem quando não a comeu, muitíssimo doente quando comeu muitíssimo e só um pouco mal quando comeu só um pouco empregou, inconsciente mas suficientemente, todas as tabelas do *Novo Órganon*."[101] Mas o Fulano de Tal dificilmente usa sua "tabela de mais ou menos" com tanta precisão, sendo mais provável que continue com suas tortas de carne moída apesar das perturbações sísmicas de suas camadas inferiores. E mesmo que o Fulano de Tal fosse naturalmente muito sábio, isso não tiraria o mérito de Bacon; porque o que é a lógica senão formular a experiência e os métodos dos sábios? O que faz uma disciplina qualquer senão tentar, por meio de regras, transformar a arte de alguns na ciência possível de ser ensinada a todos?

Mas será que a formulação é do próprio Bacon? Não será o método socrático indutivo? Não será a biologia de Aristóteles indutiva? Será que Roger Bacon não praticou, assim como pregou, o método indutivo que Francis Bacon apenas pregou? Será que Galileu não formulou melhor o procedimento que a ciência realmente usou? Verdade quanto a Roger Bacon, menos verdade quanto a Galileu, menos verdade ainda quanto a Aristóteles, o mínimo de verdade quanto a Sócrates. Galileu esboçou a meta, não o método da ciência, erguendo diante de seus seguidores a finalidade da formulação matemática e quantitativa de todas as experiências e relações; Aristóteles praticava a indução quando mais nada lhe restava fazer, e quando o material não se prestava à sua propensão pela dedução de conclusões específicas a partir de hipóteses incrivelmente generalizadas; e Sócrates não praticou tanto a indução — a coleta de dados — quanto a análise — a definição e discriminação de palavras e ideias.

Bacon não reivindica a originalidade partenogenética; como Shakespeare, ele incorpora a criação alheia, com certa arrogância e com a mesma desculpa, e diz adornar tudo o que toca. Todo homem tem as suas fontes, assim como todo organismo tem o seu alimento; o que é dele é o modo com que as digere e as transforma em carne e osso. Como diz Rawley, Bacon "não menosprezava as observações de nenhum homem, mas acendia a sua tocha na vela de todos os homens".[102] Mas Bacon reconhece essas dívidas: refere-se "àquele método bastante útil de Hipócrates"[103] — remetendo-nos, imediatamente, à verdadeira fonte da lógica indutiva entre os gregos; e "Platão", escreve ele (quando com menos exatidão escrevemos "Sócrates"), "demonstra bom exemplo de investigação pela indução e visão de particulares; embora de maneira tão errática como se não tivessem força nem gerassem frutos".[104] Ele teria desdenhado discutir suas obrigações para com esses predecessores; e nós deveríamos desdenhar exagerá-las.

Porém, perguntamos mais uma vez: o método baconiano é correto? Seria o método mais frutífero se utilizado na ciência moderna? Não: geralmente, a ciência tem usado, com grandes resultados, não a acumulação de dados ("história natural") e sua manipulação pelas complexas tabelas do *Novo Órganon*, mas o método mais simples da hipótese, da dedução e do experimento. Por isso, Darwin, lendo o *Ensaio sobre a População*, de Malthus, teve a ideia de aplicar a todos os organismos a hipótese malthusiana de que a população tende a crescer mais depressa do que os meios de subsistência; ele deduziu dessa hipótese a provável conclusão de que a pressão da população sobre a oferta de alimentos resulta numa luta pela existência na qual os mais aptos sobrevivem, e pela qual, em cada geração, toda espécie é transformada para uma adaptação mais próxima ao seu ambiente; e finalmente (tendo, pela hipótese e pela dedução, limitado seu problema e seu campo de observação) voltou-se "à face imarcescível da natureza" e realizou, durante vinte anos, um paciente exame indutivo dos fatos. Por sua vez, Einstein concebeu, ou tomou de Newton, a hipótese de que a luz se propaga em linhas curvas, e não retas; deduziu, com base nela, que uma estrela que pareça estar (segundo a teoria da linha reta) em determinada posição no céu está, na verdade, um pouco para o lado daquela posição; e pediu experimentos e observações para testar essa conclusão. Obviamente a função hipotética e imaginativa é maior do que supunha Bacon; o processo da ciência é mais direto e circunscrito do que no esquema baconiano. O próprio Bacon prenunciou a obsolescência de seu método; a prática, de fato, da ciência descobriria métodos melhores de investigação do que aqueles criados nos interlúdios da condução do estadismo. "Essas coisas requerem algumas gerações para o seu amadurecimento."

Mesmo um amante do espírito baconiano deve admitir, também, que o grande chanceler, enquanto propunha a lei para a ciência, deixou de acompanhar a evolução científica de seu próprio tempo. Rejeitou Copérnico e ignorou Kepler e Tycho Brahe; depreciou Gilbert e parecia não saber da existência de Harvey. Em verdade, ele adorava mais o discurso do que a pesquisa; ou talvez não tivesse tempo para árduas investigações. O trabalho que realizou em filosofia e ciência ficou fragmentado e em estado caótico quando ele morreu; cheio de repetições, contradições, aspirações e introduções. *Ars longa, vita brevis* — a arte é longa e a vida é breve: esta é a tragédia de toda grande alma.

Atribuir a tal homem tão sobrecarregado de trabalho, cuja reconstrução da filosofia tinha que ser amontoada nos vãos de uma onerada e atribulada carreira política, as vastas e complicadas criações de Shakespeare é desperdiçar o tempo dos estudantes com as controvérsias de gabinete de teóricos ociosos. Falta a Shakespeare exatamente aquilo que distingue o nobre chanceler: erudição e filosofia. Shakespeare possui um impressionante conhecimento superficial de muitas ciências, e o domínio de nenhuma; em todas elas, ele fala com a eloquência de um amador. Aceita a astrologia: "Esse imenso país (...) sobre o qual as estrelas, em secreta influência, comentam."[105] Está sempre cometendo erros que o erudito Bacon não poderia ter cometido: o seu Heitor cita Aristóteles e seu Coriolano alude a Catão; supõe que a Lupercália seja uma montanha; e compreende César quase tão profundamente quanto César é compreendido por H. G. Wells. Faz inúmeras referências ao seu começo de vida e a suas tribulações matrimoniais. Perpetra vulgaridades, obscenidades e trocadilhos perfeitamente compreensíveis para um gentil fanfarrão que não conseguiu deixar de ser o baderneiro de Stratford ou o filho do açougueiro, mas dificilmente compreensíveis no frio e calmo filósofo. Carlyle chama Shakespeare de o maior dos intelectos; mas ele estava mais para a maior das imaginações e o mais perspicaz dos olhares. Ele é um psicólogo que não pode ser ignorado, mas não é filósofo: não possui estrutura de pensamento unificada por um propósito para a sua vida e para a humanidade. Está imerso no amor e seus problemas, e só pensa em filosofia, como diria Montaigne, quando seu coração está partido. Por outro lado, ele aceita o mundo com alegria; não é consumido pela visão reconstrutora que enobreceu Platão, Nietzsche ou Bacon.

Ora, a grandeza e a fraqueza de Bacon estão precisamente em sua paixão pela unidade, no desejo de abrir as asas de seu gênio coordenador por sobre uma centena de ciências. Aspirava ele ser como Platão, "um homem de gênio sublime, que tinha uma visão de todas as coisas como se estivesse num rochedo elevado". Ele cedeu sob o peso das tarefas que atribuíra a si mesmo; pecou pelo excesso de incumbências, e por isso deve ser perdoado. Não conseguiu entrar na terra prometida da ciência, mas, como expressou o epitáfio de Cowley, poderia ao menos ter se colocado na fronteira e apontado suas belas características ao longe.

Sua conquista não foi menos grandiosa por ter sido indireta. Seus trabalhos filosóficos, embora hoje sejam pouco lidos, "movimentaram os intelectos que moveram o mundo".[106] Ele fez de si a voz eloquente do otimismo e da resolução da Renascença. Nunca houve outro homem que tivesse sido um estímulo tão grande para outros pensadores. O rei Jaime, é verdade, recusou-se a aceitar sua sugestão de apoio à ciência, e sobre o *Novo Órganon* disse que "era como a paz de Deus, que ultrapassa toda a compreensão". Mas homens superiores, em 1662, ao fundarem aquela Real Sociedade que viria a tornar-se a maior associação de cientistas do mundo, nomearam Bacon como seu modelo e sua inspiração; esperavam eles que aquela organização de pesquisas inglesa liderasse uma iniciativa com foco naquela associação em âmbito europeu que o *Progresso da Ciência* os ensinara a desejar. E quando as grandes inteligências do Iluminismo francês empreenderam aquela obra-prima da façanha intelectual, a *Enciclopédia*, eles a dedicaram a Francis Bacon. Diderot disse no Prospecto: "Se prosperamos neste projeto, muito devemos ao lorde chanceler Bacon, que lançou o plano de um dicionário universal de ciências e artes numa época em que, digamos, não existiam artes nem ciências. Esse gênio extraordinário, quando era impossível escrever uma história do que era conhecido, escreveu uma história daquilo que era necessário aprender". D'Alembert chamou Bacon de "o maior, mais universal e mais eloquente dos filósofos". A Convenção publicou as obras de Bacon a expensas do Estado.[107] Todo o teor e toda a trajetória do pensamento britânico seguiram a filosofia de Bacon. Sua tendência de conceber o mundo em termos mecânicos democriteanos proporcionou ao seu secretário, Hobbes, o ponto de partida para um materialismo completo; seu método indutivo deu a Locke a ideia de uma psicologia empírica, limitada pela observação e liberta da teologia e da metafísica; e a sua ênfase em "produtos consumíveis" e "frutos" encontrou uma formulação na identificação de Bentham do útil e do bom.

Onde quer que o espírito de controle tivesse sobrepujado o espírito de resignação, lá estava a influência de Bacon. Ele é a voz de todos aqueles europeus que transformaram um continente de uma floresta em uma terra de tesouros artísticos e científicos, fazendo daquela pequena península o centro do mundo. "Homens não são animais eretos", disse Bacon, "mas deuses imortais". "O Criador nos deu almas, como a todo o mundo, mas uma alma que não se sacia nem mesmo com um mundo." Tudo é possível para o homem. O tempo ainda é jovem; dê--nos só mais alguns séculos, e iremos controlar e refazer todas as coisas. Talvez aprendamos, enfim, a mais nobre das lições: a de que o homem não deve lutar contra o homem, mas deve apenas guerrear contra os obstáculos que a natureza impõe ao triunfo do homem. "Não será um erro", escreve Bacon, em uma de suas mais belas passagens, "distinguir os três tipos, como se fossem graus, de ambição da humanidade. O primeiro é o daqueles que desejam estender seu poder em seu país de origem; este é vulgar e degenerado. O segundo é daqueles que trabalham para estender o poder de seu país e seu domínio entre os homens; este tem, sem dúvida, mais dignidade, mas não menos cobiça. Mas se um homem empenha-se para estabelecer e estender o poder e domínio da própria raça humana sobre o universo, sua ambição é, indubitavelmente, uma coisa mais sadia e mais nobre do que as outras duas".[108] O destino de Bacon era ser feito em pedaços por essas ambições hostis que brigavam pela sua alma.

VI. EPÍLOGO

"Os homens que ocupam altos cargos são três vezes servos; servos do soberano ou do Estado, servos da fama e servos dos negócios, de modo que não têm liberdade, nem em âmbito pessoal, nem nas suas ações, nem no seu tempo. (...) A ascensão ao cargo é trabalhosa, e por meio de sofrimentos os homens chegam a sofrimentos ainda maiores; e às vezes abjeta, e por meio de indignidades os homens chegam às dignidades. O piso é escorregadio, e o regresso é uma queda ou, no mínimo, um eclipse."[109] Que melancólico resumo do epílogo de Bacon!

"As carências de um homem", disse Goethe, "remetem-se à sua época; as virtudes e grandezas pertencem a ele mesmo". Isso parece um pouco injusto para com o *Zeitgeist* [espírito da época ou tendência da época], mas é excepcionalmente justo no caso de Bacon. Abbott,[110] após um esmerado estudo da moral vigente na corte de Elizabeth, conclui que todas as figuras principais, homens e mulheres, eram discípulos de Maquiavel. Roger Ascham descreveu em versos de pé-quebrado as quatro virtudes cardeais procuradas na corte da rainha:

> Cog, lie, flatter and face,
> Four ways in Court to win men grace.
> If thou be thrall to none of these,
> Away, good Piers! Home, John Cheese!

> [Trapacear, mentir, bajular e atrever-se,
> Quatro maneiras de na Corte a graça obter-se.
> Se não fores escravo de nenhuma delas,
> Afasta-te, bom Piers! Para casa, John Cheese!]*

---

* N. do T.: Verso citado com diferenças do original. A citação refere-se ao livro do biógrafo Edwin Abbott sobre Francis Bacon, porém, ao citar os versos de Roger Ascham, antigo tutor da jovem rainha Elizabeth, comete alguns equívocos. O original de Ascham é: "To laughe, to lie, to flatter, to face, / Foure waies in court to win men grace. / If thou be thrall to none of thiese, / Away good Peekgoose, hens John Cheese, / Marke well my word, and marke their dede, / And thinke this verse part of thy crede." (*The English Works of Roger Ascham*, de James Bennet, Londres, 1761.)

As referências *good Peekgoose* por *good Piers* e *hens John Cheese* por *home, John Cheese* são corruptelas que podem ter ocorrido pela pronúncia ou pela prosódia. *Peekgoose* seria uma maneira da época (séc. XVI) para referir-se a pessoas importunas; *John Cheese* é uma antiga maneira provocativa e desdenhosa de se referir aos holandeses que se dirigiam à Nova Inglaterra (atual Estados Unidos); muitos deles chamavam-se *Jan* (John, em inglês; João, em português) e eram apelidados de *Kes* (*cheese*, em inglês; queijo, em português) devido à inegável fama dos holandeses, assim como dos franceses, na produção de queijos. A fala acelerada desses dois nomes (*Jan Kes*, pronuncia-se "ianquêis") deu origem à palavra *yankee*, como hoje nos referimos aos americanos, ou estadunidenses.

Um dos costumes daquela época animada era o recebimento, por parte de juízes, de "presentinhos" das pessoas cujos casos estivessem sendo julgados em seus tribunais. Bacon não estava acima de sua época quanto a tais hábitos; e a tendência de manter suas despesas por muitos anos além de sua renda impedia-o de dar-se ao luxo de ter escrúpulos. Isso poderia ter passado despercebido, não fosse o fato de ele ter feito inimigos no caso de Essex, e por conta de sua presteza em desferir golpes nesses inimigos com seu discurso. Um amigo o alertou: "Na Corte, corre à boca miúda que (...) assim como sua língua tem sido uma navalha para alguns, as deles assim também serão para você."[111] Mas ele não deu ouvidos a esses alertas. Parecia estar nas boas graças do rei; havia sido nomeado barão Verulam, de Verulam, em 1618, e visconde de St. Albans, em 1621; e durante três anos fora presidente da Câmara dos Comuns, ou lorde chanceler.

Então, de repente, veio o golpe. Em 1621, um litigante decepcionado acusou-o de receber dinheiro para decidir um processo; não era uma coisa fora do comum, mas Bacon logo notou que, se seus inimigos quisessem fazer pressão, poderiam forçar a sua queda. Recolheu-se, então, em seu lar e esperou o desenrolar dos acontecimentos. Quando soube que todos os inimigos clamavam por sua exoneração, enviou sua "confissão e humilde submissão" ao rei. Jaime, cedendo à pressão do agora vitorioso Parlamento — contra o qual Bacon o defendera com tanta veemência —, mandou-o para a Torre. Mas Bacon foi solto dois dias depois; e a pesada multa que lhe fora imposta foi perdoada pelo rei. Seu orgulho não estava de todo estilhaçado. "Fui o juiz mais justo que existiu na Inglaterra nos últimos cinquenta anos", disse ele; "mas foi o julgamento mais justo que houve no Parlamento nos últimos duzentos anos".

Ele passou os cinco anos que lhe restavam na obscuridade e na paz de sua casa, atormentado por uma inusitada pobreza, mas consolado pela ocupação ativa com a filosofia. Nesse período, escreveu sua maior obra em latim, *De Augmentis Scientiarum*, publicou uma edição ampliada de *Ensaios*, um fragmento chamado *Sylva Sylvarum* e o *History of Henry VII* [A História de Henrique VII]. Ele lamentou não ter abandonado a política mais cedo e dedicado seu tempo à literatura e à ciência. Até o último suspiro, esteve ocupado com seu trabalho, e morreu, podemos dizer, no campo de batalha. Em seu ensaio "Da Morte" ele manifestara o desejo de morrer "numa busca sincera, a qual pode ser imaginada como quando um ferido banhado no sangue quente deixa de sentir a dor por um tempo". Como a César, foi-lhe dada uma escolha.

Em março de 1626, enquanto viajava de Londres a Highgate, remoendo em seus pensamentos a questão de quanto tempo a carne poderia ser preservada da putrefação se estivesse coberta de neve, decidiu ali mesmo colocar à prova sua dúvida. Fazendo uma parada numa casa de campo, comprou uma ave, matou-a e a preencheu com neve. Enquanto assim o fazia, foi acometido de calafrios e fraqueza; e sentindo-se demasiado mal para voltar à cidade, deu as orientações de que o levassem à casa de lorde Arundel, que não ficava longe dali, onde ele se deitou numa cama. Entretanto, não foi lá que renunciou à vida; Bacon escreveu alegremente que "o experimento (...) teve um resultado excelente". Mas foi o último. A febre intermitente de sua vida atribulada o havia consumido; ele estava demasiado exaurido agora, fraco demais para combater a doença que lentamente se alastrava por seu coração. Francis Bacon morreu no nono dia de abril, em 1626, aos sessenta e cinco anos.

Ele escreveu em seu testamento estas palavras altivas e singulares: "Lego minha alma a Deus. (...) Meu corpo, para ser enterrado na obscuridade. Meu nome, para gerações futuras e nações estrangeiras". As gerações e as nações o aceitaram.

CAPÍTULO IV
ESPINOSA

I. HISTÓRIA E BIOGRAFIA

1. A ODISSEIA DOS JUDEUS

A história dos judeus, desde a Diáspora, é um dos épicos da história europeia. Expulsos de sua terra natal em virtude da tomada de Jerusalém pelos romanos (70 d.C.), depois dispersos, pela fuga e pelo comércio, através de todas as nações e todos os continentes; perseguidos e dizimados pelos crentes de grandes religiões — cristianismo e islamismo —, que nasceram com base em suas escrituras e suas memórias; barrados, pelo sistema feudalista, de deter a propriedade de terras, e pelas guildas, de fazer parte das indústrias; confinados em guetos congestionados e atividades restritas, cercados por vários povos e espoliados por reis; construindo com seus recursos e seu comércio aldeias e cidades indispensáveis à civilização; párias e excomungados, insultados e lesionados; — ainda assim, sem nenhuma estrutura política, sem nenhuma compulsão legal para que houvesse uma unidade social, sem sequer uma língua comum, esse povo maravilhoso sustentou-se de corpo e alma, preservou sua integridade racial e cultural, conservou com amor ciumento seus antigos rituais e tradições, aguardou com paciência e obstinação o dia de seu livramento, e emergiu mais numeroso do que nunca com o reconhecimento da contribuição de seus gênios em todas as áreas do conhecimento, e restabeleceu-se triunfante, depois de dois mil anos de uma vida nômade, em sua antiga e inesquecível pátria. Que drama poderia rivalizar com a grandiosidade desses sofrimentos, a variedade desses cenários e com a glória e a justiça dessa realização? Que ficção poderia equiparar-se com o romance dessa realidade?

    A diáspora começara muitos séculos antes da queda da Terra Santa; através de Tiro, Sidon e outros portos, os judeus se haviam espalhado por terras estrangeiras, chegando a cada recôndito do Mediterrâneo — a Atenas e Antioquia, a Alexandria e Cartago, a Roma e Marselha, e até a longínqua Espanha. Depois da destruição do Templo, a diáspora tornou-se quase uma migração em massa. No final, o movimento seguiu por duas correntes: uma, ao longo do Danúbio e do Reno, e dali, mais tarde, para Polônia e Rússia; a outra, para Espanha e Portugal, com os conquistadores mouros (711 d.C.). Na Europa Central, os judeus se destacaram como comerciantes e financistas; na península, absorveram de bom grado o conhecimento matemático, médico e filosófico dos árabes, desenvolvendo sua própria cultura nas grandes escolas de Córdoba, Barcelona e Sevilha. Ali, nos séculos XII e XIII, os judeus tiveram um papel de destaque na transmissão da antiga cultura oriental para a Europa Ocidental. Foi em Córdoba que Moisés Maimônides (1135-1204), o grande médico de sua época, escreveu seu famoso comentário bíblico, o *Guia dos Perplexos*; foi em Barcelona que Hasdai Crescas (1370-1430) propôs heresias que abalaram todo o judaísmo.

    Os judeus da Espanha prosperaram e floresceram até a conquista de Granada por Fernando, em 1492, e a última expulsão dos mouros. Os judeus peninsulares, então, perderam a liberdade de que haviam desfrutado sob a leniente ascendência do Islã; a Inquisição lançou-se sobre eles com as opções de se batizarem e praticarem o cristianismo, ou partirem para o exílio e terem suas posses confiscadas. Não que a Igreja fosse violentamente hostil para com os judeus — os papas protestaram repetidamente contra as barbaridades da Inquisição; mas o rei da Espanha pensava que poderia engordar a sua bolsa com a riqueza pacientemente acumulada daquela raça estrangeira. Quase no ano em que Colombo descobriu a América, Fernando descobriu os judeus.

A grande maioria dos judeus aceitou a alternativa mais árdua e olhou ao redor para encontrar um lugar em que pudesse se refugiar. Alguns pegaram navios e tentaram entrar em Gênova e outros portos italianos; foram recusados e seguiram viagem, em meio a crescentes sofrimentos e doenças, até chegarem à costa da África, onde muitos foram assassinados por conta de joias que se acreditava terem engolido. Uns poucos foram recebidos em Veneza, que sabia o quanto de sua ascendência marítima ela devia aos judeus. Outros financiaram a viagem de Colombo, um homem que talvez fosse da raça deles, na esperança de que o grande navegador encontrasse para eles um novo lar. Um grande número de judeus entrou nas frágeis embarcações daquele dia e saiu navegando pelo norte do Atlântico, entre a hostil Inglaterra e a hostil França, quando, finalmente, encontrou um certo grau de hospitalidade na pequena — mas de alma grande — Holanda. Entre eles, havia uma família de judeus portugueses chamada Espinosa.

Mais tarde, a Espanha entrou em decadência, e a Holanda prosperou. Os judeus construíram sua primeira sinagoga em Amsterdã em 1598; e quando, setenta e cinco anos depois, construíram mais uma, a mais magnífica da Europa, seus vizinhos cristãos ajudaram a financiar o empreendimento. Agora os judeus estavam felizes, se pudermos julgá-los pela pujança dos mercadores e rabinos que foram imortalizados por Rembrandt. Mas perto de meados do século XVII, a paz reinante foi interrompida por uma amarga polêmica dentro da sinagoga. Uriel da Costa, um jovem apaixonado que havia abandonado, como alguns judeus, a influência cética da Renascença, escreveu um tratado atacando com veemência a crença numa vida após a morte. Essa postura negativa não era necessariamente contrária à doutrina judaica ancestral; mas a sinagoga forçou-o a retratar-se publicamente, por medo de que isso pudesse submetê-los à desaprovação de uma comunidade que os acolhera com tanta generosidade, mas que seria implacavelmente hostil a qualquer heresia que atingisse com tanta violência aquela que era considerada a própria essência do cristianismo. A fórmula de retratação e penitência exigia que o orgulhoso autor se deitasse transversalmente à soleira da sinagoga enquanto os membros da congregação caminhassem sobre seu corpo. Humilhado além do que podia suportar, Uriel foi para casa, escreveu uma violenta denúncia contra seus perseguidores e suicidou-se com um tiro.[1]

O ano era 1640. Naquela época, Baruch de Espinosa, "o maior judeu dos tempos modernos"[2] e o maior dos filósofos modernos, era uma criança de apenas oito anos, o aluno favorito da sinagoga.

2. A EDUCAÇÃO DE ESPINOSA

Foi essa Odisseia dos Judeus que ocupou a formação mental de Espinosa, e o tornou inexoravelmente, apesar de excomungado, um judeu. Embora seu pai fosse um mercador bem-sucedido, o rapaz não se sentia inclinado a essa carreira e preferia passar o tempo dentro e ao redor da sinagoga, absorvendo a religião e a história de seu povo. Ele era um estudante exemplar, e os mais velhos o consideravam como uma futura luz de sua comunidade e de sua fé. Pouco tempo depois, ele passou da Bíblia para os comentários minuciosamente sutis do Talmude; e desses para os escritos de Maimônides, Levi ben Gershon, Ibn Ezra e Hasdai Crescas; e sua voracidade promíscua estendia-se até mesmo à filosofia mística de Ibn Gebirol e às concatenações cabalísticas de Moisés de Córdoba.

Ele ficou impressionado com a identificação feita por esse último a respeito de Deus e do universo; acompanhou a ideia em Ben Gershon, que ensinou a eternidade do mundo; e em Hasdai Crescas, que acreditava o universo da matéria ser o corpo de Deus. Leu em Maimônides uma discussão parcialmente favorável sobre a doutrina de Averróis de que a imortalidade é impessoal; mas encontrou no *Guia dos Perplexos* mais perplexidades do que orientação. Porque o grande rabino propunha mais questões do que respondia; e Espinosa descobriu que as contradições e improbabilidades do Velho Testamento perduravam em seu pensamento muito tempo após as soluções de Maimônides já se terem dissolvido no esquecimento. Os defensores mais sagazes de uma fé são os piores inimigos dela; porque as sutilezas deles causam dúvidas e estimulam a mente. E se isso ocorreu com os escritos de Maimônides, muito pior foi a questão com os comentários de Ibn Ezra, nos quais os problemas da velha fé foram expressos de maneira mais direta e por vezes abandonados por serem considerados insolúveis. Quanto mais Espinosa lia e ponderava, mais as suas simples certezas se derretiam em divagações e dúvidas.

Sua curiosidade foi provocada a indagar o que os pensadores do mundo cristão tinham escrito sobre aqueles grandes questionamentos de Deus e do destino humano. Ele começou a estudar latim com um erudito holandês, Van den Ende, e passou para uma esfera mais ampla de experiência e conhecimento. Seu novo professor também tinha um pouco de herege, era um crítico de credos e governos, um indivíduo aventureiro que saiu de sua biblioteca para juntar-se a uma conspiração contra o rei da França, e embelezou um cadafalso em 1674. Ele tinha uma filha muito bela que se tornou a rival que venceu o latim na disputa pelo afeto de Espinosa; até mesmo um universitário moderno poderia ser convencido a estudar latim com incentivos como esse. Mas a jovem não era intelectual a ponto de estar cega diante de uma grande oportunidade; quando surgiu outro pretendente, trazendo presentes caros, ela perdeu o interesse em Espinosa. Sem dúvida, foi naquele momento que o nosso herói tornou-se um filósofo.

Independentemente disso, ele conquistara o latim; e por intermédio do latim, penetrou na herança do pensamento europeu antigo e medieval. Parece ter estudado Sócrates, Platão e Aristóteles; porém, àqueles, preferia os grandes atomistas, como Demócrito, Epicuro e Lucrécio; e os estoicos deixaram nele sua marca indelével. Espinosa leu os filósofos escolásticos e deles absorveu não só a terminologia, mas o método geométrico de exposição por axioma, definição, proposição, prova, escólio e corolário. Estudou Bruno (1548-1600), aquele magnífico rebelde cujo fulgor "nem todas as neves do Cáucaso podiam arrefecer", que vagava de país em país e de credo em credo, sempre "saindo pela mesma porta pela qual entrara" — pesquisando e meditando; e que acabou sendo condenado pela Inquisição a ser executado "com o máximo possível de misericórdia, e sem o derramamento de sangue" — isto é, seria queimado vivo. Que riqueza de ideias havia naquele italiano romântico! Primeiro de tudo, a ideia principal da unidade: toda a realidade é uma em substância, uma em causa, uma em origem; e Deus e essa realidade são uma coisa só. Da mesma forma, para Bruno, mente e matéria são unos; toda partícula de realidade é composta inseparavelmente do físico e do psíquico. O objetivo da filosofia, consequentemente, é perceber a unidade na diversidade, mente na matéria e matéria na mente; encontrar a síntese em que os opostos e as contradições se encontram e se fundem; o equivalente intelectual do amor de Deus é erguer-se a esse ápice do conhecimento da unidade universal. Todas essas ideias tornaram-se parte da estrutura íntima do pensamento de Espinosa.

Finalmente, e acima de tudo, ele foi influenciado por Descartes (1596-1650), pai da tradição subjetiva e idealista (como Bacon fora da objetiva e realista) na filosofia moderna. Para seus seguidores franceses e inimigos ingleses, a teoria central em Descartes era a primazia da consciência — sua proposição aparentemente óbvia de que a mente conhece a si mesma mais imediata e diretamente do que jamais poderá conhecer qualquer outra coisa; que ela só conhece o "mundo exterior" por meio da impressão desse mundo sobre a mente na forma de sensação e percepção; que toda filosofia deve, em consequência (embora devesse duvidar de todo o resto), começar com a mente e o eu individual, e expor seu primeiro argumento em três palavras: "Penso, logo existo" (*Cogito, ergo sum*). Talvez houvesse algo do individualismo renascentista nesse ponto de partida; certamente havia nele toda uma batelada ilusionista de consequências para especulações posteriores. Agora começava o grande jogo da epistemologia,[3] que em Leibniz, Locke, Berkeley, Hume e Kant expandiu-se para uma guerra de trezentos anos que, ao mesmo tempo, estimulou e devastou a filosofia moderna.

Mas essa parte do pensamento de Descartes não interessou a Espinosa; ele não se perderia nos labirintos da epistemologia. O que o atraía era a concepção de Descartes de uma "substância" homogênea subjacente a todas as formas da mente; essa separação da realidade em duas substâncias últimas era um desafio à paixão unificadora de Espinosa, e atuou como um esperma fertilizante sobre os acúmulos de seu pensamento. O que o atraía mais ainda era o desejo de Descartes de explicar o mundo inteiro, exceto Deus e a alma, por leis mecânicas e matemáticas — uma ideia que revisitava Leonardo e Galileu, talvez refletindo a elaboração de maquinaria e indústria nas cidades da Itália. Após um empurrão inicial dado por Deus, disse Descartes (muito semelhante ao que Anaxágoras disse dois mil anos antes), o resto dos processos e desenvolvimentos astronômicos, geológicos e não mentais pode ser explicado a partir de uma substância homogênea que existe, a princípio, sob uma forma desintegrada (a "hipótese nebular" de Laplace e Kant); e todo movimento de todo animal, até mesmo do corpo humano, é um movimento mecânico — a circulação do sangue, por exemplo, e os atos reflexos. O mundo inteiro e todos os corpos são uma máquina; mas fora do mundo existe Deus, e dentro do corpo está a alma espiritual.

Aqui, Descartes parou; mas Espinosa continuou ansiosamente.

3. EXCOMUNHÃO

Foram esses os antecedentes mentais do externamente calado, mas internamente perturbado, jovem que, em 1656 (ele nascera em 1632), foi convocado a comparecer perante os anciãos da sinagoga sob a acusação de heresia. Era verdade, perguntaram-lhe, que ele dissera aos seus amigos que Deus poderia ter um corpo — o mundo da matéria; que os anjos poderiam ser alucinações; que a alma poderia ser meramente vida; e que o Velho Testamento não dizia nada sobre a imortalidade?

Não sabemos o que Espinosa respondeu. Sabemos apenas que lhe ofereceram uma anuidade de quinhentos dólares se ele concordasse em manter, pelo menos, uma lealdade externa à sua sinagoga e sua fé;[4] que ele recusou a oferta; e que no dia 27 de julho de 1656 foi excomungado com todas as lúgubres formalidades do ritual hebreu. "Durante a leitura do anátema, ouvia-se o plangente e prolongado toque de um grande chofar de tempos em tempos; as luzes, vistas brilhando forte no início da cerimônia, foram extintas uma a uma à medida que ela prosseguia, até que, no final, a última se apagou — típica da extinção da vida espiritual do homem excomungado — e a congregação ficou em completa escuridão."[5]

Van Vloten nos mostra a fórmula usada para a excomunhão:[6]

> Os chefes do Conselho Eclesiástico fazem saber que, já bastante convencidos das nocivas opiniões e atos de Baruch de Espinosa, procuraram,

de diversas maneiras e por várias promessas, desviá-lo de seus caminhos desastrosos. Porém, como não foram capazes de fazê-lo adotar qualquer maneira melhor de pensar; e, pelo contrário, a cada dia certificam-se mais das heresias terríveis por ele nutridas e confessadas e da insolência com que essas heresias são promulgadas e difundidas, com muitas pessoas merecedoras de crédito tendo testemunhado isso na presença do citado Espinosa, ele foi considerado plenamente culpado das acusações. Por conseguinte, após realizada uma revisão de toda a questão perante os chefes do Conselho Eclesiástico, resolveu-se, com a anuência dos Conselheiros, anatematizar o referido Espinosa, isolá-lo do povo de Israel e, a partir do presente momento, colocá-lo em Anátema com a seguinte maldição:

Com o julgamento dos anjos e a sentença dos santos, nós anatematizamos, execramos, amaldiçoamos e expulsamos Baruch de Espinosa, com a aprovação de toda a sacra comunidade, na presença dos livros sagrados com os seiscentos e treze preceitos neles contidos, pronunciando contra ele a maldição com a qual Elisha amaldiçoou as crianças, e todas as maldições escritas no Livro da Lei. Que ele seja maldito durante o dia e maldito durante a noite; que ele seja maldito deitado e maldito ao se levantar; maldito ao sair e maldito ao entrar. Que o Senhor nunca mais o perdoe ou o reconheça; que a ira e a indignação do Senhor, daqui por diante, consumam em chamas esse homem, preencham-no com todas as maldições escritas no Livro da Lei e apaguem seu nome sob o céu; que o Senhor extirpe esse mal* de todas as tribos de Israel, coloque sobre ele todas as maldições do firmamento contidas no Livro da Lei; e que todos vós que fordes obedientes ao Senhor vosso Deus sejais salvos nesta data.

Portanto, por meio deste, todos estão advertidos de que ninguém deverá conversar com ele, ninguém deverá comunicar-se com ele por escrito; que ninguém lhe preste qualquer serviço, ninguém resida sob

---

* N. do T.: Erro de transcrição do autor. No original de Willis citado, o trecho apresentado é "(...) may the Lord sever him **for** evil from all the tribes of Israel (...)" (grifo nosso); o autor transcreve "(...) may the Lord sever him **from** the evil from all (...)" (grifo nosso). Optamos pela tradução do original que faz mais sentido.

o mesmo teto que ele, ninguém se aproxime dele mais de quatro côvados, e que ninguém leia qualquer documento ditado por ele ou escrito por sua mão.

Não nos apressemos demais em julgar os líderes da sinagoga; eles enfrentavam uma situação delicada. Não há dúvida de que hesitaram em submeter-se à acusação de que eles próprios eram tão intolerantes em relação à heterodoxia quanto a Inquisição que os exilara da Espanha. Mas acharam que a gratidão para com seus anfitriões na Holanda exigia a excomunhão de um homem cujas dúvidas atacavam a doutrina cristã com a mesma gravidade com que atacavam o judaísmo. O protestantismo não era, na época, a filosofia liberal e fluida em que hoje tem se transformado; as guerras religiosas tinham cercado todos os grupos, entrincheirando-os em seu próprio credo, o que, agora, era ainda mais valorizado devido ao sangue recém-derramado em sua defesa. O que as autoridades holandesas diriam a uma comunidade judaica que retribuía a tolerância e a proteção cristãs produzindo numa geração um Da Costa, e, na seguinte, um Espinosa? Além do mais, a unanimidade religiosa parecia aos anciãos a única maneira de preservar o pequeno grupo judeu em Amsterdã da desintegração, e quase o último meio de preservar a unidade e, assim, assegurar a sobrevivência dos judeus espalhados pelo mundo. Se eles tivessem tido seu próprio país, suas próprias leis, seus sistemas seculares de força e poder para estimular a coesão interna e o respeito externo, poderiam ter sido mais tolerantes; mas a sua religião era, para eles, o seu patriotismo e a sua fé, a sinagoga, o seu centro de vida social e política assim como de rituais e veneração; e a Bíblia, cuja veracidade havia sido impugnada por Espinosa, era a "Pátria portátil" de seu povo; diante dessas circunstâncias, achavam eles, heresia era traição, e tolerância, suicídio.

Alguém pode dizer que eles deveriam ter corrido esses riscos com mais coragem; mas é tão difícil julgar os outros com justiça quanto o é agir inteiramente contra a própria natureza. Talvez[7] Menasseh ben Israel, líder espiritual de toda a comunidade judaica de Amsterdã, pudesse ter achado uma fórmula conciliatória dentro da qual tanto a sinagoga como o filósofo encontrassem um espaço para viver em paz mútua; mas o grande rabino estava, então, em Londres, persuadindo Cromwell a abrir a Inglaterra para os judeus. O destino havia escrito que Espinosa deveria pertencer ao mundo.

4. APOSENTADORIA E MORTE

Ele recebeu a excomunhão com uma coragem tranquila, dizendo: "Ela não me compele a nada que eu não teria feito de qualquer modo". Mas isso era como assobiar no escuro para afastar o medo; na verdade, o jovem estudante se via amarga e impiedosamente só. Nada é tão terrível quanto a solidão; e poucas formas de solidão são tão difíceis quanto o isolamento de um judeu de todo o seu povo. Espinosa já sofrera com a perda de sua antiga fé; erradicar dessa maneira o que se tem na mente é uma operação de grande porte e deixa muitas feridas. Se Espinosa tivesse entrado para outro grupo, abraçado outra das ortodoxias nas quais homens se agrupavam como vacas se aconchegando umas nas outras em busca de calor, poderia ter encontrado no papel de eminente convertido alguma parte da vida que havia perdido ao ser completamente escorraçado do convívio familiar e de sua raça. Mas não entrou para nenhuma outra seita, e levou uma vida solitária. Seu pai, que ansiava ver a preeminência do filho na cultura hebraica, mandou-o embora; a irmã tentou trapaceá-lo por conta de uma pequena herança;[8] seus antigos amigos o evitavam. Não surpreende que haja pouco humor em Espinosa! E não surpreende que ele desabafe ocasionalmente com certa amargura quando pensa nos Guardiões da Lei.

> Aqueles que desejam dedicar-se às causas dos milagres e compreender as coisas da natureza como filósofos, mas não olham para elas com espanto como se fossem uns tolos, são logo considerados hereges e ímpios, e depois assim declarados por aqueles a quem a massa adora como intérpretes da natureza e dos deuses. Porque esses homens sabem que, uma vez afastada a ignorância, cessaria o deslumbramento, que é o único meio pelo qual a sua autoridade é preservada.[9]

A experiência culminante veio pouco após a excomunhão. Certa noite, enquanto Espinosa caminhava pelas ruas, um devoto rufião, disposto a demonstrar sua teologia cometendo um assassinato, atacou o jovem estudante com uma adaga. Espinosa, virando-se rapidamente, escapou com um leve ferimento no pescoço. Concluindo que são poucos os lugares neste mundo em que é seguro ser filósofo, ele foi morar num tranquilo quarto de sótão na estrada de Outerdek, nos arredores de Amsterdã. Deve ter sido ali que decidiu mudar o nome de Baruch para Benedictus. O casal que o hospedava era cristão da seita menonita, e sabia até certo ponto compreender um herege. Eles gostavam de seu semblante tristemente bondoso (aqueles que sofrem bastante tornam-se muito amargurados ou muito gentis), e adoravam quando, de vez em quando, ele descia à noite, fumava seu cachimbo em companhia deles e sintonizava sua conversa à moda simples dos dois. No início, Espinosa se sustentou dando aulas às crianças da escola de Van den Ende e depois polindo lentes, já que tinha tendência para lidar com material refrator. Aprendera o ofício da óptica enquanto vivia na comunidade judaica; de acordo com o cânone hebraico, todo estudante deveria adquirir uma arte manual; não apenas porque o estudo e o ensinamento honesto raramente podem prover um bom sustento, mas, como dissera Gamaliel, o trabalho mantém a pessoa virtuosa, enquanto "todo homem instruído que fracassar em adquirir um ofício acabará se tornando um trapaceiro".

Cinco anos depois (1660), o senhorio mudou-se para Rhynsburg, perto de Leyden, e Espinosa o acompanhou. A casa ainda existe, e a rua leva o nome do filósofo. Foram anos de vida simples e altas meditações. Muitas vezes ele permanecia no quarto durante dois ou três dias seguidos, sem ver ninguém, e mandava devolver as modestas refeições que lhe eram oferecidas. O trabalho com as lentes era bem feito, mas não era tão regular a ponto de proporcionar a Espinosa mais do que o mínimo suficiente; ele adorava demais a sabedoria para ser um homem "bem-sucedido". Colerus, que acompanhou Espinosa naquela hospedagem e escreveu uma pequena biografia do filósofo baseado nos relatos daqueles que o haviam conhecido, diz: "Ele era muito cuidadoso ao calcular suas contas a cada trimestre; coisa que fazia para que pudesse gastar nem mais nem menos do que aquilo que tinha para gastar a cada ano. E às vezes dizia às pessoas da casa que ele era como a serpente que forma um círculo com a cauda na boca; para indicar que nada lhe sobrava no fim do ano".[10] Mas à sua moda modesta, ele era feliz. Para uma pessoa que o aconselhou a confiar mais na revelação do que na razão, ele simplesmente respondeu: "Embora às vezes eu ache irreal o fruto que colho com a minha compreensão natural, isso não pode fazer com que eu sinta outra coisa senão satisfação, porque no recolhimento eu me sinto feliz e passo meus dias não suspirando ou tristonho, mas em paz, com serenidade e alegria".[11] "Se Napoleão tivesse sido tão inteligente quanto Espinosa", diz um grande sábio, "teria morado num porão e escrito quatro livros".[12]

Aos retratos de Espinosa que chegaram até nós podemos acrescentar uma palavra de descrição vinda de Colerus. "Ele tinha estatura mediana. Suas feições eram delicadas, a pele, um tanto escura, os cabelos pretos e encaracolados, as sobrancelhas espessas e pretas, de modo que se podia facilmente saber, pela sua aparência, que descendia de judeus portugueses. Quanto às roupas, não dava muita atenção a elas, e não era muito diferente daquelas dos cidadãos mais humildes. Um dos mais eminentes conselheiros do Estado, ao visitá-lo, encontrou-o vestindo um robe muito sujo; nisso, o conselheiro o repreendeu e lhe ofereceu outro. Espinosa respondeu que um homem não se tornava melhor por ter um belo robe, e acrescentou: 'É irracional envolver coisas de pouco ou nenhum valor numa capa preciosa'."[13] A filosofia de indumentária de Espinosa nem sempre era assim tão ascética. "Não é um porte desalinhado ou desmazelado que nos torna sábios", escreve ele, "pois a afetada indiferença à aparência pessoal é, muito mais, evidência de um espírito pobre no qual a verdadeira sabedoria não conseguiu encontrar uma morada digna e a ciência só encontrou desordem e confusão".[14]

Foi durante essa estada de cinco anos em Rhynsburg que Espinosa escreveu o pequeno fragmento *Tratado da Correção do Intelecto* (*De Intellectus Emendatione*), e o *Ética Demonstrada à Maneira dos Geômetras* (*Ethica More Geometrico Demonstrata*). Este último foi concluído em 1665; mas durante dez anos Espinosa não se esforçou para publicá-lo. Em 1668, Adrian Koerbagh, por imprimir opiniões semelhantes às de Espinosa, foi condenado a dez anos de prisão; e lá morreu depois de cumprir dezoito meses de sua sentença. Quando, em 1675, Espinosa foi a Amsterdã, confiando que agora poderia publicar seguramente sua obra-prima, "espalhou-se um rumor", como ele escreve ao seu amigo Oldenburg, "de que um livro meu seria lançado em breve, no qual eu tentava provar que não existe Deus algum. Essa notícia, lamento acrescentar, foi recebida por muitos como verdadeira. Certos teólogos (que provavelmente eram os autores do boato) aproveitaram-se da ocasião para apresentar um protesto contra mim ao príncipe e aos magistrados. (...) Tendo recebido um sinal quanto a esse estado de coisas por parte de alguns amigos dignos de confiança, que me garantiram, além disso, que os teólogos estavam por todo canto à minha espera, decidi adiar a tentativa de publicação até que pudesse ver que rumo a situação iria tomar".[15]

Só depois da morte de Espinosa, a *Ética* foi lançada (1677), junto com um tratado inacabado sobre política (*Tractatus Politicus*) e um tratado sobre o cálculo algébrico do arco-íris. Todos esses trabalhos foram escritos em latim, pois era essa a língua universal da filosofia e da ciência europeias no século XVII. *Breve Tratado de Deus, do Homem e do Seu Bem-Estar*, escrito em holandês, foi descoberto por Van Vloten em 1852; aparentemente tratava-se de um esboço preparatório para a *Ética*. As únicas obras publicadas por Espinosa em vida foram *Os Princípios da Filosofia Cartesiana* (1663) e o *Tratado Teológico-Político* (*Tractatus Theologico-Politicus*), que apareceu anonimamente em 1670 — e foi imediatamente homenageado com um lugar no *Index Expurgatorius*, com sua venda proibida pelas autoridades civis; com essa ajuda, o livro conseguiu uma grande circulação sob a proteção de frontispícios que o disfarçavam como um tratado de medicina ou uma narrativa histórica. Inúmeros livros foram escritos para refutá-lo; um deles chamava Espinosa de "o mais ímpio ateu que já viveu sobre a face da Terra"; Colerus fala de uma outra refutação como "um tesouro de valor infinito, que nunca perecerá"[16] — porém, essa nota é a única coisa que sobrou da obra. Além desse suplício público, Espinosa recebeu várias cartas que pretendiam reformá-lo; a de um ex-aluno, Albert Burgh, que tinha sido convertido ao catolicismo, pode ser tomada como exemplo:

> O senhor admite que, finalmente, encontrou a verdadeira filosofia. Como sabe que a sua filosofia é a melhor de todas que já foram, são e

serão ensinadas no mundo? Sem falar no que pode ser arquitetado no futuro, o senhor já examinou todas aquelas filosofias, antigas e modernas, que são ensinadas aqui, na Índia e no mundo inteiro? E mesmo supondo que as tenha examinado devidamente, como sabe que escolheu a melhor? (...) Como ousa colocar-se acima de todos os patriarcas, profetas, apóstolos, mártires, doutores e confessores da Igreja? Sendo um homem miserável e um verme sobre a Terra, isso mesmo, cinzas e alimento para vermes, como pode encarar a sabedoria eterna com a sua impronunciável blasfêmia? Que fundamentos tem o senhor para essa doutrina temerária, insana, deplorável e maldita? Que orgulho demoníaco o infla a ponto de fazê-lo julgar mistérios que os próprios católicos declaram ser incompreensíveis? Etc. etc.[17]

Ao que Espinosa respondeu:

O senhor, que admite ter finalmente encontrado a melhor religião, ou antes os melhores mestres, nos quais firmou sua credulidade, como sabe que eles são os melhores entre aqueles que ensinaram, ensinam ou ensinarão religião no futuro? Já examinou todas essas religiões, antigas e modernas, que são ensinadas aqui, na Índia e no mundo inteiro? E mesmo supondo que as tenha examinado devidamente, como sabe que escolheu a melhor?[18]

Pelo visto, o gentil filósofo podia ser bem firme quando a ocasião assim demandava.

Nem todas as cartas eram desse tipo constrangedor. Muitas delas vinham de homens de cultura madura e altas posições. Aqueles que mais se destacavam nessas correspondências eram Henry Oldenburg, secretário da recém-fundada Royal Society of England [Real Sociedade]; Von Tschirnhaus, um jovem inventor e nobre alemão; Huygens, o cientista holandês; Leibniz, o filósofo, que visitou Espinosa em 1676; Louis Meyer, um médico da Haia; e Simon De Vries, um rico comerciante de Amsterdã. Este último admirava tanto Espinosa que implorou para que ele aceitasse um presente de mil dólares. Espinosa recusou; e mais tarde, quando De Vries, redigindo seu testamento, propôs deixar toda a sua fortuna para o filósofo, Espinosa o persuadiu a legá-la ao irmão. Quando o comerciante morreu, descobriu-se que o testamento exigia que a Espinosa fosse paga uma anuidade de duzentos e cinquenta dólares que seria descontada da renda da propriedade. Espinosa, novamente, quis recusar, dizendo "A natureza se satisfaz com pouco; e se ela se satisfaz, eu também hei de me satisfazer", mas finalmente foi convencido a aceitar cento e cinquenta dólares por ano. Outro amigo, Jan de Witt, magistrado-chefe da república holandesa, deu-lhe uma anuidade oficial de cinquenta dólares. Por fim, o próprio Grande Monarca, Luís XIV, ofereceu-lhe uma substanciosa pensão, com a condição implícita de que Espinosa dedicasse o próximo livro ao rei. Espinosa, educadamente, recusou.

Para agradar aos amigos e correspondentes, Espinosa mudou-se para Voorburg, um subúrbio de Haia, em 1665; e em 1670, para a própria Haia. Durante esses últimos anos ele desenvolveu uma afetuosa intimidade com Jan de Witt; e quando De Witt e seu irmão foram assassinados nas ruas por uma turba que acreditava serem eles os responsáveis pela derrota das tropas holandesas pelos franceses em 1672, Espinosa, ao ser informado da infâmia, desabou em lágrimas; e não fosse a força usada para contê-lo, teria se lançado para denunciar o crime no local em que fora cometido. Não muito tempo depois, o príncipe de Condé, chefe do exército invasor francês, convidou Espinosa ao seu quartel-general, para transmitir-lhe a oferta de uma pensão real da França e apresentar-lhe certos admiradores seus que estavam com o príncipe. Espinosa, que parece ter sido mais um "bom europeu" do que um nacionalista, achou que não havia nada de estranho no fato de ele atravessar as linhas e ir até o acampamento de Condé. Quando voltou a Haia, a notícia de sua visita tinha se espalhado e havia burburinhos raivosos entre a população. O senhorio de Espinosa, Van den Spyck, temeu que sua casa fosse atacada; mas Espinosa o tranquilizou, dizendo: "Posso facilmente desfazer qualquer suspeita de traição de minha parte; (...) mas se o povo mostrar a mais leve disposição de molestá-lo, se chegarem a se reunir e fazer barulho em frente à sua casa, descerei para falar com eles, embora eles devam fazer comigo o mesmo que fizeram com o pobre De Witt".[19] Mas quando a multidão soube que Espinosa era apenas um filósofo, chegou à conclusão de que ele devia ser inofensivo; e a comoção silenciou.

A vida de Espinosa, como vemos nesses pequenos incidentes, não era tão miserável e isolada quanto tem sido tradicionalmente retratada. Ele tinha um certo grau de segurança econômica, bem como amigos influentes e agradáveis, interessava-se pelas questões políticas de sua época e não deixou de ter aventuras que quase tomaram proporções de vida e morte. Que ele conseguiu, apesar da excomunhão e do interdito, conquistar o respeito de seus contemporâneos vemos na forma da oferta que lhe chegou, em 1673, da cadeira de filosofia na Universidade de Heidelberg; uma oferta carregada de termos assaz elogiosos, e que prometia "a mais perfeita liberdade para filosofar, da qual Sua Alteza está segura de que não ireis abusar para questionar a religião oficial do Estado". Espinosa respondeu com sua argúcia característica:

> Honrado senhor: se tivesse algum dia sido minha intenção assumir as funções de professor em qualquer faculdade, meus desejos teriam sido amplamente satisfeitos ao aceitar a posição que Sua Alteza Sereníssima, o Príncipe Palatino, me faz a honra de oferecer por vosso intermédio. A oferta, outrossim, cresce muito de valor, ao meu ver, pela liberdade de filosofar a ela acrescentada. (...) Contudo, desconheço os limites exatos dentro dos quais a referida liberdade de filosofar teria que ser mantida, a fim de que eu não parecesse interferir na religião oficial do principado. (...) À vista disso, entenda, honrado senhor, que não aspiro a nenhuma posição terrena mais elevada do que aquela de que desfruto no momento; e que pelo amor à tranquilidade que penso não poder assegurar caso assumisse o cargo, devo abster-me de entrar para a carreira de professor público. (...)[20]

O último capítulo veio em 1677. Espinosa tinha agora apenas quarenta e quatro anos de idade, mas os amigos sabiam que não lhe restavam muitos anos. Ele nascera de pais tuberculosos; e um confinamento como o que vivera, bem como a atmosfera poeirenta em que trabalhara, não foram calculados para corrigir essa desvantagem inicial. Cada vez mais ele sofria de dificuldades para respirar; ano após ano, seus pulmões sensíveis definhavam. Resignou-se ele a um fim prematuro, e temia apenas que o livro que não ousara publicar em vida pudesse ser perdido ou destruído depois de sua morte. Colocou o manuscrito numa pequena escrivaninha, trancou-o e deu a chave a seu senhorio, pedindo-lhe que enviasse a escrivaninha e a chave para Jan Rieuwertz, o editor de Amsterdã, quando chegasse o inevitável.

Em 20 de fevereiro, um domingo, a família com quem Espinosa morava foi à igreja, após ele lhe assegurar que não estava mais doente que o habitual. Só o dr. Meyer ficou com ele. Quando a família retornou, encontrou o filósofo morto nos braços do amigo. Muitos o velaram; porque a gente simples o amara tanto pela gentileza quanto os eruditos o honraram pela sua sabedoria. Filósofos e magistrados uniram-se ao povo para acompanhá-lo ao seu descanso final; e homens de vários credos reuniram-se junto ao seu túmulo.

Nietzsche diz em algum lugar de sua obra que o último cristão morreu na cruz. Ele se esquecera de Espinosa.

II. O TRATADO TEOLÓGICO-POLÍTICO

Vamos estudar seus quatro livros na ordem em que foram escritos. O *Tractatus Theologico-Politicus* é, talvez, o menos interessante deles para nós atualmente, porque o movimento de críticas mais veementes iniciado por Espinosa transformou em trivialidades as proposições pelas quais ele arriscara a vida. É insensato que um autor prove seu ponto de vista com extremo rigor; suas conclusões passam a ser usadas por todas as mentes instruídas, e suas obras já não têm aquele mistério em torno de si que continue a nos atrair. Assim aconteceu com Voltaire; e assim também aconteceu com o tratado de Espinosa sobre religião e Estado.

O princípio essencial do livro é que a linguagem da Bíblia é deliberadamente metafórica ou alegórica; não só porque partilha traços da tendência oriental a fortes cores e ornamentos literários, e a exageradas expressões descritivas; mas porque, do mesmo modo, os profetas e os apóstolos, com o objetivo de transmitirem sua doutrina pelo despertar da imaginação, foram compelidos a se adaptar à capacidade e à predisposição da mente popular. "Toda a Sagrada Escritura foi escrita, primordialmente, para um povo inteiro e, em segundo lugar, para toda a raça humana; em virtude disso, o seu conteúdo deve, necessariamente, ser adaptado, tanto quanto possível, à compreensão das massas."[21] "A Sagrada Escritura não explica as coisas por suas causas secundárias, mas apenas as narra na ordem e no estilo que possuem maior poder para levar os homens, principalmente os menos instruídos, à devoção. (...) Seu objetivo não é convencer a razão, mas atrair e prender a imaginação."[22] Daí os abundantes milagres e as repetidas aparições de Deus. "As massas pensam que o poder e a providência divinos são mais claramente demonstrados por meio de eventos que são extraordinários, e contrários ao conceito de que foram criados a partir da natureza. (...) Supõem, de fato, que Deus esteja inativo desde que a natureza atue em sua ordem de costume; e vice-versa, que o poder da natureza e as causas naturais ficam inativos desde que Deus esteja agindo; assim, elas imaginam dois poderes distintos um do outro, o poder de Deus e o poder da natureza."[23] (Aqui entra a ideia básica da filosofia de Espinosa — a de que Deus e os processos da natureza são uma coisa só.) Os homens adoram acreditar que Deus rompe a ordem natural dos acontecimentos para eles; assim, os judeus davam uma interpretação milagrosa do prolongamento do dia para poder impressionar os outros (e, talvez, a si mesmos) com a convicção de que os judeus eram os favoritos de Deus: e incidentes parecidos abundam na história primitiva de todos os povos.[24] Declarações sóbrias e literais não tocam a alma; se Moisés tivesse dito que fora apenas o vento leste (como percebemos ao ler uma passagem posterior) que abrira para eles uma passagem pelo mar Vermelho, isso teria causado uma fraca impressão na mente das massas que ele liderava. Mais uma vez, os apóstolos recorreram a histórias milagrosas pelo mesmo motivo que eles recorriam a parábolas; era uma adaptação necessária à mente do público. A maior influência desses homens em comparação com a dos filósofos e cientistas é, em grande parte, atribuível às formas vívidas e metafóricas de falar que os fundadores da religião, pela natureza de sua missão e de sua própria intensidade emocional, são, dessa maneira, levados a adotar.

Interpretada sob esse princípio, a Bíblia, diz Espinosa, nada contém de contrário à razão.[25] Mas se interpretada literalmente, ela está cheia de erros, contradições e óbvias impossibilidades — como a do Pentateuco ter sido escrito por Moisés. A interpretação mais filosófica revela, por meio da névoa da alegoria e da poesia, o profundo pensamento dos grandes pensadores e líderes, e torna inteligível a persistência da Bíblia e a sua incomensurável influência sobre os homens. Ambas as interpretações têm um lugar e uma função: o povo irá sempre exigir uma religião expressa em fantasia e aureolada com o sobrenatural; se uma forma de crença dessas for destruída, eles criarão outra. Mas o filósofo sabe que Deus e natureza são um único ser, agindo por necessidade e segundo sua lei invariável; é essa lei majestosa que ele irá reverenciar e obedecer.[26] Ele sabe que nas Sagradas Escrituras "Deus é descrito como um legislador ou príncipe, e chamado de justo, misericordioso etc., meramente como uma concessão à compreensão do povo e ao conhecimento imperfeito por parte deste; que, na realidade, Deus age (...) pela necessidade de sua natureza, e seus decretos (...) são verdades eternas".[27]

Espinosa não faz separação entre o Velho e o Novo Testamento, e considera as religiões judaica e cristã como sendo uma só, quando o ódio popular e as interpretações equivocadas são colocados de lado e a interpretação filosófica chega ao cerne e à essência ocultos das fés rivais. "Sempre me vi pensando se pessoas que têm muito orgulho de professar a religião cristã — ou seja, amor, alegria, paz, moderação e caridade para com todos os homens — deveriam discutir com uma animosidade rancorosa e demonstrar, diariamente, aos seus pares um ódio tão amargurado; fico imaginando se não seria este, e não as virtudes que elas professam, o critério de sua fé."[28] Os judeus sobreviveram principalmente devido ao ódio dos cristãos para com eles; a perseguição lhes deu a unidade e a solidariedade necessárias a uma contínua existência racial; sem a perseguição, eles poderiam ter se misturado e casado com os povos da Europa, e ter sido tragados pelas maiorias que os cercavam por toda parte. Mas não há razão para que o judeu filosófico e o cristão filosófico, postos de lado todos os absurdos, não concordem o suficiente, no que tange à crença, para viverem em paz e cooperação.

O primeiro passo para que isso aconteça, pensa Espinosa, seria um entendimento mútuo a respeito de Jesus. Que se retirem os dogmas improváveis, e os judeus em pouco tempo irão reconhecer em Jesus o maior e mais nobre dos profetas. Espinosa não aceita a divindade de Cristo, mas coloca-o entre os homens. "A eterna sabedoria de Deus (...) mostrou-se em todas as coisas, mas principalmente na mente do homem, e, sobretudo, em Jesus Cristo."[29] "Cristo foi enviado para ensinar não só os judeus, mas toda raça humana"; por isso, "ele se ajustou à compreensão das pessoas (...) e com frequência ensinou por meio de parábolas".[30] Ele considera que a ética de Jesus é quase sinônimo de sabedoria; ao reverenciá-lo, ergue-se ao patamar "do amor intelectual a Deus". Uma figura tão nobre, livre dos impedimentos de dogmas que só levam a divisões e disputas, atrairia todos os homens; e talvez, em seu nome, um mundo envolto em suicidas guerras de palavras e espadas possa encontrar, ao fim de tudo, uma unidade de fé e uma possibilidade de fraternidade.

III. O APRIMORAMENTO DO INTELECTO

Ao abrir o livro seguinte de Espinosa, chegamos logo de início a uma das joias da literatura filosófica. Espinosa conta-nos por que desistiu de tudo pela filosofia:

> Depois que a experiência me ensinou que tudo aquilo que acontece na vida comum são coisas vãs e fúteis — e quando vi que todas as coisas que eu temia, e que temiam a mim, nada tinham de bom ou mau a não ser o grau em que a mente era por elas afetada — decidi, por fim, investigar se havia algo que pudesse ser verdadeiramente bom e capaz de comunicar a sua bondade, e pelo qual a mente pudesse ser afetada a ponto de excluir todas as outras coisas; decidi, melhor dizendo, investigar se eu podia descobrir e obter a faculdade de desfrutar, por toda a eternidade, uma contínua felicidade suprema. (...) Eu podia ver as muitas vantagens adquiridas com a honra e a riqueza, e sabia que seria impedido de adquiri-las se quisesse investigar seriamente uma nova questão. (...) Mas quanto mais alguém possui qualquer uma das duas, mais o prazer aumenta e, consequentemente, é ele incentivado a

aumentá-las; ao passo que, em qualquer momento que nossa esperança é frustrada, surge dentro de nós a mais profunda dor. A fama também tem uma grande deficiência, a de que se a perseguirmos teremos que dirigir nossa vida de maneira a agradar às concepções arbitrárias dos homens, evitando aquilo de que eles não gostam e procurando o que os agrada. (...) No entanto, só o amor por uma coisa eterna e infinita alimenta a mente com um prazer a salvo de todo o sofrimento. (...) O maior bem é o conhecimento da união que a mente tem com toda a natureza. (...) Quanto mais a mente sabe, melhor ela compreende suas forças e a ordem da natureza; quanto mais ela compreende suas forças ou seu poder, mais capaz será de dirigir a si mesma e estabelecer as leis para si mesma; e quanto mais compreender a ordem da natureza, mais facilmente ela terá condições de libertar-se de coisas inúteis; o método é este.

Só o conhecimento, portanto, é poder e liberdade; e a única felicidade permanente é a busca do conhecimento e a alegria da compreensão. Entretanto, ao mesmo tempo, o filósofo deve continuar sendo um homem e um cidadão; qual será o seu modo de vida durante a busca da verdade? Espinosa expõe uma simples regra de conduta com a qual, até onde sabemos, era minuciosamente consistente com seu comportamento de fato:

1. Falar de maneira compreensível às pessoas e fazer por elas tudo aquilo que não nos impeça de atingir os nossos fins. (...) 2. Desfrutar apenas daqueles prazeres que sejam necessários à preservação da saúde. 3. Finalmente, só buscar dinheiro que seja suficiente (...) para a manutenção de nossa vida e saúde, e agir de acordo com tais costumes que não sejam contrários àquilo que buscamos.[31]

Mas ao se lançar nessa busca, o honesto e perspicaz filósofo encara logo o problema: como eu sei que meu conhecimento é conhecimento, que posso confiar nos meus sentidos quanto ao material que trazem à minha razão, e que minha razão merece confiança quanto às conclusões derivadas do material da sensação? Não deveríamos examinar o veículo antes de nos abandonarmos às suas direções? Não deveríamos fazer tudo o que estivesse ao nosso alcance para aperfeiçoá-lo? "Antes de tudo", diz Espinosa com tom baconiano, "deve-se criar um meio para melhorar e esclarecer o intelecto".³² Temos que distinguir cuidadosamente as várias formas de conhecimento e confiar apenas nas melhores.

Primeiro, então, há o conhecimento do "disse me disse", pelo qual, por exemplo, sei o dia do meu nascimento. Segundo, a vaga experiência, o conhecimento "empírico" no sentido depreciativo, como quando um médico conhece uma cura não por qualquer formulação científica de testes experimentais, mas por uma "impressão geral" de que ele "costuma" funcionar. Terceiro, dedução imediata, ou conhecimento alcançado pelo raciocínio, como quando concluo sobre a imensidão do Sol ao perceber que, comparando a outros objetos, a distância diminui o tamanho aparente. Esse tipo de conhecimento é superior aos outros dois, mas ainda é precariamente sujeito a uma súbita refutação pela experiência direta; tanto que a ciência levou cem anos para desenvolver um raciocínio até um "éter" que, agora, é muito mal acolhido pela elite de físicos. Assim sendo, o tipo mais elevado de conhecimento é a quarta forma, que advém da dedução imediata e da percepção direta, como quando vemos de imediato que 6 é o número que falta na proporção 2 : 4 : : 3 : x; ou como quando percebemos que o todo é maior do que a parte. Espinosa acredita que homens versados na matemática conhecem a maior parte de Euclides por essa maneira intuitiva; mas admite com pesar que "as coisas que tenho conseguido aprender por esse conhecimento, até agora, são muito poucas".³³

Em seu *Ética*, Espinosa reduz as primeiras duas formas do conhecimento a uma; e chama o conhecimento intuitivo de uma percepção das coisas *sub specie eternitatis* — em seus aspectos e relações eternos —, o que nos oferece em uma só frase uma definição de filosofia. *Scientia intuitiva*, portanto, tenta encontrar por trás das coisas e dos eventos suas leis e suas eternas relações. Daí decorre a distinção muito fundamental de Espinosa (a base de todo o seu sistema) entre a "ordem temporal" — o "mundo" de coisas e incidentes — e a "ordem eterna" — o mundo de leis e estrutura. Vamos estudar essa distinção com bastante cuidado:

Deve-se observar, nesse ponto, que não compreendo por série de causas e de entidades reais uma série de coisas mutáveis individuais, senão a série de coisas fixas e eternas. Porque seria impossível a fraqueza humana acompanhar a série de coisas mutáveis individuais, não só porque a quantidade dessas ultrapassa qualquer contagem, mas em virtude das muitas circunstâncias, em uma única e mesma coisa, cada uma das quais podendo ser a causa da existência da coisa. Pois, de fato, a existência de determinadas coisas não tem ligação com suas essências, e não é uma verdade eterna. Contudo, não há necessidade de compreendermos a série de coisas mutáveis individuais, porque sua essência (...) só se encontra em coisas fixas e eternas, e advindas das leis inscritas nessas coisas como seus códigos verdadeiros, segundo os quais todas as coisas individuais são feitas e organizadas; não, essas coisas individuais e mutáveis dependem tão íntima e essencialmente dessas fixas que, sem elas, não podem nem existir nem ser concebidas.[34]

Se mantivermos esse trecho em mente ao estudarmos a obra-prima de Espinosa, ela mesma será esclarecida, e a maior parte da *Ética*, que de tão complexa chega a ser desestimulante, poderá ser desvendada com simplicidade e compreensão.

IV. A ÉTICA

A produção mais preciosa da moderna filosofia é calcada em forma geométrica, para esclarecer o pensamento à moda euclidiana; mas o resultado é uma lacônica obscuridade, na qual cada linha exige um talmude de comentários. Os escolásticos haviam formulado seus pensamentos dessa maneira, mas nunca de forma tão incisiva; e foram auxiliados a atingir tamanha clareza pelas suas conclusões pré-ordenadas. Descartes sugerira que a filosofia não poderia ser exata enquanto não se expressasse nas formas da matemática; no entanto, ele nunca lidara com seu próprio ideal. Espinosa chegou a essa proposição com uma mente treinada em matemática como a base verdadeira de todo procedimento científico rigoroso, e impressionado pelas conquistas de

Copérnico, Kepler e Galileu. Para as nossas mentes com características mais superficiais, o resultado é uma exaustiva concentração de matéria e de forma; e ficamos tentados a nos consolar denunciando essa geometria filosófica como um artificial jogo de xadrez do pensamento, no qual axiomas, definições, teoremas e provas são manipulados como reis e bispos, cavalos e peões; um jogo de paciência lógico, inventado para atenuar a solidão de Espinosa. A ordem vai de encontro à índole de nossas mentes; preferimos seguir as linhas irregulares da fantasia e tecer nossa filosofia precariamente com base nesses sonhos. Mas Espinosa tinha apenas um desejo imperioso: reduzir o intolerável caos do mundo a uma unidade e a uma ordem. Ele tinha a fome pela verdade dos povos do norte, em vez de a sede pela beleza dos povos do sul; o artista dentro dele era, simplesmente, um arquiteto, construindo um sistema de pensamento com simetria e forma perfeitas.

Mais uma vez, o aluno moderno irá tropeçar e reclamar por conta da terminologia de Espinosa. Escrevendo em latim, ele era levado a expressar seu pensamento essencialmente moderno em termos medievais e escolásticos; na época, não havia outro idioma de filosofia que pudesse ser compreendido. Desse modo, ele usa o termo *substância* onde deveria escrever *realidade* ou *essência*; *perfeito* onde deveria escrever *completo*; *ideal* para o nosso *objeto*; *objetivamente* para *subjetivamente* e *formalmente* para *objetivamente*. Eram barreiras naquela corrida, que irão desencorajar os fracos, mas estimular os fortes.

Resumindo, Espinosa não é para ser lido, e sim para ser estudado; você deve abordá-lo como abordaria Euclides, reconhecendo que naquelas breves duzentas páginas um homem escreveu os pensamentos que teve durante a vida, aparando estoicamente as arestas de tudo que fosse supérfluo. Não pense que chegará ao cerne passando rapidamente os olhos por ele; nunca, em um trabalho de filosofia, houve tão pouca coisa que pudesse ser saltada sem prejuízo. Cada parte depende das partes que a antecederam; uma proposição óbvia e aparentemente desnecessária vem a ser a pedra angular de um impressionante desenvolvimento de lógica. Não se compreenderá inteiramente nenhuma seção enquanto não se tiver lido o todo e ponderado sobre ele; embora não seja preciso dizer, com o exagero entusiástico de Jacobi, que "não se pode ter compreendido Espinosa se uma única linha da *Ética* ainda continuar obscura". "Aqui, sem dúvida", diz Espinosa na segunda parte de seu livro, "o leitor ficará confuso e recordará muitas coisas que irão fazê-lo empacar; portanto, rogo-lhe que gentilmente prossiga comigo e não faça julgamentos antecipados com relação a essas coisas até que tenha lido tudo".[35] Não leia o livro de uma só vez, mas em pequenas porções, em diversas oportunidades. E ao terminá-lo, leve em conta que apenas começou a compreendê-lo. Leia, então, alguns comentários, como o *Spinoza*, de Pollock, ou *Study of Spinoza*, de Martineau; ou, melhor ainda, os dois. Finalmente, torne a ler a *Ética*; irá parecer-lhe um novo livro. Quando o tiver terminado pela segunda vez, você se tornará para sempre um amante da filosofia.

1. NATUREZA E DEUS

A primeira página nos mergulha de imediato no turbilhão da metafísica. Nossa moderna aversão cabeça-dura (ou seria cabeça-mole?) à metafísica nos domina, e por um instante desejamos estar fazendo qualquer outra coisa menos lendo Espinosa. Mas a metafísica, como disse William James, nada mais é do que uma tentativa de pensar com clareza até o significado último das coisas, descobrir sua essência substancial no plano da realidade — ou, como diz Espinosa, sua substância essencial; e, a partir daí, unificar toda a verdade e atingir aquela "mais elevada de todas as generalizações", que, mesmo para o inglês pragmático,[36] constitui a filosofia. A própria ciência, que com tanto desdém despreza a metafísica, admite uma metafísica em todos os seus pensamentos. Acontece que a metafísica que ela admite é a metafísica de Espinosa.

Existem três termos cruciais no sistema de Espinosa: *substância*, *atributo* e *modo*. Colocaremos de lado o atributo temporariamente para facilitar o processo. Um modo é qualquer coisa ou evento individual, qualquer forma ou formato que a realidade assuma transitoriamente; você, seu corpo, seus pensamentos, seu grupo, sua espécie, seu planeta são modos; todos são formas, modos, quase literalmente estilos, de alguma realidade eterna e invariável que está por trás e por baixo deles.

O que é essa realidade subjacente? Espinosa a chama de *substância*, como sendo literalmente aquela que fica por baixo. Oito gerações travaram violentas batalhas em torno do significado desse termo; não devemos desanimar se não conseguirmos resolver a questão em um parágrafo. Devemos evitar cometer um erro: *substância* não significa o material constituinte de coisa nenhuma, como quando falamos de madeira como a substância de uma cadeira. Nós nos aproximamos da acepção que Espinosa dá ao termo quando falamos de "substância de suas observações". Se recuarmos aos filósofos escolásticos de quem Espinosa tomou o termo, verificamos que eles o usavam como tradução do grego *ousia*, que é o particípio presente de *einai*, ser, e indica o ser interior, ou essência. Substância, portanto, é o que existe (Espinosa não se havia esquecido do impressionante "Eu sou quem sou", do *Gênesis*); aquilo que é eternamente e imutavelmente, e do qual tudo o mais é uma forma ou modo transitório. Se agora compararmos essa divisão do mundo em substância e modos com a sua divisão, em *Tratado da Correção do Intelecto*, na eterna ordem de *leis* e de invariáveis relações de um lado, e na ordem temporal de *coisas* geradas pelo tempo e destinadas à morte do outro, seremos impelidos à conclusão de que Espinosa, aqui, refere-se à substância como sendo algo muito próximo do que entendia por ordem eterna lá. De maneira provisória, vamos aceitar isso como um dos elementos no termo substância, significando a própria estrutura da existência, subjacente a todos os eventos e coisas, e constituindo a essência do mundo.

Contudo, para além disso, Espinosa identifica substância com natureza e Deus. À maneira dos escolásticos, ele imagina a natureza sob duplo aspecto: como processo ativo e vital, que chama de *natura naturans* — natureza gerando, o elã vital e a evolução criadora de Bergson; e como produto passivo desse processo, *natura naturata* — natureza gerada, o material e o conteúdo da natureza, seus bosques, ventos e águas, suas montanhas, seus campos e sua miríade de formas externas. É neste último sentido que ele nega, enquanto no primeiro afirma, a identidade da natureza, da substância e de Deus. Substância e modos, a ordem eterna e a ordem temporal, natureza ativa e natureza passiva, Deus e o mundo — todas essas coisas são para Espinosa dicotomias coincidentes e sinônimas; cada uma divide o universo em essência e incidente. Que a substância é insubstancial, que é forma e não matéria, que nada tem a ver com aquele híbrido e neutro composto de matéria e pensamento sugerido por alguns intérpretes fica bem claro nessa identificação de substância com a natureza criativa, mas não com a natureza passiva ou material. Uma passagem da correspondência de Espinosa poderá nos ajudar:

> Depreendo uma visão completamente diferente de Deus e da natureza daquela que os cristãos mais recentes costumam cogitar, pois afirmo que Deus é a causa imanente, e não externa, de todas as coisas. Eu digo: tudo está em Deus; tudo vive e se movimenta em Deus. E isso eu sustento com o apóstolo Paulo, e talvez com todos os filósofos da antiguidade, embora de maneira diversa da deles. Posso até arriscar-me a dizer que a minha visão é a mesma daquela cogitada pelos hebreus de antigamente, se isso puder ser inferido de certas tradições, embora tenham sido enormemente alteradas ou falsificadas. No entanto, há um enorme equívoco por parte daqueles que dizem que minha proposta (...) é mostrar que Deus e a Natureza, esta entendida por eles como uma massa de matéria corpórea, são uma coisa só. Eu não tive tal intenção.[37]

Mais uma vez, no *Tratado Teológico-Político*, escreve ele: "Por ajuda do Senhor Deus entendo a fixa e imutável ordem da natureza, ou a *cadeia* de eventos naturais";[38] as leis universais da natureza e os eternos decretos de Deus são a mesma coisa. "A partir da infinita natureza de Deus, todas as coisas (...) decorrem dessa mesma necessidade, e da mesma maneira, que decorre da natureza de um triângulo, de eternidade a eternidade, que seus três ângulos são iguais a dois ângulos retos."[39] O mesmo que as leis do círculo são para todos os círculos Deus é para o mundo. Como a substância, Deus é a cadeia ou processo causal,[40] a subjacente condição de todas as coisas,[41] a lei e a estrutura do mundo.[42] Esse concreto universo de modos e coisas está para Deus como uma ponte está para seu projeto, sua estrutura, e as leis da matemática e da mecânica segundo as quais ela é construída; estas são a base da sustentação, a condição subjacente, a substância da ponte; sem elas, ela cairia. E como a ponte, o mundo é sustentado pela sua estrutura e suas leis; ele é mantido nas mãos de Deus.

Com a vontade de Deus e as leis da natureza sendo uma única realidade exposta de maneira diversa,[43] segue-se que todos os eventos são o funcionamento mecânico de leis invariáveis, e não o capricho de um autocrata irresponsável sentado nas estrelas. O mecanismo que Descartes via somente na matéria e no corpo Espinosa vê também em Deus e na mente. É um mundo de determinismo, não de desígnio. Como nós agimos visando a fins conscientes, supomos que todos os processos têm esses fins em vista; e porque somos humanos, supomos que todos os eventos levam ao homem e são destinados a auxiliar suas necessidades. Mas isso é um delírio antropocêntrico, assim como grande parte de nossos pensamentos.[44] A raiz dos maiores erros em filosofia está em projetar nossos propósitos, critérios e preferências humanas no universo objetivo. Daí o nosso "problema do mal": lutamos para reconciliar os males da vida com a bondade de Deus, esquecendo-nos da lição ensinada por Jó de que Deus está acima do nosso pequeno bem e do nosso pequeno mal. *Bom* e *mau* são relativos a gostos e fins humanos e frequentemente individuais, e não têm validade alguma para um universo no qual os indivíduos são efêmeros, e no qual o Dedo Propulsor escreve até a história da raça nas águas.

> Sempre, então, que qualquer coisa na natureza nos parecer ridícula, absurda ou má será porque temos apenas uma parte do conhecimento das coisas e ignoramos, em geral, a ordem e a coerência da natureza como um todo, e porque queremos que tudo seja arranjado de acordo com os ditames de nossa própria razão; embora, na realidade, o que nossa razão considere mau não seja mau no que se refere à ordem e às leis da natureza universal, mas só no que se refere às leis de nossa natureza tomadas em separado.[45] (...) Quanto aos termos *bom* e *mau*, nada indicam de positivo considerados em si mesmos. (...) Porque uma única coisa pode ser ao mesmo tempo boa, ruim e indiferente. Por exemplo, a música é boa para os melancólicos, ruim para os enlutados e indiferente para os mortos.[46] Mau e bom são preconceitos que a realidade eterna não tem como reconhecer; "é certo que o mundo deveria

ilustrar a plena natureza do infinito, e não meramente os ideais particulares do homem".⁴⁷ E como acontece com bom e mau, o mesmo ocorre com feio e bonito; esses também são termos subjetivos e pessoais, que, lançados ao universo, serão devolvidos ao remetente sem o mínimo reconhecimento. "Advirto os senhores de que não atribuo à natureza nem beleza nem deformidade, ordem ou confusão. Só em relação à nossa imaginação as coisas podem ser chamadas de belas ou horrendas, bem ordenadas ou confusas."⁴⁸ "Por exemplo, se o movimento de objetos à nossa frente que os nervos recebem por intermédio dos olhos conduz à saúde, esses objetos são chamados de belos; se não conduz, são chamados de horrendos."⁴⁹ Em passagens como essa, Espinosa transcende Platão, que achava que seus juízos de valor estéticos deviam ser as leis da criação e os eternos decretos de Deus.

Deus é uma pessoa? Não em qualquer sentido humano dessa palavra. Espinosa observa "a crença popular que ainda retrata Deus como sendo do sexo masculino, e não feminino";⁵⁰ e ele é galante o bastante para rejeitar uma concepção que refletia a subordinação terrena da mulher ao homem. A um correspondente que levantava objeções à sua concepção impessoal da Divindade, Espinosa escreve em termos reminiscentes do antigo cético grego Xenófanes:

> Quando você diz que se eu não reconheço em Deus as funções de ver, ouvir, observar, desejar e semelhantes (...) você não sabe de que tipo é o meu Deus, penso, então, que você acredita que não haja perfeição maior do que aquela que possa ser explicada pelos atributos citados. Isso não me admira; porque creio que um triângulo, se pudesse falar, diria da mesma forma que Deus é eminentemente triangular, e um círculo, que a natureza divina é eminentemente circular; assim, cada qual iria imputar seus atributos a Deus.⁵¹

Finalmente, "nem intelecto nem vontade são próprios da natureza de Deus",⁵² no sentido comum em que essas qualidades humanas são atribuídas à Divindade; na verdade, a vontade de Deus é a soma de todas as causas e de todas as leis, e o intelecto de Deus é soma de toda a mente. "A mente de Deus", como Espinosa a concebe, "é toda a mentalidade que está dispersa pelo espaço e pelo tempo, a consciência difusa que anima o mundo".[53] "Todas as coisas, por mais diverso que seja o grau, são animadas."[54] Vida ou mente é uma fase ou aspecto de tudo aquilo que sabemos, assim como a extensão material, ou corpo, é outra; são essas as duas fases ou atributos (como Espinosa os chama) por meio dos quais percebemos o funcionamento da substância ou de Deus; nesse sentido, pode-se dizer que Deus — o processo universal e a realidade eterna por trás do fluxo das coisas — possui uma mente e um corpo. Nem a mente nem a matéria são Deus; mas os processos mentais e os processos moleculares que constituem a dupla história do mundo — esses, e suas causas e leis, são Deus.

2. CORPO E MENTE

Mas o que é mente, e o que é matéria? Será que a mente é material, como supõem aquelas pessoas sem imaginação; ou será que o corpo é uma mera ideia, como supõe aqueles mais imaginativos? O processo mental é a causa ou o efeito do processo cerebral? Ou será, como ensinava Malebranche, que são desvinculados e independentes, e apenas providencialmente paralelos?

A mente não é material, responde Espinosa, nem a matéria é mental; tampouco o processo cerebral é a causa, e também não é o efeito, do pensamento; muito menos os dois processos são independentes e paralelos. Porque não existem dois processos, e não existem duas entidades; existe um único processo, visto ora interiormente como pensamento, ora externamente como movimento; existe apenas uma entidade, vista ora internamente como mente, ora externamente como matéria, mas, em verdade, uma inextricável mistura e unidade das duas. Mente e corpo não atuam um sobre o outro, porque não são outro, são um só. "O corpo não pode determinar que a mente pense; nem a mente determinar que o corpo fique em movimento ou em repouso, ou em qualquer outro estado", pelo simples motivo de que "a decisão da mente e o desejo e a determinação do corpo (...) são uma coisa só".[55] E o mundo todo é uniformemente duplo dessa maneira; sempre que há um processo "material" externo, isso não passa de um lado ou aspecto do verdadeiro processo, que para uma visão mais plena seria visto como abrangendo também um processo interno correlativo, por diferente que fosse o grau, com o processo mental que vemos dentro de nós mesmos. O processo interior e "mental" corresponde, a cada estágio, aos processos externos e "materiais"; "a ordem e a conexão de ideias não diferem da ordem e conexão das coisas".[56] "Substância pensante e substância ampliada são exatamente a mesma coisa, compreendida ora por meio deste atributo" — ou aspecto —, "ora por meio daquele". "Certos judeus parecem ter percebido isso, embora de forma confusa, pois diziam que Deus e seu intelecto, e as coisas concebidas pelo seu intelecto, eram exatamente a mesma coisa."[57]

Se o termo "mente" for adotado num sentido amplo de corresponder ao sistema nervoso em todas as suas ramificações, então toda alteração no "corpo" será acompanhada por — ou, melhor, formará um todo com — uma alteração correlativa na "mente". "Assim como os pensamentos e os processos mentais estão ligados e dispostos na mente, as modificações do corpo e as modificações das coisas" que afetam o corpo por meio das sensações "estão dispostas de acordo com a sua ordem";[58] e "ao corpo nada pode acontecer que não seja percebido pela mente" e sentido consciente ou inconscientemente.[59] Assim como a emoção sentida faz parte de um todo, do qual as alterações nos sistemas circulatório, respiratório e digestório constituem a base, uma ideia faz parte, juntamente com alterações "corporais", de um complexo processo orgânico; até mesmo as infinitesimais sutilezas da reflexão matemática têm seu correlato no corpo. (Não propuseram os "behavioristas" detectar os pensamentos do homem gravando aquelas involuntárias vibrações das cordas vocais que parecem acompanhar todo processo de pensar?)

Depois de tentar, assim, desfazer a distinção entre o corpo e a mente, Espinosa passa a reduzir a uma questão de grau a diferença entre intelecto e vontade. Não existem "faculdades" na mente, nenhuma entidade separada chamada de intelecto ou vontade, muito menos de imaginação ou memória; a mente não é uma agência que lida com ideias, mas as próprias ideias em seu processo de concatenação.[60]

Intelecto é meramente um termo abstrato e abreviado para indicar uma série de ideias; e *vontade*, um termo abstrato para uma série de ações e volições: "o intelecto e a vontade estão relacionados com esta ou aquela ideia ou volição, assim como dureza está relacionada com esta ou aquela pedra".[61] Finalmente, "vontade e intelecto são exatamente a mesma coisa;[62] pois uma volição é apenas uma ideia que, devido à riqueza de associações (ou, talvez, pela ausência de ideias competitivas), demorou-se o suficiente na consciência para passar à ação. Toda ideia se torna uma ação, a menos que seja detida na transição por uma ideia diferente; a ideia é em si o primeiro estágio de um processo orgânico unificado do qual a ação exterior é a conclusão".

O que com frequência é chamado de vontade, como sendo a força impulsiva que determina a duração de uma ideia na consciência, deveria ser chamado de desejo — que "é a própria essência do homem".[63] O desejo é um apetite, ou instinto, do qual estamos conscientes; mas os instintos nem sempre precisam funcionar por meio do desejo consciente.[64] Por trás dos instintos está o vago e variado esforço pela autopreservação (*conatus sese preservandi*); Espinosa vê isso em todas as atividades humanas e mesmo infra-humanas, tal como Schopenhauer e Nietzsche iriam ver em toda parte a vontade de viver ou a vontade de poder. Raramente os filósofos discordam.

"Tudo, desde que esteja em si mesmo, esforça-se por persistir em seu próprio ser; e os esforços com os quais uma coisa procura persistir em seu próprio ser nada mais são do que a verdadeira essência dessa coisa";[65] o poder pelo qual uma coisa persiste é o cerne e a essência do seu ser. Todo instinto é um dispositivo criado pela natureza para preservar o indivíduo (ou, como o nosso solitário solteirão deixa de acrescentar, a espécie ou o grupo.). Prazer e dor são a satisfação ou o empecilho de um instinto; não são as causas de nossos desejos, mas seus resultados; nós não desejamos coisas porque nos dão prazer, mas elas nos dão prazer porque as desejamos; e nós as desejamos porque devemos desejá-las.

Consequentemente, não existe livre-arbítrio; as necessidades de sobrevivência determinam o instinto, o instinto determina o desejo, e o desejo determina o pensamento e a ação. "As decisões da mente não passam de desejos que variam segundo diferentes disposições."[66] "Na mente não existe vontade absoluta ou livre; mas ao desejar isso ou aquilo, a mente é determinada por uma causa que, por sua vez, é determinada por outra causa, e esta por outra, e assim até o infinito."[67] "Os homens acham que são livres porque são conscientes de suas volições e seus desejos, mas são ignorantes das causas pelas quais são levados a querer e desejar."[68] Espinosa compara o sentimento do livre-arbítrio ao pensamento de uma pedra que, ao viajar pelo espaço, acha que determina a própria trajetória e escolhe o lugar e a hora da queda.[69]

Porquanto as ações humanas obedecem a leis tão fixas quanto aquelas da geometria, a psicologia deveria ser estudada em forma geométrica e com a objetividade matemática. "Escreverei sobre os seres humanos como se estivesse preocupado com linhas, planos e sólidos."[70] "Esforcei-me para não ridicularizar, lamentar ou execrar, mas para compreender as ações humanas; e com essa finalidade, considerei as paixões (...) não como vícios da natureza humana, mas como propriedades tão pertinentes a ela quanto o calor, o frio, a tempestade, o trovão e semelhantes à natureza da atmosfera."[71] É essa imparcialidade de abordagem que dá ao estudo que Espinosa faz da natureza humana uma superioridade incomum, levando Froude a chamá-lo de "o mais completo, até agora, já realizado por um filósofo moral".[72] Taine não achou melhor maneira de elogiar a análise de Beyle do que compará-la à de Espinosa; enquanto Johannes Müller, quando toca no assunto dos instintos e das emoções, escreve: "No que tange às relações das paixões entre si, sem levar em conta suas condições fisiológicas, é impossível fazer uma exposição melhor do que aquela que Espinosa fez com incomparável mestria" — e o famoso fisiologista, com a modéstia que normalmente acompanha a verdadeira grandeza, passou a citar *in extenso* o terceiro livro da *Ética*. É por meio dessa análise da conduta humana que Espinosa aborda, enfim, os problemas que dão título à sua obra-prima.

3. INTELIGÊNCIA E MORAL

Essencialmente, só existem três sistemas de ética, três concepções do caráter ideal e da vida moral. Um é o de Buda e Jesus, que salienta as virtudes femininas, considera todos os homens igualmente preciosos, resiste ao mal apenas retribuindo com o bem, identifica a virtude com o amor e, na política, inclina-se à democracia ilimitada. Outro é a ética de Maquiavel e Nietzsche, que enfatiza as virtudes masculinas, aceita a desigualdade dos homens, aprecia os riscos do combate, da conquista e do domínio, identifica a virtude com o poder e exalta uma aristocracia hereditária. Um terceiro, a ética de Sócrates, Platão e Aristóteles, nega a aplicabilidade universal, quer das virtudes femininas, quer das virtudes masculinas; considera que só a mente informada e madura pode julgar, de acordo com diversas circunstâncias, quando deveria imperar o amor e quando deveria imperar o poder; identifica a virtude, portanto, com a inteligência; e defende uma mistura variável de aristocracia e democracia do governo. O que distingue Espinosa é o fato de que sua ética reconcilia inconscientemente essas filosofias aparentemente hostis, transforma-as numa unidade harmoniosa e nos dá, em consequência, um sistema de moral que é a realização suprema do pensamento moderno.

Ele começa por fazer da felicidade o objetivo da conduta; e a define muito simplesmente como a presença do prazer e a ausência de sofrimento. Mas prazer e dor são relativos, não absolutos; e não são estados, mas transições. "O prazer é a transição do homem de um estado inferior de perfeição" (isto é, completude, ou realização) "para um estado mais elevado". "A alegria consiste no seguinte: que o nosso poder aumente."[73] "A dor é a transição do homem de um estado superior de perfeição para um inferior. Eu digo transição; pois prazer não é a perfeição em si: se um homem nascesse com a perfeição para a qual ele passa, não teria (...) a emoção do prazer. E o contrário disso ainda o torna mais aparente."[74] Todas as paixões são passageiras, todas as emoções são movimentos em direção à completude e ao poder ou partidos deles.

"Por emoção (*affectus*) eu entendo as modificações do corpo pelas quais o poder de ação no corpo é aumentado ou diminuído, ajudado ou contido, e, ao mesmo tempo, as ideias dessas modificações."[75] (Essa teoria da emoção é normalmente creditada a James e Lange; é aqui mais precisamente formulada do que por qualquer um desses psicólogos, e concorda de maneira impressionante com as descobertas do professor Cannon.) Uma paixão ou uma emoção é má ou boa não em si mesma, mas apenas na medida em que reduz ou aumenta o nosso poder. "Por virtude e poder entendo a mesma coisa";[76] uma virtude é um poder de agir, uma forma de capacidade;[77] "quanto mais um homem puder preservar o seu ser e procurar o que lhe é útil, maior a sua virtude".[78] Espinosa não pede que um homem se sacrifique pelo bem de outro; ele é mais leniente que a natureza. Pensa que o egoísmo é um corolário necessário do instinto supremo de autopreservação; "ninguém negligencia nenhuma coisa que julgue ser boa, exceto se houver esperança de obter um bem maior".[79] Para Espinosa, isso parece perfeitamente razoável. "Já que a razão não exige coisa alguma contra a natureza, ela admite que cada homem deva amar a si mesmo e procurar aquilo que lhe for útil, e desejar aquilo que o leve, verdadeiramente, a um estado maior de perfeição; e que deva esforçar-se para preservar o seu ser até o ponto que lhe compete."[80] Assim, ele constrói sua ética não sobre o altruísmo e a bondade natural do homem, como os reformadores utópicos; não sobre o egoísmo e a maldade natural do homem, como os conservadores cínicos, mas sobre aquilo que ele considera ser um egoísmo inevitável e justificável. Um sistema de moralidade que ensine o homem a ser fraco não tem valor; "o fundamento da virtude nada mais é do que o esforço de sustentar o ser; e a felicidade do homem consiste no poder de assim fazer".[81]

Da mesma forma que Nietzsche, Espinosa não aprecia muito a humildade;[82] ela é a hipocrisia de um maquinador ou a timidez de um escravo; ela implica a ausência de poder — enquanto para Espinosa todas as virtudes são formas de habilidade e poder. Igualmente o remorso é mais um defeito do que uma virtude: "aquele que se arrepende é duas vezes infeliz e duplamente fraco".[83] Mas ele não gasta tanto tempo quanto Nietzsche para investir contra a humildade, porque "a humildade é muito rara";[84] e como disse Cícero, até os filósofos que escrevem livros em louvor a ela têm o cuidado de colocar seus nomes no frontispício. "Aquele que despreza a si mesmo é o que mais se aproxima de um homem orgulhoso", diz Espinosa (colocando numa frase uma teoria adorada pelos psicanalistas, segundo a qual toda virtude consciente é um esforço para esconder ou corrigir um vício secreto). E por mais que não goste da humildade, Espinosa admira a modéstia, e é contra um orgulho que não seja "respigado e encaixado" em feitos. A presunção torna os homens um incômodo para os outros: "o homem presunçoso só relata os seus grandes feitos, e dos outros, só as coisas ruins";[85] deleita-se na presença de seus inferiores, que ficarão boquiabertos diante de suas perfeições e façanhas; e se torna, enfim, a vítima daqueles que mais o elogiam; porque "ninguém é mais iludido pela bajulação do que o orgulho".[86]

Até aqui, nosso gentil filósofo nos oferece uma ética muito espartana; em outras passagens, porém, dá um tom mais suave. Ele se enche de espanto com a quantidade de inveja, recriminação, desprezo mútuo e até mesmo ódio que agita e separa os homens; e não vê remédio para os nossos males sociais a não ser na eliminação dessas emoções e de emoções semelhantes. Acredita ser simples mostrar que o ódio, talvez porque esteja muito próximo do amor, pode ser mais facilmente vencido pelo amor do que pelo ódio recíproco. Porque o ódio se alimenta do sentimento que é retribuído; enquanto "aquele que acredita ser amado por quem ele odeia torna-se presa das conflitantes emoções de ódio e amor", porquanto (como Espinosa, talvez cheio de otimismo, acredita) amor tende a gerar amor; tanto que o seu ódio se desintegra e perde a força. Odiar é reconhecer nossa inferioridade e nosso medo; não odiamos um inimigo que confiamos poder sobrepujar. "Aquele que quiser vingar injúrias com ódio recíproco irá ter uma vida desgraçada. Mas aquele que procurar afastar o ódio por meio do amor lutará com prazer e confiança; resistirá igualmente a um ou a muitos homens, e praticamente não precisará, de forma alguma, da ajuda da sorte. Aqueles a quem ele conquista cedem com alegria."[87] "Mentes são conquistadas não pelas armas, mas pela grandeza da alma."[88] Em trechos assim, Espinosa vê algo da luz que brilhou sobre as colinas da Galileia.

Mas a essência de sua ética é mais grega do que cristã. "O esforço para compreender é a primeira e única base da virtude"[89] — nada poderia ser mais simples e completamente socrático. Porque "nós somos jogados de um lado para o outro por causas externas de muitas maneiras, e, como as ondas levadas por ventos contrários, oscilamos e não temos consciência do problema e de nosso destino".[90] Embora acreditemos que somos mais nós mesmos quando estamos mais apaixonados, é então que somos mais passivos, apanhados em alguma torrente ancestral de impulso ou sentimento e arrastados a uma reação precipitada que enfrenta apenas uma parte da situação, porque sem raciocínio só se pode perceber uma parte de uma situação. Uma paixão é uma "ideia inadequada"; pensamento é a resposta atrasada até que todos os ângulos vitais de um problema tenham suscitado uma reação correlata, herdada ou adquirida; só assim a ideia é adequada e a resposta é tudo o que pode ser.* Os instintos são magníficos como força propulsora, mas perigosos como guias; pois, pelo que podemos chamar de individualismo dos instintos, cada um deles procura sua própria realização, sem importar o bem da personalidade integral. Que danos têm sido causados ao homem, por exemplo, pela ganância, beligerância ou luxúria descontrolada, até que ele se torna simples apêndice do instinto que o dominou. "As emoções pelas quais somos assaltados diariamente estão ligadas mais a uma parte do corpo que é mais afetada do que as outras, e, por isso, as emoções em geral são excessivas e detêm a mente na contemplação de um objeto, de modo que ela não possa pensar em outros."[91] Mas "o desejo que surge do prazer, ou da dor, que esteja ligado a uma ou a certas partes do corpo não traz vantagem alguma ao homem, no geral".[92] Para sermos nós mesmos, devemos nos completar.

Tudo isso, é claro, faz parte da velha distinção filosófica entre razão e paixão; mas Espinosa contribui muito com Sócrates e com os estoicos. Ele sabe que assim como paixão sem razão é cega, razão sem paixão é morta. "Uma emoção não pode ser refreada nem removida, a não ser por uma emoção contrária mais forte."[93] Em vez de opor inutilmente a razão à paixão — um concurso em que o elemento mais profundamente enraizado e antigo geralmente vence —, ele opõe paixões sem razão a paixões coordenadas pela razão, e aquelas são implementadas pela total perspectiva da situação. Ao pensamento não deve faltar o calor do desejo, nem ao desejo a luz do pensamento. "Uma paixão deixa de ser paixão tão logo formamos uma clara e distinta ideia a seu respeito, e a mente está sujeita a paixões em proporção ao número de

---

* Para expressar o trecho em termos recentes: ação reflexa é uma resposta local a um estímulo local; ação instintiva é uma resposta parcial a uma parte de uma situação; razão é resposta total à situação total.

ideias adequadas que tiver."⁹⁴ "Todos os apetites só são paixões quando surgidos de ideias inadequadas; eles são virtudes (...) quando gerados por ideias adequadas";* todo comportamento inteligente — isto é, toda reação que atenda à situação total — é uma ação virtuosa; e no fim não há virtude, mas inteligência.

A ética de Espinosa flui de sua metafísica: assim como lá a razão repousa na percepção da lei no fluxo caótico das coisas, aqui ela está no estabelecimento da lei no fluxo caótico dos desejos; lá, repousa no ver, aqui, no agir, *sub specie eternitatis* — sob a forma da eternidade; em fazer com que a percepção e ação se encaixem na eterna perspectiva do todo. O pensamento nos ajuda a ter essa visão maior porque é ajudado pela imaginação, que apresenta à consciência aqueles efeitos distantes de ações presentes que não poderiam ter influência alguma sobre a reação se esta fosse impensadamente imediata. O grande obstáculo ao comportamento inteligente é a superior vivacidade das presentes sensações quando comparadas com as memórias projetadas que chamamos de imaginação. "Assim como a mente concebe uma coisa de acordo com os ditames da razão, ela será igualmente afetada se a ideia for de qualquer coisa presente, passada ou futura."⁹⁵ Por meio da imaginação e da razão transformamos a experiência em presciência; tornamo-nos os criadores do nosso futuro e deixamos de ser escravos do nosso passado.

Assim, alcançamos a única liberdade cabível ao homem. A passividade da paixão é "servidão humana", a ação da razão é liberdade humana. Liberdade não em relação à lei ou ao processo causal, mas à paixão ou ao impulso parcial; e liberdade não com relação à paixão, mas à paixão descoordenada e incompleta. Somos livres apenas onde temos conhecimento.⁹⁶ Ser um super-homem é ser livre não das amarras da justiça e das amenidades sociais, mas do individualismo dos instintos. Com essa completude e integridade vem a equanimidade do homem

---

* Perceba a semelhança entre as últimas duas citações e a doutrina psicanalítica, de que desejos são "complexos" apenas enquanto não estivermos conscientes das causas precisas desses desejos, e que o primeiro elemento em tratamento é, por conseguinte, uma tentativa de trazer o desejo e suas causas à consciência — para formar "ideias adequadas" sobre ele e sobre elas.

sábio; não a aristocrática autocomplacência do herói de Aristóteles, muito menos a superioridade arrogante do ideal de Nietzsche, mas uma postura mais camaradesca e paz de espírito. "Homens que são bons de acordo com a razão — ou seja, homens que sob as rédeas da razão procuram o que lhes seja útil — nada desejam para si mesmos que também não desejem para o resto da humanidade."[97] Ser grande não é estar acima da humanidade, governando os outros; mas ficar acima das parcialidades e futilidades do desejo desinformado e governar o próprio eu.

Essa é uma liberdade mais nobre do que aquela que os homens chamam de livre-arbítrio; porque a vontade não é livre, e talvez não haja "vontade" nenhuma. E não deixe que ninguém suponha que, porque ele não é mais "livre", ele não é mais responsável moralmente pelo próprio comportamento e pela estrutura de sua vida. Exatamente porque as ações do homem são determinadas pelas suas memórias a sociedade deve, para a sua proteção, formar seus cidadãos nos moldes de suas esperanças e seus medos, numa certa ordem e cooperação sociais. Toda educação pressupõe determinismo, e despeja na mente aberta da juventude um estoque de proibições que se espera que participem da conduta determinante. "O mal que resulta de más ações não deve, portanto, ser menos temido porque vem da necessidade; nossas ações podem ser livres ou não, mas os nossos motivos continuam sendo a esperança e o medo. Sendo assim, é falsa a afirmativa de que eu não deixaria espaço para preceitos e comandos."[98] Pelo contrário, o determinismo favorece uma melhor vida moral: ele nos ensina a não desprezar ou ridicularizar o outro, ou ficar zangado com outra pessoa;[99] os homens são "inocentes"; e embora castiguemos os hereges, será sem odiá-los; nós os perdoamos porque eles não sabem o que fazem.

Sobretudo, o determinismo nos fortifica para esperar e suportar as duas faces da sorte com uma mente equânime; lembramos que todas as coisas devem seguir os eternos decretos de Deus. Talvez chegue até a nos ensinar o "amor intelectual de Deus", pelo qual iremos aceitar com prazer as leis da natureza e encontrar a nossa realização dentro de suas limitações. Aquele que vê todas as coisas como determinadas não pode reclamar, embora possa resistir; porque "percebe coisas sob uma certa espécie de eternidade",[100] e compreende que seus infortúnios não são acasos no esquema geral; que eles encontram uma justificativa na eterna sequência e estrutura do mundo. Com essa disposição, ele sobe dos intermitentes prazeres da paixão para a alta serenidade da contemplação que vê todas as coisas como partes de uma ordem e de um desenvolvimento eternos; aprende a sorrir diante do inevitável e "quer consiga o seu reconhecimento próprio agora, quer daqui a mil anos, fica contente".[101] Aprende a velha lição de que Deus não é uma personalidade caprichosa absorvida nos assuntos privados de seus devotos, mas a invariável ordem de sustentação do universo. Platão expressa o mesmo conceito com beleza inigualável em *A República*: "Aquele cuja mente está fixada no verdadeiro ser não tem tempo para fazer pouco dos pequenos problemas dos homens, ou de encher-se de ciúme e animosidade na luta contra eles; seus olhos estão sempre dirigidos para princípios fixos e imutáveis, que ele não vê lesando nem lesados uns pelos outros, mas todos em ordem movendo-se segundo a razão; esses ele imita, e a eles ele se conformaria com o que lhe fosse possível".[102] "Aquilo que é necessário", diz Nietzsche, "não me ofende. *Amor fati*" — o amor ao destino — "é o cerne da minha natureza".[103] Ou Keats:

To bear all naked truths,
And to envisage circumstance, all calm:
That is the top of sovereignty.[104]

[Suportar todas as verdades nuas
e instituir os incidentes com toda a calma:
Isso é o máximo da soberania.]

Uma filosofia dessas nos ensina a dizer "Sim" para a vida, e até para a morte — "um homem livre pensa em nada menos do que na morte; e sua sabedoria é uma meditação não na morte, mas na vida".[105] Ela acalma nossos egos agitados com a sua imensa perspectiva; ela nos reconcilia com nossas limitações dentro das quais nossos propósitos devem ficar circunscritos. Pode ser que leve à resignação e a uma complacente passividade oriental; mas é, também, o fulcro indispensável de toda sabedoria e toda força.

4. RELIGIÃO E IMORTALIDADE

No fim das contas, como podemos notar, a filosofia de Espinosa foi uma tentativa de amar até mesmo um mundo em que ele era um pária e um solitário; novamente, assim como Jó, ele personificou seu povo, e perguntava como era possível que até o homem justo, como o povo escolhido, devesse sofrer perseguição, exílio e toda forma de desolação. Por algum tempo, o conceito do mundo como um processo de lei impessoal e invariável o reconfortava e satisfazia; mas, no final, seu espírito essencialmente religioso transformou esse processo mudo em algo quase amoroso. Ele tentou fundir seus próprios desejos com a ordem universal das coisas, tornar-se uma parte quase indistinguível da natureza. "O maior bem é o conhecimento da união que a mente tem com toda a natureza."[106] De fato, nossa separação individual é, em certo sentido, ilusória; fazemos parte do grande fluxo de lei e causa, parte de Deus; somos as formas fugazes de um ser maior do que nós, e eternos, apesar de morrermos. Nossos corpos são células no corpo da raça, nossa raça é um incidente no drama da vida; nossas mentes são as chispas esporádicas de uma luz eterna. "Nossa mente, à medida que compreende, é um modo eterno do pensar, que é determinado por outro modo do pensar, e esse, novamente, por outro, e assim segue infinitamente; de maneira que todos eles constituem, ao mesmo tempo, o intelecto eterno e infinito de Deus."[107] Nessa fusão panteísta do indivíduo com o Todo, o Oriente fala novamente: ouvimos o eco de Omar, que "nunca chamou o Uno de dois", e do velho poema hindu: "Conhece em ti mesmo e no Todo uma mesma alma; expulsa o sonho que separa a parte do todo".[108] "Às vezes", diz Thoreau, "conforme perambulo pelo Walden Pond, paro de viver e começo a ser".

Como as partes desse todo, somos imortais. "A mente humana não pode ser inteiramente destruída com o corpo humano: parte dela continua eterna."[109] É esta parte que concebe coisas *sub specie eternitatis*; quanto mais assim concebemos coisas, mais eterno é o nosso pensamento. Espinosa, aqui, é ainda mais obscuro do que o de costume; e depois de infindáveis controvérsias entre intérpretes, sua linguagem ainda fala de maneira única para cada mente. Às vezes imagina-se que ele entenda por reputação a imortalidade de George Eliot, pela qual aquilo que há de mais racional e belo em nosso pensamento e nossas vidas sobrevive a nós por ter uma eficácia quase atemporal com o passar dos anos. Ademais, às vezes Espinosa parece ter em mente uma imortalidade pessoal e individual; e pode ser que, como a morte pairou sobre seu caminho tão prematuramente, ele ansiasse consolar-se com essa esperança que brota eternamente no peito do homem. Contudo, ele diferencia insistentemente eternidade de perpetuidade. "Se prestarmos atenção ao senso comum dos homens, veremos que eles estão conscientes da eternidade de sua mente; mas eles confundem eternidade com duração, e a atribuem à imaginação ou à memória, que acreditam continuar depois da morte."[110] Mas como Aristóteles, Espinosa, embora falando da imortalidade, nega a sobrevivência da memória pessoal. "A mente não pode imaginar ou recordar qualquer coisa, a não ser que ainda esteja no corpo."[111] Tampouco acredita em recompensas celestiais: "Estão muito longe da verdadeira estimativa da virtude aqueles que esperam que em consideração à sua virtude, como se esta fosse a maior escravidão, Deus irá enchê-los com as maiores recompensas; como se a virtude e o servir a Deus não fossem a própria felicidade e a maior das liberdades."[112] "Bem-aventurança", diz a última proposição do livro de Espinosa, "não é recompensa da virtude, mas a própria virtude". E talvez da mesma forma, a imortalidade não é a recompensa do pensamento claro, mas o próprio pensamento claro, já que leva o passado para o presente e permite alcançar o futuro, vencendo, assim, os limites e a estreiteza do tempo, e captando a perspectiva que permanece eternamente por trás do caleidoscópio da mudança; esse pensamento é imortal, porque toda verdade é uma criação permanente, parte da eterna aquisição do homem, influenciando-o indefinidamente.

Com essa nota solene e esperançosa, ele termina a *Ética*. Raramente um único livro conteve tantos pensamentos e provocou tantos comentários enquanto continuou sendo um campo de batalha tão sangrento para interpretações hostis. Sua metafísica pode ser deficiente, sua psicologia, imperfeita, sua teologia, insatisfatória e obscura; mas da alma do livro, em seu espírito e sua essência, ninguém que o tenha lido falará com outro sentimento que não o de reverência. No último parágrafo, esse espírito essencial brilha com uma eloquência simples:

> Assim concluí tudo que queria mostrar com relação ao poder da mente sobre as emoções, ou à liberdade da mente. A partir daí, fica claro o quanto o homem sábio está na frente e como é mais forte do que o ignorante, que é guiado apenas pela concupiscência. Isso ocorre, porque um homem ignorante, além de ser agitado de muitas maneiras por causas externas, jamais desfruta de uma verdadeira satisfação da mente: além disso, ele vive quase inconsciente de si mesmo, de Deus e das coisas, e tão logo deixa de ser passivo, deixa de ser. Por outro lado, o homem sábio, porquanto seja considerado como tal, dificilmente tem seu espírito comovido; é consciente de si mesmo, de Deus e das coisas por uma certa necessidade eterna; ele nunca deixa de ser, e sempre desfruta da satisfação da mente. Se a estrada que mostrei para levar a essa meta for muito difícil, mesmo assim, ela ainda poderá ser descoberta. E, evidentemente, ela deve ser bastante difícil, já que é tão raramente encontrada. Pois como seria possível ela ser negligenciada praticamente por todos, se a salvação estivesse ao alcance de qualquer um e pudesse ser encontrada sem dificuldades? Senão porque todas as coisas excelentes são tão difíceis quanto raras.

V. O TRATADO POLÍTICO

Ainda resta ser analisada a questão daquela tragédia, o *Tratado Político*, a obra da idade mais madura de Espinosa, interrompida subitamente por sua morte prematura. É um trabalho breve e, no entanto, cheio de pensamentos; de modo que sentimos outra vez o quanto se perdeu quando aquela vida bondosa foi encerrada no justo momento em que desabrochava em seus mais plenos poderes. Na mesma geração que viu Hobbes exaltar a monarquia absolutista e denunciar o levante do povo inglês contra o rei quase com o mesmo vigor com que Milton o defendia, Espinosa, amigo do republicano De Witts, formulou uma filosofia política que expressava as esperanças liberais e democráticas de sua época na Holanda, tornando-se uma das principais fontes daquela vertente de pensamento que culminou em Rousseau e na Revolução.

Toda filosofia política, imagina Espinosa, deve florescer de um cisma entre a ordem natural e a ordem moral — ou seja, entre a existência antes da formação de sociedades organizadas e a existência depois dessa formação. Espinosa supõe que os homens, antigamente, viviam em relativo isolamento, sem lei ou organização social; portanto não havia, diz ele, conceitos de certo e errado, de justiça ou de injustiça; o poder e o direito eram uma coisa só.

> Não há como existir, num estado natural, o que possa ser chamado de bom ou mau pelo comum acordo, já que cada homem que está em estado natural consulta apenas sua própria vantagem; determina o que é bom ou mau segundo a sua própria imaginação; pelo fato de só levar em conta sua própria vantagem, não se considera responsável para com ninguém, exceto para consigo mesmo, perante lei alguma; portanto, o pecado não pode ser concebido em um estado natural, mas apenas em um estado civil, no qual aquilo que é bom ou mau é decretado de comum acordo e cada indivíduo é responsável perante o Estado.[113] (...) A lei e os regulamentos da natureza sob os quais todos os homens nascem, e na maior parte vivem, não proíbem coisa alguma, a não ser aquilo que ninguém quer ou pode fazer, e não se opõem à rivalidade, ao ódio, à raiva, à traição ou, de modo geral, a nada que o apetite sugira.[114]

Temos uma vaga ideia dessa lei da natureza, ou dessa ausência de leis da natureza, observando o comportamento dos Estados; "não existe altruísmo entre nações",[115] pois só pode haver lei e moralidade quando há uma organização aceita, uma autoridade comum e reconhecida. Os "direitos" dos Estados são agora o que costumavam ser (e ainda são, com frequência) os "direitos" dos indivíduos, ou seja, são *potências*, e os principais Estados, devido a uma perdoável honestidade dos diplomatas, são muito adequadamente chamados de "Grandes Potências". O mesmo ocorre entre as espécies: pelo fato de não haver uma organização comum, não existe entre elas nenhuma moralidade ou lei; cada espécie faz à outra o que quiser e puder.[116]

Porém, entre os homens, como a necessidade mútua gera o auxílio mútuo, essa ordem natural de poderes se transforma em uma ordem moral de direitos. "Como o medo da solidão existe em todos os homens, porque ninguém, na solidão, é suficientemente forte para se defender e conseguir as coisas necessárias à vida, segue-se que os homens, por natureza, tendem para a organização social."[117] Para proteger-se do perigo, "a energia ou força de um homem dificilmente seria suficiente se os homens não providenciassem o auxílio mútuo e o intercâmbio".[118] No entanto, os homens não são, por natureza, equipados para a leniência mútua da ordem social; mas perigo gera associação, que, pouco a pouco, nutre e fortalece os instintos sociais: "homens não nascem para a cidadania, mas devem ser preparados para ela".[119]

A maioria dos homens é, em seu íntimo, um grupo de rebeldes individualistas contra a lei ou os costumes: os instintos sociais são posteriores e mais fracos do que os individualistas, e precisam de reforço; o homem não é "bom por natureza", como Rousseau supôs de maneira tão desastrada. Mas por meio da associação, ainda que meramente familiar, vem a solidariedade, um sentimento de bondade e, por fim, de generosidade. Gostamos daquilo que se parece conosco; "temos pena não apenas de uma coisa que amamos, mas também de uma coisa que julgamos semelhante a nós";[120] disso surge uma "imitação de emoções",[121] e finalmente um certo patamar de consciência. A consciência, contudo, não é inata, mas adquirida; e varia de acordo com a geografia.[122] É o depósito, na mente do indivíduo em formação, das tradições morais do grupo; por meio dela, a sociedade cria para si mesma um aliado no coração do inimigo — a alma naturalmente individualista.

Gradualmente, nesse processo evolutivo, resulta que a lei do poder individual que prevalece em um estado de natureza cede, na sociedade organizada, ao poder legal e moral do todo. A potência ainda continua sendo o correto; mas a potência do todo limita a potência do indivíduo — limita-o, em tese, aos seus direitos, ao exercício de seus poderes, tal como acordado com a igual liberdade dos demais. Parte da potência natural, ou soberania, do indivíduo é transferida para a comunidade organizada, em troca de um aumento da esfera dos poderes que lhe restam. Abandonamos, por exemplo, o direito de pular da raiva para a violência, e somos libertos do perigo de uma violência dessas por parte dos outros. A lei é necessária porque o homem está sujeito às paixões; se todos os homens fossem razoáveis, a lei seria supérflua. A lei perfeita teria, para com os indivíduos, a mesma relação que a razão perfeita tem para com as paixões: seria a coordenação de forças conflitantes para evitar a ruína e o aumento do poder do todo. Assim como, na metafísica, a razão é a percepção da ordem nas coisas, e, na ética, o estabelecimento de ordem entre os desejos, na política ela é o estabelecimento da ordem entre os homens. O Estado perfeito limitaria os poderes dos cidadãos só até a medida que esses poderes fossem mutuamente destruidores; não retiraria liberdade alguma, exceto para acrescentar outra maior.

> O objetivo máximo do Estado não é dominar os homens nem contê-los pelo medo; pelo contrário, é o de livrar cada um deles do medo, a fim de que possam viver e agir em plena segurança e sem prejuízo para si ou para o vizinho. O objetivo do Estado, reitero, não é transformar seres racionais em bestas grosseiras e máquinas. É fazer com que seus corpos e mentes funcionem em segurança. É levar os homens a viver segundo uma razão livre e a exercitá-la; para que não desperdicem suas forças com o ódio, a raiva e a insídia, nem ajam injustamente uns com os outros. Assim, o objetivo do Estado é, realmente, a liberdade.[123]

A liberdade é o objetivo do Estado, porque a função do Estado é promover o crescimento, e o crescimento depende da capacidade de encontrar a liberdade. Mas e se as leis abafarem o crescimento e a liberdade? O que deve o homem fazer se o Estado, ao buscar, como qualquer organismo ou organização, preservar a sua própria existência (o que normalmente significa que os ocupantes dos altos cargos procuram manter-se neles), tornar-se um mecanismo de dominação e exploração? Obedecemos mesmo à lei injusta, responde Espinosa, se forem permitidos protestos e discussões razoáveis e se houver liberdade de expressão para assegurar uma mudança pacífica. "Confesso que dessa liberdade, às vezes, podem surgir inconvenientes; mas qual questão jamais foi resolvida de maneira tão sábia que dela não pudessem surgir abusos?"[124] As leis contra a liberdade de expressão subvertem toda a legislação; porque os homens já não obedecerão leis que não possam criticar.

> Quanto mais um governo se esforça por limitar a liberdade de expressão, mais obstinada é a resistência a ele; não, de fato, por parte dos avarentos, (...) mas por aqueles a quem a boa educação, a moralidade íntegra e a virtude tornaram mais livres. Os homens, de modo geral, são constituídos de tal forma que não há nada que suportem com tão pouca paciência do que o fato de os pontos de vista que acreditam como verdadeiros serem considerados crimes contra a legislação. (...) Nessas circunstâncias, não acham vergonhoso, mas sim muitíssimo honrado, repudiar as leis e não deixar de agir contra o governo.[125] (...) Leis que podem ser burladas sem nenhum dano para o vizinho são consideradas apenas como motivo de zombaria; e essas leis, longe de restringirem os apetites e as luxúrias da humanidade, só fazem aumentá-los. *Nitimur in vetitum semper, cupimusque negata.*[126]

E Espinosa conclui como se fosse um bom constitucionalista americano: "Se só as ações pudessem servir de base para processos criminais, e sempre se permitisse que as palavras fossem livremente proferidas, a sedição seria despida de qualquer semelhança com a justificativa".[127]

Quanto menor for o controle que o Estado exerce sobre a mente, melhor para o cidadão e para o Estado. Espinosa, embora reconhecendo a necessidade do Estado, não confia nele, sabendo que o poder corrompe até os incorruptíveis (não era assim que chamavam Robespierre?); e não vê com equanimidade a extensão da autoridade do Estado, do corpo e das ações, para a alma e os pensamentos dos homens; isso seria o fim do crescimento e a morte do grupo. Por isso, ele não aprova o controle estatal da educação, principalmente nas universidades: "Academias fundadas à custa do dinheiro público são instituídas não tanto para cultivar os dons naturais do homem, mas para refreá-los. Mas numa nação livre, as artes e as ciências serão melhor cultivadas em sua plenitude se todo aquele que pedir permissão puder ensinar publicamente, por sua própria conta e risco".[128] Como encontrar um meio-termo entre universidades controladas pelo Estado e universidades controladas por recursos privados é um problema que Espinosa não soluciona; em seu tempo, os recursos privados não tinham chegado a proporções que indicassem a dificuldade. O seu ideal, pelo visto, era uma educação superior como a que florescera na Grécia Antiga, vinda não de instituições, mas de indivíduos livres — os "sofistas" —, que viajavam de cidade em cidade e ensinavam independentemente de controle público ou privado.

Com essa premissa como base, não faz muita diferença a forma de governo; e Espinosa expressa apenas uma ligeira preferência pela democracia. Qualquer um dos modelos políticos tradicionais pode ser constituído "de modo a que todo homem (...) possa preferir o direito público à vantagem privada; esta é a tarefa" do legislador.[129] A monarquia é eficiente, mas opressiva e militarista.

> Acredita-se que a experiência ensine que é bom para a paz e a concórdia atribuir toda a autoridade a um só homem. Porque nenhum domínio ficou tanto tempo sem nenhuma alteração significativa a não ser o dos turcos; e, por outro lado, nunca houve um que durasse tão pouco como aqueles que eram populares ou democráticos, nem nenhum outro em que houvesse tantas insurreições. Ainda assim, se a escravidão, o barbarismo e a desolação devem ser chamados de paz, o homem não poderia ter pior infortúnio. Sem dúvida costumam haver discussões mais frequentes e mais atribuladas entre pais e filhos do que entre senhores e escravos; no entanto, não se avança na arte da administração de um lar para transformar o direito de um pai em um direito de propriedade, e considerar os filhos senão como escravos. A escravidão, portanto, e não a paz, é a favorecida com a atribuição de toda a autoridade a um só homem.[130]

Ao que ele acrescenta uma palavra sobre a diplomacia secreta:

O único pretexto daqueles que têm sede de um poder absoluto tem sido o de que o interesse do Estado exige que seus negócios sejam conduzidos em segredo. (...) Mas quanto mais esse tipo de argumento se disfarça sob a máscara do bem-estar público, mais opressiva é a escravidão à qual ele conduzirá. (...) É melhor que conselhos corretos sejam conhecidos pelos inimigos do que os peçonhentos segredos dos tiranos serem ocultados dos cidadãos. Aqueles que podem tratar em segredo dos assuntos de uma nação têm-na completamente sob sua autoridade; e assim como tramam estratagemas contra o inimigo em época de guerra, do mesmo modo o fazem contra os próprios cidadãos em tempos de paz.[131]

A democracia é o mais razoável modelo de governo; porque nele "todos se submetem ao controle da autoridade sobre suas ações, mas não sobre o seu julgamento e sua razão; isto é, percebendo que nem todos podem pensar da mesma maneira, a voz da maioria tem força de lei".[132] A base militar dessa democracia deve ser o serviço militar universal, com os cidadãos ficando com suas armas nos períodos de paz;[133] sua base fiscal deve ser o imposto único.[134] O defeito da democracia é a tendência de colocar a mediocridade no poder; e não há como evitar isso, a não ser limitando os cargos a homens de "competência qualificada".[135] Os números, por si sós, não podem produzir sabedoria, e poderão conceder favorecimentos de cargos aos bajuladores mais estúpidos. "A volúvel disposição da multidão quase reduz ao desespero aqueles que têm experiência dela; porque ela é governada unicamente pelas emoções, não pela razão."[136] Assim, o governo democrático se torna uma procissão de demagogos pouco vividos, e os homens de valor abominam a sua inclusão em listas nas quais devam ser julgados e classificados por seus inferiores.[137] Mais cedo ou mais tarde, os homens mais capazes rebelam-se contra um sistema desses, apesar de constituírem uma minoria. "Por isso é que eu penso que as democracias se transformam em aristocracias, e estas, com o tempo, em monarquias";[138] o povo, por fim, prefere a tirania ao caos. Igualdade de poder é uma condição instável; os homens são naturalmente desiguais; e "aquele que busca igualdade entre desiguais busca um absurdo". A democracia ainda tem que resolver o problema de convocar as melhores energias dos homens enquanto dá a todos a escolha daqueles, *entre os qualificados e aptos,* pelos quais desejam ser governados.

Quem sabe que luz o gênio de Espinosa poderia ter lançado sobre esse problema central da política moderna se tivesse sido poupado para completar seu trabalho? Mas mesmo o que temos desse tratado foi o primeiro e imperfeito rascunho de seu pensamento. Enquanto escrevia o capítulo sobre a democracia, ele morreu.

VI. A INFLUÊNCIA DE ESPINOSA

"Espinosa não procurou fundar uma seita, e não fundou";[139] no entanto, toda a filosofia depois dele está impregnada de seus pensamentos. Durante a geração posterior à sua morte, seu nome era abominado; até Hume falava de sua "hedionda hipótese"; "as pessoas falavam sobre Espinosa", disse Lessing, "como se ele fosse um cachorro morto".

Foi Lessing quem lhe restaurou a reputação. O grande crítico surpreendeu Jacobi, na famosa conversa entre os dois em 1780,[140] ao declarar que fora um espinosista durante toda a sua vida madura, e ao afirmar que "não existe outra filosofia que não a de Espinosa". Seu amor por Espinosa fortalecera sua amizade com Moses Mendelssohn; e em sua grande peça, *Nathan, o Sábio,* despejou num molde aquele conceito do judeu ideal que chegara até ele vindo do comerciante vivo e do filósofo morto. Alguns anos depois, *Einige Gespräche über Spinoza's System,* de Herder, chamou a atenção dos teólogos liberais para a *Ética;* Schleiermacher, líder desta escola, escreveu falando do "santo e excomungado Espinosa", enquanto o poeta católico, Novalis, chamou-o de "o homem bêbado de Deus".

Nesse ínterim, Jacobi levara Espinosa à atenção de Goethe; o grande poeta converteu-se, segundo ele mesmo nos diz, logo que leu pela primeira vez a *Ética;*[141] era precisamente a filosofia pela qual sua alma deprimida ansiava; a partir de então, ela passou a permear sua poesia e sua prosa. Foi ali que ele encontrou a lição *dass wir entsagen sollen* — de que devemos aceitar as limitações que a natureza nos impõe; e foi, em parte, ao respirar o ar tranquilo de Espinosa que ele saiu do romantismo selvagem de *Götz* e *Werther* para o equilíbrio clássico da fase posterior de sua vida.

Foi combinando Espinosa com a epistemologia de Kant que Fichte, Schelling e Hegel chegaram aos seus variados panteísmos; foi do *conatus sese preservandi*, o esforço de preservar a si mesmo, que nasceu o *Ich* de Fichte, a "vontade de viver" de Schopenhauer, a "vontade de potência" de Nietzsche e o elã vital de Bergson. Hegel objetava que o sistema de Espinosa era demasiado sem vida e rígido; ele se esquecia do elemento dinâmico que o sistema continha, e só se lembrava da majestosa concepção de Deus como lei, da qual se apropriou para a sua "Razão Absoluta". Mas ele foi bastante honesto quando disse: "Para ser filósofo, deve-se, antes, ser um espinosista".

Na Inglaterra, a influência de Espinosa surgiu na onda do movimento revolucionário; e jovens rebeldes como Coleridge e Wordsworth falavam sobre "Spy-nosa" ["Espião-nosa"] — que o espião destacado pelo governo para vigiá-los pensava ser uma referência às suas características nasais — com o mesmo ardor que animava a conversa de intelectuais russos nos dias tranquilos de *Y Narod*. Coleridge enchia seus convidados de conversas sobre Espinosa; e Wordsworth captou algo do pensamento do filósofo em seus famosos versos sobre:

> Something
> Whose dwelling is the light of setting suns,
> And the round ocean, and the living air,
> And the blue sky, and in the mind of man;
> A motion and a spirit, which impels
> All thinking things, all objects of all thought,
> And rolls through all things.

> [Alguma coisa
> Que habita a luz de sóis poentes,
> E o oceano redondo, e o ar vivo,
> E o céu azul, e a mente do homem;
> Um movimento e um espírito, que impele
> Todas as coisas pensantes, todos os objetos de todo o pensar,
> E atravessa todas as coisas.]

Shelley citou o *Tratado Teológico-Político* nas notas originais de *Rainha Mab,* e começou uma tradução da obra, para a qual Byron prometeu um prefácio. Um fragmento desse manuscrito chegou às mãos de C. S. Middleton, que pensou tratar-se de um original de Shelley e o classificou de "especulação de garoto (...) muito crua para ser publicada na íntegra". Numa época posterior e mais tranquila, George Eliot traduziu a *Ética,* embora ela nunca tenha publicado a tradução; e podemos desconfiar de que a concepção do Incognoscível, de Spencer, baseie-se parcialmente em Espinosa, devido à sua intimidade com o romancista. "Não existem, atualmente, homens eminentes", diz Belfort Bax, "que não declarem que em Espinosa está a plenitude da ciência moderna".

Talvez muitos tenham sido influenciados por Espinosa porque ele está sujeito a muitas interpretações e produz novas riquezas a cada leitura. Todas as manifestações profundas têm facetas variadas para mentes diversas. Podemos dizer de Espinosa o que o Eclesiastes disse do Sábio: "O primeiro homem não o conheceu como devia, e o último tampouco o compreenderá. Porque seus pensamentos são maiores do que o mar, e seus conselhos, mais profundos que o grande abismo".

No segundo centenário da morte de Espinosa, foram coletados recursos para erigir uma estátua em sua homenagem em Haia. Chegaram contribuições de todos os cantos do mundo instruído; nunca um monumento se ergueu sobre um tão amplo pedestal de amor. Na inauguração, em 1882, Ernest Renan encerrou seu discurso com palavras que podem perfeitamente encerrar também nosso capítulo: "Ai daquele que, ao passar, lançasse um insulto a essa mente gentil e pensante. Seria punido, como são punidas todas as almas vulgares, por sua própria vulgaridade e pela incapacidade de conceber o que é divino. Este homem, de seu pedestal de granito, apontará para todos os homens o caminho da bem-aventurança que ele encontrou; e daqui a eras, o viajante culto, ao passar por este local, dirá em seu coração: 'A mais verdadeira visão de Deus que já existiu aconteceu, talvez, aqui'".[142]

CAPÍTULO V

Voltaire e o Iluminismo francês

I. PARIS: *ÉDIPO*

Em Paris, em 1742, Voltaire preparava *mademoiselle* Dumesnil para levá-la aos píncaros da tragédia em um ensaio de sua peça *Mérope*. Ela reclamava que precisaria ter "o demônio em pessoa" dentro de si para simular uma paixão como a que ele exigia. "É isso mesmo", respondeu Voltaire, "você precisa ter o diabo no corpo para vencer em qualquer uma das artes".[1] Até mesmo seus críticos e seus inimigos admitiam que ele próprio atendia a essa exigência perfeitamente. *"Il avait le diable au corps* — ele tinha o demônio no corpo", disse Sainte-Beuve;[2] e De Maistre chamou-o de o homem "em cujas mãos o inferno entregou todos os seus poderes".[3]

Pouco atraente, feio, fútil, irreverente, obsceno, inescrupuloso, às vezes até desonesto, Voltaire era um homem com os defeitos de sua época e de sua região, praticamente sem lhe faltar nenhum. Porém, esse mesmo Voltaire parece ter sido, à exaustão, bom, atencioso, pródigo com relação à sua energia e à sua bolsa, tão diligente em ajudar os amigos quanto em esmagar os inimigos, capaz de matar com um golpe de sua pena, mas desarmado pela primeira proposta de conciliação; como o ser humano é contraditório!

Mas todos esses adjetivos, bons ou maus, eram secundários, não faziam parte da essência de Voltaire; a coisa mais básica e o que mais impressionava nele eram a inexaurível fertilidade e o brilhantismo de sua mente. Seus trabalhos ocupam noventa e nove volumes, dos quais cada página é cintilante e fértil, embora cubram de assunto em assunto o mundo inteiro, com o capricho e a coragem de uma enciclopédia. "Meu negócio é dizer o que penso";[4] e o que ele pensava sempre valia a pena ser dito, assim como o que ele dizia era sempre incomparavelmente bem dito. Se não o lemos hoje (apesar de homens como Anatole France terem adquirido sutileza e sabedoria estudando atentamente suas páginas) é porque as batalhas teológicas que ele travou a nosso favor já não nos interessam intimamente; talvez tenhamos passado para outros campos de batalha e estejamos mais absortos nos fatores econômicos desta vida do que na geografia da próxima; a própria perfeição da vitória de Voltaire sobre o excesso de zelo religioso e a superstição aniquila as questões que ele encontrou vivas. Grande parte de sua fama, também, veio dessa inimitável conversação; mas *scripta manent, verba volant* — as palavras escritas permanecem, enquanto as faladas saem voando —, as palavras aladas de Voltaire voam com as demais. O que ficou para nós é muito da carne de Voltaire e muito pouco do divino fogo de seu espírito. Mesmo assim, embora o vejamos de maneira obscura através da luneta do tempo, que espírito! — "inteligência pura que transmuta raiva em diversão, fogo em luz";[5] "uma criatura de ar e chamas, a mais excitável que já viveu, composta de átomos mais etéreos e mais vibrantes do que os dos outros homens; não há outro cuja maquinaria mental seja mais delicada, nem cujo equilíbrio seja, ao mesmo tempo, mais instável e mais exato".[6] Teria ele sido, quem sabe, a maior energia intelectual de toda a história?

Sem dúvida, ele trabalhava mais, e conseguiu mais, do que qualquer outro homem de sua época. "Não estar ocupado e não existir equivalem à mesma coisa", dizia ele. "Todas as pessoas são boas, exceto as ociosas." Seu secretário dizia que ele era avaro só com relação ao seu tempo.[7] "É preciso ocupar-se de todas as maneiras possíveis para tornar suportável a vida neste mundo. (...) Quanto mais avanço na idade, mais acho o trabalho necessário. Ele se torna, ao longo do tempo, o maior dos prazeres e ocupa o lugar das ilusões da vida."[8] "Aquele que não quiser cometer suicídio deve ter sempre alguma coisa para fazer."[9]

O suicídio deve ter estado sempre a tentá-lo, pois ele vivia trabalhando. "Foi porque ele estava tão plenamente vivo que encheu de vida toda a sua época."¹⁰ Contemporâneo de um dos mais formidáveis séculos (1694-1778), ele foi a sua alma e essência. "Citar Voltaire", disse Victor Hugo, "é caracterizar todo o século XVIII".¹¹ A Itália teve uma Renascença e a Alemanha teve uma Reforma, mas a França teve Voltaire; ele foi, para o seu país, tanto Renascença como Reforma, e meia Revolução. Ele levou adiante o antisséptico ceticismo de Montaigne e o humor saudável e grosseiro de Rabelais; combateu a superstição e a corrupção com mais selvageria e eficácia do que Lutero, Erasmo, Calvino, Knox ou Melâncton; ajudou a fazer a pólvora com que Mirabeau e Marat, Danton e Robespierre explodiram o Antigo Regime. "Se julgarmos os homens por aquilo que fizeram", disse Lamartine, "então Voltaire é, sem sombra de dúvida, o maior escritor da Europa moderna. (...) O destino lhe deu oitenta e três anos de existência para que pudesse decompor lentamente a era apodrecida; ele teve tempo suficiente para combater o tempo; e quando caiu, ele foi o conquistador".¹²

Não, nunca um escritor teve tamanha influência enquanto vivo. Apesar do exílio, da prisão e da supressão de quase todos os seus livros pelos lacaios da Igreja e do Estado, ele abriu com ferocidade um caminho para sua verdade, até que, por fim, reis, papas e imperadores o lisonjeavam, tronos tremiam diante dele, e meio mundo prestava atenção para captar cada palavra sua. Era uma época em que muitas coisas pediam um demolidor. "Precisamos de leões sorridentes", disse Nietzsche; pois Voltaire chegou e "aniquilou com o riso".¹³ Ele e Rousseau foram as duas vozes de um vasto processo de transição econômica e política, da aristocracia feudal para o governo da classe média. Quando uma classe em ascensão é importunada pelas leis ou pelos costumes vigentes, recorre dos costumes até a razão, das leis até a natureza — assim como desejos conflitantes no indivíduo lançam faíscas e se transmutam em pensamento. Então, a burguesia rica apoiou o racionalismo de Voltaire e o naturalismo de Rousseau; era necessário liberar velhos hábitos e costumes, renovar e revigorar o sentimento e o pensamento, abrir a mente às experiências e à mudança, antes que a grande Revolução pudesse chegar. Não que Voltaire e Rousseau fossem as causas da

Revolução; talvez, mais ainda, tenham sido resultados associados a ela das forças que fervilhavam e cresciam abaixo da superfície política e social da vida francesa; foram eles a luz e o brilho que acompanham o calor e a conflagração vulcânica. A filosofia está para a história como a razão está para o desejo: em ambos os casos, um processo inconsciente determina embaixo o pensamento consciente acima.

Contudo, não devemos nos curvar demais para trás na tentativa de corrigir a tendência do filósofo em exagerar a influência da filosofia. Luís XVI, ao ver em sua prisão no Templo os trabalhos de Voltaire e Rousseau, disse: "Esses dois destruíram a França"[14] — referindo-se à sua dinastia. "Os Bourbon poderiam se ter preservado", disse Napoleão, "se tivessem controlado os materiais para escrita. O advento do canhão matou o sistema feudal; a tinta irá matar a organização social moderna".[15] "Os livros governam o mundo", disse Voltaire, "ou pelo menos as nações do mundo que tenham uma linguagem escrita; as outras não contam". "Nada emancipa como a educação" — e ele se pôs a emancipar a França. "Quando uma nação começa a pensar, é impossível detê-la."[16] Mas com Voltaire, a França começou a pensar.

"Voltaire", ou melhor dizendo, François Marie Arouet, nasceu em Paris em 1694, filho de um tabelião confortavelmente bem-sucedido e de uma mãe um tanto aristocrática. Herdou do pai, talvez, a perspicácia e a irascibilidade, e da mãe, algo de sua frivolidade e astúcia. Ele veio ao mundo, pode-se dizer, por um triz: sua mãe não sobreviveu ao parto; e ele foi um bebê tão franzino e doente que a ama não lhe deu mais do que um dia de vida. Ela errou por "bem pouco", já que ele viveu quase oitenta e quatro anos; mas durante toda a vida, seu corpo frágil atormentou com enfermidades seu espírito indômito.

Ele teve como modelo de engrandecimento moral um irmão mais velho, Armand, um rapaz devoto que se apaixonou pela heresia jansenista e cortejou o martírio pela sua fé. "Ora", disse Armand a um amigo que o aconselhava a ter mais cautela, "se não quer ser enforcado, pelo menos não convença outras pessoas". O pai dizia que tinha dois tolos como filhos — um em verso, o outro em prosa. O fato de François fazer versos quase tão logo ter aprendido a escrever o próprio nome convenceu o pai muito prático que nada de bom poderia sair dele. Mas a famosa cortesã Ninon de l'Enclos, que morava na cidade provinciana para a qual os Arouet haviam voltado depois do nascimento de François, viu no rapaz sinais de grandeza; e quando morreu, deixou-lhe dois mil francos para a compra de livros. A primeira fase da educação de François veio desses livros e de um abade dissoluto (um Jérome Coignard em carne e osso) que lhe ensinou o ceticismo, juntamente com as orações. Seus educadores posteriores, os jesuítas, deram-lhe o próprio instrumento do ceticismo ao ensinar-lhe dialética — a arte de provar tudo e, portanto, afinal, o hábito de não acreditar em coisa nenhuma. François tornou-se adepto das argumentações: enquanto os garotos brincavam nos campos, ele, aos doze anos de idade, ficava para trás para discutir teologia com os doutores. Quando chegou a hora de ganhar o seu sustento, escandalizou o pai ao propor adotar a literatura como profissão. "Literatura", disse o senhor Arouet, "é a profissão do homem que deseja ser inútil à sociedade e um fardo para os parentes, e morrer de fome" — dá até para ver a mesa tremendo com sua ênfase. Então François foi atrás de sua literatura.

Não que ele fosse um rapaz quieto e meramente estudioso; ele passava as noites em claro... mas fora de casa, divertindo-se com os fanfarrões e exaltados da cidade, testando os mandamentos até as últimas consequências; até o dia em que seu indignado pai o mandou para a casa de um parente em Caen, com instruções de manter o jovem praticamente confinado. Mas o carcereiro apaixonou-se por sua sagacidade, e em pouco tempo lhe deu plena liberdade. Depois da prisão, como era de se esperar, veio o exílio: o pai enviou-o para Haia com o embaixador francês, solicitando rigorosa vigilância sobre o garoto doidivanas; mas logo de imediato François apaixonou-se por uma jovem, "Pimpette", teve arquejantes encontros clandestinos com a moça e escreveu cartas apaixonadas para ela, que sempre terminavam com a frase: "Certamente eu a amarei para sempre". O caso foi descoberto, e ele, mandado de volta para casa. Lembrou-se de Pimpette por várias semanas.

Em 1715, orgulhoso de seus vinte e um anos, François foi a Paris, no justo momento de presenciar a morte de Luís XIV. Como o Luís que o sucederia era jovem demais para governar a França, muito menos Paris, o poder caiu nas mãos de um regente; e durante esse semi-interregno, a vida correu solta na capital do mundo, e o jovem Arouet correu com ela. Ele não demorou a conquistar a reputação de um jovem brilhante e imprudente. Quando o regente, por economia, vendeu a metade dos cavalos que ocupavam os estábulos reais, François fez a observação de como teria sido mais sensato demitir metade dos burros que ocupavam a corte real. No fim disso tudo, todas as coisas espirituosas e atrevidas sussurradas ao redor de Paris foram a ele atribuídas; e o seu azar foi que entre elas estavam dois poemas acusando o regente de desejar usurpar o trono. O regente enfureceu-se; e ao se encontrar com o jovem certo dia, no parque, disse-lhe: "Senhor Arouet, eu aposto que posso lhe mostrar uma coisa que nunca viu". "O que é?" "O interior da Bastilha." Arouet o viu no dia seguinte, 16 de abril de 1717.

Em sua estada na Bastilha, François adotou, por algum motivo desconhecido, o pseudônimo de Voltaire,[17] tornando-se um poeta convicto e em toda plenitude. Antes de ter cumprido onze meses de prisão, havia escrito um épico longo e não desprezível, *La Henriade*, contando a história de Henrique de Navarra. Então o regente, talvez por ter descoberto que aprisionara um homem inocente, soltou-o e lhe deu uma pensão; logo em seguida, Voltaire escreveu agradecendo-lhe por ter cuidado daquela maneira de suas despesas com a alimentação, mas implorava pela permissão de, dali para a frente, cuidar ele próprio das suas despesas com moradia.

Passou, então, quase num só pulo, da prisão para os palcos. Sua tragédia, *Édipo*, foi produzida em 1718 e quebrou todos os recordes de Paris ao permanecer em cartaz por quarenta e cinco noites consecutivas. Seu velho pai, que fora censurá-lo, sentou-se num camarote e disfarçou a alegria resmungando, a cada alfinetada: "Ah, aquele safado! Safado!". Quando o poeta Fontenelle se encontrou com Voltaire depois da peça e lhe teceu falsos elogios, dizendo que o texto era "brilhante demais para uma tragédia", Voltaire retrucou, com um sorriso no rosto: "Preciso reler suas pastorais".[18] O jovem não estava com disposição para cautela ou cortesia; afinal, já tinha ele colocado na própria peça esses versos atrevidos:

"Nossos padres não são o que acham as pessoas simples;
O aprendizado deles nada mais é que nossa credulidade." (Ato IV, c. 1);

E na boca de Araspe esse desafio que marcou época:

"Confiemos em nós mesmos, vejamos tudo com nossos próprios olhos;
Que sejam esses os nossos oráculos, nossos tripés e nossos deuses." (II, 5.)

A peça rendeu a Voltaire um líquido de quatro mil francos, que ele investiu com uma sabedoria inédita nos homens das letras; durante todas as suas tribulações, ele manteve a arte de não apenas obter uma renda folgada, mas de fazê-la render; ele respeitava o adágio clássico que dizia que é preciso viver antes de poder filosofar. Em 1729, comprou todos os bilhetes de uma loteria oficial mal planejada e ganhou uma grande soma, para indignação do governo. Mas à medida que ficava rico, tornava-se cada vez mais generoso; e um crescente círculo de protegidos reunia-se à sua volta enquanto ele adentrava o entardecer da vida.

Foi bom ele ter acrescentado uma sutileza quase hebraica nas finanças ao seu talento gaulês com a pena, porque a sua peça seguinte, *Artemire*, fracassou. Voltaire sentiu intensamente o fracasso; cada triunfo afia o ferrão de derrotas posteriores. Ele sempre foi dolorosamente sensível à opinião pública, e invejava os animais porque não sabem o que as pessoas dizem deles. O destino acrescentou àquele dramático fracasso um caso grave de varíola; ele se curou bebendo sessenta e oito litros de limonada e um número pouco menor de tônicos. Quando emergiu das sombras da morte, descobriu que a sua *Henriade* o tornara famoso; ele se gabava, com razão, de ter feito a poesia virar moda. Era recebido e festejado por toda parte; a aristocracia o pegou e o transformou em um homem polido da sociedade, um inigualável mestre da conversação, e o herdeiro da melhor tradição cultural da Europa.

Durante oito anos, ele se aqueceu ao sol dos salões; e então sua sorte mudou. Alguns membros da aristocracia não conseguiam esquecer que aquele jovem não possuía outro título àquela posição e honra que não o de gênio, e não o perdoavam por aquela distinção. Durante um jantar no castelo do duque de Sully, depois de Voltaire ter discursado por alguns minutos com imperturbável eloquência e sagacidade, o cavaleiro de Rohan perguntou, não a *sotto voce*: "Quem é o jovem que fala tão alto?". "Senhor", respondeu rapidamente Voltaire, "ele é alguém que não tem um grande nome, mas angaria respeito pelo nome que tem". Responder ao cavaleiro já era impertinência; responder a ele de maneira irrespondível era traição. O respeitável lorde contratou um bando de valentões para atacar Voltaire à noite, alertando-os apenas de uma coisa: "Não lhe acertem a cabeça; alguma coisa boa ainda pode sair dela". No dia seguinte, no teatro, Voltaire apareceu, enfaixado e mancando, foi até o camarote de Rohan e o desafiou para um duelo. Depois, foi para casa e passou o dia inteiro treinando com os floretes. Mas o nobre cavaleiro não tinha intenção de ser despachado para o céu, ou qualquer outro lugar, por um mero gênio; e apelou para um primo, que era ministro da polícia, para que o protegesse. Voltaire foi preso e se viu outra vez em sua velha casa, a Bastilha, privilegiado uma vez mais para ver o mundo do lado de dentro. Ele foi solto quase imediatamente, sob a condição de exilar-se na Inglaterra. Ele foi; mas depois de ser escoltado até Dover, voltou a cruzar o canal disfarçado, com um ardente desejo de vingança. Avisado de que tinha sido descoberto e estava prestes a ser preso uma terceira vez, ele embarcou novamente e se resignou a passar três anos na Inglaterra (1726-29).

II. LONDRES: CARTAS FILOSÓFICAS

Ele se voltou ao trabalho com coragem para dominar o novo idioma. Não gostou de descobrir que a palavra *plague* [peste] tinha uma sílaba, e *ague* [malária], duas; desejou que a peste acabasse com metade da língua, e a malária com a outra. Mas logo lia bem o inglês; e dentro de um ano, dominou a melhor literatura inglesa da época. Foi apresentado aos literatos por lorde Bolingbroke, e jantava com um após outro, até mesmo com o esquivo e cáustico Dean Swift. Não fingia ser de boa linhagem, e não a exigia de ninguém: quando Congreve referiu-se às próprias peças como sendo ninharias, e demonstrou o desejo de ser considerado mais um cavalheiro que vivia de renda do que um escritor, Voltaire dirigiu-se a ele com rispidez: "Se o senhor tivesse tido o infortúnio de ser apenas um cavalheiro como outro qualquer, eu nunca teria vindo visitá-lo".

O que o surpreendia era a liberdade com que Bolingbroke, Pope, Addison e Swift escreviam o que quisessem: aqui estava um povo que tinha opiniões próprias; um povo que havia refeito sua religião, enforcado seu rei, importado outro e construído um parlamento mais forte do que qualquer governante da Europa. Ali não havia Bastilha, nem *lettres de cachet*, com as quais pensionistas cheios de títulos ou ociosos reais podiam mandar seus inimigos sem título para a prisão, sem motivo e sem julgamento. Ali havia trinta religiões, e nenhum sacerdote. Ali estava a seita mais corajosa, os quakers, que chocavam toda a cristandade por comportarem-se como cristãos. Até o fim da vida, Voltaire nunca deixou de se impressionar com eles: no *Dicionário Filosófico*, ele faz um deles dizer: "Nosso Deus, que nos mandou amar nossos inimigos e sofrer o mal sem reclamar, certamente não deseja que atravessemos o oceano para irmos cortar a garganta de nossos irmãos porque assassinos de fardas vermelhas e chapéus de sessenta centímetros de altura convocam cidadãos fazendo barulho com dois gravetos sobre a pele de um asno".

Era uma Inglaterra, também, que vibrava com uma atividade intelectual viril. O nome de Bacon ainda estava no ar, e o modo indutivo de abordagem triunfava em todas as áreas. Hobbes (1588-1679) transformara o espírito cético da Renascença e o espírito pragmático de seu mestre num materialismo tão completo e manifesto que na França teria alcançado a honra do martírio por sua falácia. Locke (1632-1704) tinha escrito uma obra-prima de análise psicológica, o *Ensaio sobre a Compreensão Humana* (1689), sem quaisquer pretensões sobrenaturais. Collins, Tyndal e outros deístas reafirmavam sua fé em Deus enquanto questionavam todas as outras doutrinas da Igreja oficial. Newton acabara de morrer: Voltaire foi ao seu funeral, e frequentemente recordava a impressão que lhe haviam causado as honras nacionais prestadas àquele modesto inglês. "Há não muito tempo", escreve ele, "um grupo distinto discutia a banal e frívola questão de quem era o maior dos homens — César, Alexandre, Tamerlão ou Cromwell. Alguém respondeu que, sem dúvida, era Isaac Newton. Concordo plenamente: pois é àquele que domina nossas mentes pela força da verdade, e não àquele que as escraviza pela violência, que devemos nossa reverência".[19] Voltaire tornou-se, então, um paciente e minucioso estudioso da obra de Newton e, pouco tempo depois, foi o protagonista na defesa de seus pontos de vista na França.

Devemos nos maravilhar com a rapidez com que Voltaire absorveu quase tudo o que a Inglaterra tinha a lhe ensinar — sua literatura, sua ciência e sua filosofia; ele aprendeu todos esses variados elementos, passou-os pelo fogo da cultura francesa e do espírito francês e os transmutou no ouro da sagacidade e eloquência gaulesas. Registrou suas impressões nas *Cartas Filosóficas*, cujo manuscrito fez circular entre os amigos; não ousava imprimi-las, pois elas enalteciam demais a "pérfida Albion" para o gosto da censura real. Elas contrastavam a liberdade política e a independência intelectual inglesas com a tirania e a servidão francesas;* condenavam da França a aristocracia ociosa e o clero que explorava por meio de dízimos, com seu recurso perpétuo da Bastilha como resposta para todas as questões e todas as dúvidas; incitavam as classes médias para que se levantassem para ocupar o lugar que lhes era de direito no Estado, como essas classes tinham feito na Inglaterra. Sem saber ou sem que tivesse tal intenção, essas cartas foram o primeiro canto do galo da Revolução.

III. CIREY: OS ROMANCES

Apesar de tudo, o regente, sem fazer ideia de nada disso, enviou a Voltaire, em 1729, permissão para que voltasse à França. Durante cinco

---

* Diderot ficou preso seis meses pela sua *Carta sobre o Cego*. Buffon, em 1751, foi obrigado a retratar-se publicamente pelas suas aulas sobre a antiguidade da Terra; Freret foi mandado à Bastilha por ter feito um levantamento crítico sobre as origens do poder real na França; livros continuaram a ser queimados oficialmente pelo carrasco público até 1788, como também após a Restauração, em 1815; em 1757, um erudito decretava a pena de morte para qualquer autor que "atacasse a religião" — ou seja, questionasse qualquer dogma da fé tradicional. — Robertson, 73, 84, 105 e 107; Pellissier, *Voltaire Philosophe*, Paris, 1908, p. 92; Buckle, *History of Civilization*, Nova York, 1913; Vol. I, pp. 529 e ss.

anos, Voltaire tornou a desfrutar daquela vida parisiense cujo vinho corria em suas veias e cujo espírito fluía de sua pena. Então, o canalha de um editor, tomando conhecimento das *Cartas Filosóficas*, levou-as, sem a permissão do autor, para impressão, e as vendeu por toda parte, para o horror de todos os bons franceses, inclusive Voltaire. O Parlamento de Paris, de imediato, ordenou que o livro fosse queimado publicamente por ser "escandaloso, contrário à religião, à moral e ao respeito pelas autoridades"; e Voltaire ficou sabendo que estava outra vez a caminho da Bastilha. Como um bom filósofo, bateu em retirada — apenas aproveitando a ocasião para fugir com a mulher de outro homem.

A marquesa de Châtelet tinha vinte e oito anos; Voltaire, lamentavelmente, já chegara aos seus quarenta. Ela era uma mulher admirável: estudara matemática com o formidável Maupertuis, e depois com Clairaut; fizera uma tradução com anotações eruditas dos *Principia* de Newton; iria, dentro em breve, receber uma classificação mais alta do que a de Voltaire em um concurso pelo prêmio oferecido pela Academia Francesa a um ensaio sobre a física do fogo; em resumo, ela era exatamente o tipo de mulher que nunca foge com um homem. Mas o marquês era tão sem graça, e Voltaire, tão interessante — "uma criatura amável sob todos os aspectos", ela dizia sobre ele; "o ornamento mais refinado da França".[20] Ele retribuiu o amor dela com ardente admiração; dizia que ela era "um grande homem cujo único defeito era ser mulher"; devido a ela e ao grande número de mulheres altamente talentosas que então viviam na França, ele formou a sua convicção da igualdade mental inata dos sexos;[21] e chegou à conclusão de que o castelo que ela possuía em Cirey era um admirável refúgio do inclemente clima político de Paris. O marquês estava sempre fora com o seu regimento, que havia muito era o seu caminho de fuga da matemática; e ele não fazia quaisquer objeções à nova situação. Devido aos *mariages de convenances* [casamentos de conveniência] que impunham homens velhos e ricos a mulheres jovens que não apreciavam a senilidade, preferindo muito mais um romance, a moral da época permitia que uma dama acrescentasse um amante ao seu *ménage*, se isso realmente fosse feito com um adequado respeito pelas hipocrisias da humanidade; e quando ela escolhia não apenas um amante, mas um gênio, o mundo todo a perdoava.

No castelo de Cirey, eles não passavam o tempo todo dando beijinhos e abraços. O dia todo era ocupado com estudos e pesquisas; Voltaire mandou equipar um laboratório caro, com tudo para o trabalho deles nas ciências naturais; e durante anos, os amantes rivalizaram um com o outro em descobertas e longas e detalhadas dissertações. Recebiam muitos convidados, mas ficava entendido que estes estariam o dia inteiro por conta própria, até a ceia às nove. Depois da ceia, ocasionalmente, havia encenações teatrais privadas, ou Voltaire lia para os hóspedes uma de suas histórias empolgantes. Muito em breve, Cirey tornou-se a Paris da elite intelectual francesa; a aristocracia e a burguesia uniam-se na peregrinação para degustar o vinho e o espírito de Voltaire, e vê-lo encenar as próprias peças. Ele estava feliz por ser o centro desse mundo corrupto e brilhante; não levava nada muito a sério, e, durante algum tempo, seu lema foi *"Rire et faire rire"*.[22] Catarina da Rússia o chamava de "o deus da alegria". "Se a natureza não nos tivesse feito um pouco frívolos", disse ele, "seríamos miseráveis. É porque podemos ser frívolos que a maioria não se enforca". Não havia nele nada do dispéptico Carlyle. *"Dulce est desipere in loco*.[23] Pobres dos filósofos que não conseguem dissipar as rugas com o riso. Considero a sisudez uma doença."[24]

Foi nessa época que ele começou a escrever aqueles encantadores romances — *Zadig, Cândido, Micrômegas, O Ingênuo, O Mundo como Está* etc. — que, mais do que qualquer outra coisa em seus noventa e nove volumes, apresentam o espírito de Voltaire na mais pura forma. Não são histórias de amor, mas noveletas humorísticas e burlescas; os heróis não são pessoas, mas ideias, os vilões são superstições, e os acontecimentos são pensamentos. Alguns são meros fragmentos, como *O Ingênuo*, que é Rousseau antes de Jean-Jacques. Um índio huroniano chega à França com alguns exploradores que retornavam; o primeiro problema que ele cria é o de torná-lo um cristão. Um abade lhe dá um exemplar do Novo Testamento; o huroniano gosta tanto dele que pouco depois se oferece não só para o batismo, mas também para a circuncisão. "Porque", diz ele, "não encontro no livro que puseram em minhas mãos uma só pessoa que não seja circuncisada. É, portanto, evidente que devo fazer um sacrifício ao costume hebraico, e quanto antes melhor". Mal ultrapassada essa dificuldade, ele já se preocupa com a confissão; pergunta em que trecho das Escrituras isso é exigido, e indicam-lhe uma passagem na Epístola de São Tiago: "Confessai vossos pecados uns aos outros". Ele se confessa; mas quando acaba, tira o abade do confessionário, coloca-se no banco e manda que, por sua vez, o abade confesse. "Vamos, meu amigo, ali diz 'devemos confessar nossos pecados uns aos outros'; contei-vos meus pecados e não saireis daí enquanto não contardes os vossos'." Ele se apaixona pela senhorita St. Yves, mas lhe é dito que não poderá casar-se com a moça, pois ela atuou como madrinha do seu batismo; ele fica muito zangado com esse pequeno golpe do destino e ameaça desbatizar-se. Tendo recebido permissão para se casar com ela, fica surpreso ao descobrir que, para o casamento, "é absolutamente necessário haver notários, padres, testemunhas, contratos e dispensações. (...) 'Vós sois, então, uns patifes muito grandes, já que são necessárias tantas precauções'". E assim, conforme a história se desenrola de incidente em incidente, as contradições entre o cristianismo primitivo e o eclesiástico são levadas ao palco; perdem-se a imparcialidade do erudito e a leniência do filósofo; mas Voltaire tinha começado sua guerra contra a superstição, e numa guerra precisamos da imparcialidade e da leniência só dos nossos inimigos.

Micrômegas é uma imitação de Swift, mas talvez mais rica do que seu modelo em imaginação cósmica. A Terra é visitada por um habitante de Sirius; ele tem cerca de cem quilômetros de altura, como convém a um habitante de uma estrela tão grande. Na sua viagem pelo espaço, ele apanhara um cavalheiro de Saturno, que lamenta por ter apenas uns poucos quilômetros de estatura. Ao caminharem pelo Mediterrâneo, o siriano molha os calcanhares. Ele pergunta ao companheiro quantos sentidos têm os saturninos, e ele lhe diz: "Temos setenta e dois, mas diariamente reclamamos que isso é muito pouco". "Vocês normalmente vivem até que idade?" "Infelizmente, uma ninharia; (...) muito poucos em nosso planeta sobrevivem quinze mil anos. Logo, pode perceber que, de certo modo, começamos a morrer no exato momento em que nascemos: nossa existência não passa de um ponto, nossa duração, de um instante, e nosso globo, de um átomo. Mal começamos a aprender um pouco quando a morte intervém antes que possamos nos beneficiar da experiência."[25] Enquanto permanecem no mar, apanham um navio como se pega um animálculo, e o siriano o coloca sobre a unha do polegar, provocando grande agitação entre os passageiros humanos. "Os capelães do navio repetiam exorcismos, os marinheiros praguejavam, e os filósofos formaram um sistema" para explicar a perturbação das leis da gravidade. O siriano se curva como uma nuvem sombria e se dirige a eles:

— Ó átomos inteligentes, nos quais o Ser Supremo houve por bem manifestar a sua onisciência e seu poder, não há dúvida de que seus prazeres nesta Terra devem ser puros e requintados; pois, livres da matéria e, ao que tudo indica, sendo pouco mais do que alma, devem passar a vida nas delícias do prazer e da reflexão, que são os verdadeiros deleites de um espírito perfeito. Em parte alguma encontrei a verdadeira felicidade; mas, sem dúvida, é aqui que ela mora.
— Temos matéria suficiente — respondeu um dos filósofos — para praticarmos o mal em abundância. (...) Deveis saber, por exemplo, que neste exato momento, enquanto falo, existem cem mil animais de nossa espécie, cobertos com chapéus, matando um igual número de seus semelhantes que usam turbantes; pelo menos, estão ou matando, ou sendo mortos; e, no geral, tem sido assim por toda a Terra, desde tempos imemoriais.
— Patifes! — gritou o indignado siriano. — Estou pensando em dar dois ou três passos e esmagar sob meus pés toda a ninhada desses assassinos ridículos.
— Não vos deis a esse trabalho — replicou o filósofo. — Eles têm competência suficiente para conseguir a própria destruição. Ao fim de dez anos, a centésima parte desses malditos não irá sobreviver. (...) Além disso, o castigo não deve ser aplicado a eles, mas aos bárbaros sedentários e indolentes que, de seus palácios, dão ordens para o assassinato de milhões de homens e depois, solenemente, agradecem a Deus pelo sucesso.[26]

Depois de *Cândido*, que pertence a um período posterior da vida de Voltaire, o melhor dessas narrativas é *Zadig*. Zadig era um filósofo babilônio "tão sábio quanto pode ser um homem; (...) conhecia tanto de metafísica quanto já se conheceu em qualquer era — ou seja, pouco ou absolutamente nada". "A inveja fez com que ele imaginasse estar apaixonado por Semira." Ao defendê-la contra assaltantes, foi ferido no olho esquerdo.

> Um mensageiro foi enviado a Mênfis para chamar o grande médico egípcio Hermes, que chegou acompanhado de numeroso séquito. Ele visitou Zadig e declarou que o paciente iria perder o olho. Chegou até a prever o dia e a hora em que se daria o evento fatal. "Se fosse o olho direito", disse ele, "eu poderia tê-lo curado facilmente; mas as feridas do olho esquerdo são incuráveis". Toda a Babilônia lamentou o destino de Zadig, e admirou os profundos conhecimentos de Hermes. Em dois dias, o abscesso estourou por conta própria, e Zadig viu-se perfeitamente curado. Hermes escreveu um livro para provar que não se deveria ter curado. Zadig não o leu.[27]

Em vez disso, ele correu para o lado de Semira, apenas para descobrir que, tão logo ouvira o primeiro diagnóstico de Hermes, ela se comprometera com outro homem, uma vez que, segundo ela, "sentia uma incontrolável aversão a homens caolhos". Zadig, diante disso, casou-se com uma camponesa, na esperança de encontrar nela as virtudes que faltavam à dama da corte Semira. Para certificar-se da fidelidade da mulher, combinou com um amigo que ele, Zadig, fingiria morrer e que o amigo deveria cortejar a mulher uma hora depois. Assim, Zadig providenciou para que o declarassem morto e ficou no caixão, enquanto seu amigo primeiro dava os pêsames e depois parabenizava a viúva, e finalmente propunha um casamento imediato. Ela opôs uma breve resistência; e então, "protestando que jamais consentiria, consentiu". Zadig ergue-se dos mortos e foge para o bosque, para consolar-se com a beleza da natureza.

Tendo se tornado um homem muito sábio, ele foi nomeado ministro do rei, para cujo reino levou prosperidade, justiça e paz. Mas a rainha se apaixonou por ele; e o rei, percebendo isso, "começou a ficar perturbado. (...) Observou, em particular, que os sapatos da rainha eram azuis, assim como os de Zadig; que as fitas de sua esposa eram amarelas, como era amarelo o barrete de Zadig". Ele decidiu envenenar os dois; mas a rainha descobriu a trama e mandou um recado para Zadig: "Foge, eu te imploro, pelo nosso amor e pelas minhas fitas amarelas!" Novamente, Zadig fugiu para a floresta.

> Ele então imaginou a espécie humana tal como é na realidade, como um grupo de insetos devorando-se uns aos outros sobre um pequeno átomo de barro. Essa imagem verdadeira pareceu aniquilar os seus infortúnios, ao torná-lo sensível da inexistência de seu ser e da própria Babilônia. Sua alma lançou-se ao infinito; e, desprendido dos sentidos, contemplou a ordem imutável do universo. Mas quando, depois, retornando a si, (...) ficou pensando que talvez a rainha tivesse morrido por ele, o universo desapareceu diante de sua vista.

Ao sair da Babilônia, ele viu um homem que agredia uma mulher cruelmente; reagindo aos seus gritos por socorro, Zadig lutou com o homem e, por fim, para se salvar, desferiu-lhe um golpe que matou o inimigo. Isso feito, voltou-se para a dama e perguntou: "O que mais, senhora, quereis que eu faça por vós?". "Que morra, vilão! Pois acabais de matar meu amante. Ah, se eu pudesse arrancar-vos o coração!"

Zadig, pouco depois, foi capturado e escravizado; mas ensinou filosofia ao seu senhor, tornando-se seu conselheiro de confiança. A conselho seu, a prática da sati (pelo qual a viúva era enterrada com o corpo do marido) foi abolida por uma lei que exigia que, antes de tal imolação, a viúva passasse uma hora sozinha com um homem bonito. Enviado em uma missão junto ao rei de Serendib, Zadig ensinou-lhe que a melhor maneira de encontrar um ministro honesto era escolher o dançarino mais leve entre os candidatos: ele mandou encher o vestíbulo do salão de danças com objetos de valor, fáceis de roubar, e providenciou para que cada candidato atravessasse o vestíbulo sozinho e sem ser vigiado; quando todos tinham entrado, foram solicitados a dançar. "Nunca antes dançarinos se apresentaram com tanta relutância ou com tão pouca graça. As cabeças baixas, as costas curvadas, as mãos apertando-lhes as costelas." E, assim, a história vai seguindo. Podemos imaginar aquelas noites no Cirey!

IV. POTSDAM E FREDERICO

Aqueles que não podiam ir vê-lo escreviam-lhe. Em 1736, começou a sua correspondência com Frederico, então príncipe e ainda não Grande. A primeira carta de Frederico parecia a de um menino para um rei; sua copiosa lisonja dá-nos uma ideia da reputação que Voltaire — embora ainda não tivesse escrito nenhuma de suas obras-primas — já tinha conquistado. Lê-se na carta Voltaire sendo chamado de "o maior homem da França, e um mortal que honra a língua. (...) Considero uma das maiores honras de minha vida ter nascido na mesma época de um homem de tão distintas conquistas como o senhor (...) Não são todos que têm o dom de fazer a mente sorrir"; e "que prazeres podem sobrepujar os da mente?".[28] Frederico era um livre-pensador, que olhava para os dogmas como um rei considera seus súditos; e Voltaire tinha grandes esperanças de que, no trono, Frederico introduzisse a moda do Iluminismo, enquanto ele talvez representasse Platão para o Dionísio de Frederico. Quando Frederico contestou as lisonjas com que Voltaire respondia às suas, Voltaire retrucou: "Um príncipe que escreve contra a lisonja é tão singular quanto um papa que escreve contra a infalibilidade". Frederico enviou-lhe uma cópia de O Anti-Machiavel, no qual o príncipe falava com muito brilhantismo sobre a iniquidade da guerra e do dever que cabia a um rei de preservar a paz; Voltaire verteu lágrimas de alegria por causa daquele pacifista real. Alguns meses mais tarde, Frederico, coroado rei, invadiu a Silésia e mergulhou a Europa em uma geração de carnificina.

Em 1745, o poeta e sua companheira matemática foram para Paris, quando Voltaire tornou-se candidato à Academia Francesa. Para conseguir essa distinção um tanto supérflua, ele se disse um bom católico, elogiou alguns jesuítas poderosos, mentiu descaradamente e, no geral, portou-se como a maioria de nós faz nesses casos. Fracassou; mas um ano depois conseguiu, e fez um discurso de posse que é um dos clássicos da literatura da França. Por algum tempo ele permaneceu em Paris, pulando de salão em salão, e produzindo peça após peça. Entre *Édipo* aos dezoito anos e *Irene* aos oitenta e três, Voltaire escreveu uma longa série de dramas, alguns deles fracassados, mas a maioria teve grande sucesso. Em 1730, *Brutus* não deu certo, e em 1732, *Eriphyle* também; seus amigos insistiram para que ele abandonasse o drama; mas, no mesmo ano, ele produziu *Zaire*, que se tornou seu maior sucesso. *Mahomet* veio em seguida, em 1741; *Mérope*, em 1743; *Semiramis*, em 1748; e *Tancrède*, em 1760.

Enquanto isso, a tragédia e a comédia haviam adentrado a sua vida. Depois de quinze anos, seu amor pela marquesa de Châtelet arrefecera um tanto; eles tinham até parado de disputar. Em 1748, a marquesa apaixonou-se pelo belo jovem marquês de Saint-Lambert. Quando Voltaire descobriu, enfureceu-se; mas quando Saint-Lambert pediu seu perdão, derreteu-se e deu-lhe sua bênção. Ele tinha chegado ao ápice da vida, e começava a ver a morte ao longe: não podia levar a mal o fato de a juventude ter sua vez. "Assim são as mulheres", disse ele filosoficamente (esquecendo-se de que também existem homens assim); "desalojei Richelieu, e Saint-Lambert me expulsa! Essa é a ordem das coisas; uma unha expulsa a outra; assim o mundo segue seu curso".²⁹ Ele escreveu uma bonita estrofe à terceira unha:

Saint-Lambert, é só para ti
Que a flor cresce;
Os espinhos da rosa são todos para mim;
Para ti, a rosa.

Então, em 1749, a morte chegou para a marquesa de Châtelet, durante o parto. Uma característica da época foi o fato de o marido, Voltaire e Saint-Lambert encontrarem-se à beira do seu leito de morte, sem uma palavra de reprovação, e, de fato, transformados em amigos pela perda em comum.

Voltaire tentou esquecer a consternação trabalhando; durante algum tempo, ocupou-se com seu *Siècle de Louis XIV*; mas o que o salvou da depressão foi a oportuna renovação do convite de Frederico para que fosse à corte de Potsdam. Um convite acompanhado de três mil francos para despesas de viagem era irresistível. Voltaire partiu para Berlim em 1750.

Sentiu-se mais calmo ao ver-se hospedado em uma suíte esplêndida no palácio de Frederico e de ser aceito em termos de igualdade pelo mais poderoso monarca da época. A princípio, suas cartas eram cheias de satisfação; escrevendo no dia 24 de julho para d'Argental, ele descreve Potsdam: "Cento e cinquenta mil soldados; (...) ópera, comédia, filosofia, poesia, grandiosidade e graças, granadeiros e musas, trompetes e violinos, os jantares de Platão, sociedade e liberdade — quem poderia acreditar? No entanto, é a pura verdade". Anos antes, ele escrevera: "*Mon Dieu!* (...) que vida maravilhosa seria morar com três ou quatro homens de letras com talento e sem inveja" (quanta imaginação!), "amar-nos uns aos outros, viver com tranquilidade, cultivar a nossa arte, falar sobre ela, ilustrarmo-nos mutuamente! Imagino que um dia ainda irei viver nesse pequeno paraíso".[30] E ali estava o paraíso!

Voltaire evitava os jantares oficiais; não suportava estar cercado de generais hirsutos; reservava-se para as ceias privadas para as quais Frederico, mais tarde da noite, convidava um pequeno círculo íntimo de amigos literatos; porque aquele maior príncipe de seu tempo ansiava por ser poeta e filósofo. As conversas nessas ceias eram sempre em francês; Voltaire tentou aprender alemão, mas desistiu depois de quase engasgar; e desejou que os alemães tivessem mais argúcia e menos consoantes.[31] Uma pessoa que ouviu a conversação disse que ela era melhor do que o mais interessante e mais bem escrito livro do mundo. Eles falavam sobre todas as coisas e diziam o que lhes vinha à cabeça. A sagacidade de Frederico era quase tão afiada quanto a de Voltaire; e só Voltaire ousava responder-lhe, com aquela sutileza que podia matar sem ofender. "Aqui se pensa com ousadia, é-se livre!", escreveu Voltaire com alegria. Frederico "arranha com uma das mãos, mas acaricia com a outra. (...) Nada me irrita (...) Encontrei um porto depois de cinquenta anos de tempestades. Encontrei a proteção de um rei, a conversa de um filósofo, os encantos de um homem agradável reunidos em uma pessoa só, que durante dezesseis anos me consolou no infortúnio e me protegeu dos inimigos. Se alguém pode ter certeza de alguma coisa é do caráter do rei da Prússia".[32] No entanto...

Em novembro daquele mesmo ano, Voltaire achou que melhoraria suas finanças ao investir em títulos saxônicos, apesar da proibição de Frederico de fazer tais investimentos. Os títulos valorizaram e Voltaire lucrou; mas o seu corretor, Hirsch, tentou chantageá-lo ao ameaçar tornar pública a transação. Voltaire "saltou-lhe à garganta e estatelou-o no chão". Frederico ficou sabendo do caso e teve um acesso de raiva real. "Vou precisar dele por mais um ano, no máximo", disse ele a La Mettrie; "espreme-se a laranja e joga-se fora o bagaço". La Mettrie, talvez ansioso por dispersar seus rivais, encarregou-se de comunicar aquilo a Voltaire. As ceias recomeçaram, "mas", escreveu Voltaire, "estou sempre sonhando com o bagaço da laranja. (...) O homem que caiu do alto de um campanário e, ao achar que a queda pelo ar era suave, disse 'Está bom, desde que dure' não se sentia nem um pouco como me sinto".

Em parte, ele queria aquele rompimento; pois estava saudoso da terra natal como só um francês pode estar. A ninharia decisiva veio em 1752. Maupertuis, o grande matemático que Frederico importara da França junto com tantos outros, em uma tentativa de estimular a mente alemã com o contato direto com o "Iluminismo", discutiu com um matemático subordinado, Koenig, sobre uma interpretação de Newton. Frederico entrou na discussão do lado de Maupertuis; e Voltaire, que tinha mais coragem do que prudência, entrou do lado de Koenig. "Para meu azar", escreveu ele à senhora Denis, "também sou escritor, e no campo oposto ao do rei. Não tenho cetro, mas tenho uma pena". Mais ou menos na mesma ocasião, Frederico escrevia à irmã: "O diabo está encarnado em meus homens de letras; não há o que fazer com eles. Esses sujeitos não têm inteligência alguma, exceto para a sociedade. (...) Deve ser um consolo para os animais ver que pessoas com inteligência, frequentemente, não são melhores do que eles".[33] Foi então que Voltaire escreveu contra Maupertuis sua famosa *Diatribe of Dr. Akakia*. Leu-a para Frederico, que riu a noite toda por causa dela, mas pediu a Voltaire que não a publicasse. Voltaire pareceu concordar; mas a verdade era que a coisa já tinha sido enviada à gráfica, e o autor não podia admitir a ideia de praticar um infanticídio contra o filho de uma pena. Quando os exemplares apareceram, Frederico explodiu de raiva, e Voltaire fugiu da conflagração.

Em Frankfurt, embora em território bem fora da jurisdição de Frederico, ele foi contido e preso pelos agentes do rei, e avisado de que só poderia prosseguir depois de entregar o poema de Frederico, o *Palladium*, que não tinha sido adaptado para ser lido por uma sociedade educada e era mais satírico do que o *Pucelle*, de Voltaire. Mas o terrível manuscrito estava num baú que se perdera durante a viagem; e por semanas, até esse baú chegar, Voltaire foi mantido praticamente preso. Um livreiro a quem ele devia uma certa quantia achou o momento oportuno para insistir que a conta fosse paga; Voltaire, furioso, deu-lhe um tabefe no ouvido; o secretário de Voltaire, Collini, procurou consolar o homem, ressaltando: "Senhor, acabais de receber no ouvido um tapão de um dos maiores homens do mundo".[34]

Finalmente liberto, estava ele prestes a atravessar a fronteira para a França quando chegou o aviso de que estava exilado. O pobre perseguido não sabia para onde dirigir-se; durante algum tempo, pensou em seguir para a Pensilvânia — podemos imaginar o seu desespero. Passou o mês de março de 1754 buscando "um túmulo agradável" nos arredores de Genebra, a salvo dos autocratas rivais de Paris e Berlim; enfim, comprou uma velha propriedade chamada Les Délices [As Delícias]; instalou-se para cultivar o jardim e recuperar a saúde; e quando sua vida parecia estar enveredando para a senilidade, entrou no período de sua mais nobre e maior obra.

V. LES DÉLICES: O ENSAIO SOBRE A MORAL

Qual era a causa daquele novo exílio? O fato de ele ter publicado em Berlim "o mais ambicioso, o mais volumoso, o mais característico e o mais ousado de seus trabalhos".[35] O título ocupava grande parte do trabalho: *Essai sur le Moeurs et l'Esprit des Nations, et sur les Principaux Faits de l'Histoire depuis Charlemagne jusqu'à Louis XIII* — um ensaio sobre a moral e o espírito das nações e sobre os principais fatos da história, de Carlos Magno a Luís XIII. Voltaire o começara em Cirey para a marquesa de Châtelet, estimulado pelas denúncias que ela fazia da maneira como a história é escrita.

É "um velho almanaque", ela dissera. "O que isso importa para mim, uma mulher francesa morando em minha propriedade, saber que Egil sucedeu Haquin na Suécia, e que Otomano era o filho de Ortogrul? Li com prazer a história dos gregos e dos romanos; elas me ofereceram certas imagens que me atraíram. Mas nunca consegui terminar nenhuma história longa de nossas nações modernas. Não consigo ver muita coisa nelas além de confusão; um grande número de pequenos acontecimentos sem nexo ou sequência, mil batalhas que nada resolveram. Renunciei a um estudo que sobrecarrega o espírito sem iluminá-lo."

Voltaire concordara; ele tinha feito com que o seu *Ingênuo* dissesse: "A história nada mais é do que um retrato de crimes e infortúnios"; e iria escrever a Horace Walpole (15 de julho, 1768): "Na verdade, a história dos yorkistas e lancastrianos, e de muitos outros, é muito parecida com a leitura da história de salteadores de estradas". Mas ele tinha expressado à marquesa de Châtelet a esperança de que a solução poderia estar em aplicar filosofia à história e tentar rastrear, por baixo do fluxo de eventos políticos, a história da mente humana.[36] "Só os filósofos deveriam escrever história", disse ele.[37] "Em todas as nações, a história é desfigurada pela fábula, até que, por fim, a filosofia vem iluminar o homem; e quando finalmente ela chega em meio a essa escuridão, encontra a mente humana tão cega por séculos de erros que dificilmente pode desenganá-la; encontra cerimônias, fatos e monumentos empilhados para provar mentiras."[38] "A história", conclui ele, "é, afinal de contas, nada mais que uma série de peças que pregamos na morte";[39] transformamos o passado palatável aos nossos desejos para o futuro, e o resultado final é que "a história prova que qualquer coisa pode ser provada pela história".

Ele trabalhou como um minerador para encontrar naquele "Mississípi de falsidades"[40] os grãos da verdade sobre a história verdadeira da humanidade. Ano após ano, dedicou-se a estudos preparatórios: uma *História da Rússia*, uma *História de Carlos XII*, *A Era de Luís XIV* e *A Era de Luís XIII*; e com a ajuda dessas tarefas, adquiriu aquela incansável consciência intelectual que escraviza o homem para torná-lo gênio. "O jesuíta padre Daniel, que produziu uma *História da França*, mandou colocar à sua frente, na Biblioteca Real de Paris, mil e duzentos volumes de documentos e manuscritos; passou cerca de uma hora para examiná-los; e então, virando-se para o padre Tournemine, ex-professor de Voltaire, deu o assunto por encerrado, declarando que todo aquele material era 'papel velho sem utilidade, do qual não precisava para escrever a sua história'."[41] Voltaire, nem tanto: ele lia tudo o que estava a seu alcance sobre o assunto que lhe interessava; estudava com cuidado centenas de volumes de memórias; escreveu centenas de cartas a sobreviventes de eventos famosos; e mesmo após publicar seus trabalhos, ele continuou a estudar, e melhorou a cada edição.

Mas essa coleta de material era apenas preparatória; havia a necessidade de introduzir um novo método de seleção e organização. Meros fatos não iriam adiantar — mesmo que, como tão raramente acontece, se tratasse de fatos verdadeiros. "Detalhes que não levam a nada são, para a história, o que a bagagem é para um exército: *impedimenta*; devemos olhar para as coisas a partir de certa distância, pela mesma razão que a mente humana é muito pequena e afunda sob o peso das minúcias."[42] Os "fatos" deviam ser coletados por analistas e dispostos numa espécie de dicionário histórico em que se pudesse encontrá-los quando fosse preciso, tal como se encontram palavras. O que Voltaire procurava era um princípio unificador pelo qual toda a história da civilização na Europa pudesse ser entrelaçada para formar um único fio; e ele estava convencido de que esse fio era a história da cultura. Ele decidira que sua história deveria tratar não de reis, mas de movimentos, forças e massas; não de nações, mas da raça humana; não de guerras, mas da marcha da mente humana. "Batalhas e revoluções representam a menor parte do plano; esquadrões e batalhões conquistando ou sendo conquistados, cidades tomadas e retomadas, são comuns a toda história. (...) Tirem as artes e o progresso da mente e nada encontrarão" em qualquer era "de notável que seja suficiente para atrair a atenção da posteridade."[43] "Quero escrever uma história não de guerras, mas da sociedade; e apurar como viviam os homens no seio de suas famílias e quais eram as artes que costumavam cultivar. (...) Meu objetivo é a história da mente humana, e não um simples detalhe de fatos insignificantes; tampouco me preocupo com a história de grandes lordes (...); mas quero saber quais os passos pelos quais os homens passaram do barbarismo para a civilização."[44] Esse repúdio aos reis da história fazia parte daquela onda democrática que acabou repudiando suas figuras do governo; o *Essai sur les Mouers* começou a derrubada dos Bourbons.

Assim, ele produziu a primeira filosofia da história — a primeira tentativa sistemática de traçar os fluxos de causação natural no desenvolvimento da mente europeia; era de se esperar que esse experimento devesse vir depois do abandono de explicações sobrenaturais: a história só poderia chegar à maturidade quando a teologia cedesse. Segundo Buckle, o livro de Voltaire construiu a fundação para a moderna ciência histórica; Gibbon, Niebuhr, Buckle e Grote foram seus agradecidos devedores e seguidores; ele foi o *caput Nili* de todos eles, e ainda não foi superado no campo que primeiro explorou.

Mas por que seu livro de maior expressão o levou ao exílio? Porque, ao dizer a verdade, acabou por ofender todo o mundo. Enfureceu, principalmente, o clero, ao adotar o ponto de vista, mais tarde desenvolvido por Gibbon, de que a rápida conquista do paganismo pelo cristianismo desintegrara Roma de dentro para fora, e a deixara preparada para ser uma presa fácil dos bárbaros invasores e imigrantes. Enfureceu ainda mais o clero ao dedicar um espaço muito menor do que o usual à Judeia e ao cristianismo, e por falar sobre China, Índia e Pérsia, e suas respectivas fés, com a imparcialidade de um marciano; sob essa nova perspectiva, um mundo vasto e novo foi revelado; todos os dogmas dissolveram-se na relatividade; o interminável Oriente assumiu um pouco das proporções que lhe haviam sido dadas pela geografia; a Europa se tornou, de repente, consciente de si mesma como sendo a península experimental de um continente e de uma cultura maiores do que a sua. Como poderia ela perdoar um europeu por uma revelação tão pouco patriótica? O rei decretou que aquele francês que ousava considerar-se primeiro um homem depois um francês jamais tornaria a colocar os pés no solo da França.

VI. FERNEY: *CÂNDIDO*

Les Délices tinha sido uma residência temporária, um centro a partir do qual Voltaire pudesse sair à procura de um abrigo mais permanente. Ele o encontrou em 1758, em Ferney, bem próximo da fronteira suíça com a França; ali, ele estaria a salvo das forças francesas e, ao mesmo tempo, perto do refúgio francês, se o governo suíço o perturbasse. Essa última mudança encerrou o seu *Wanderjahre*. Suas fugas intermitentes de um canto ao outro não tinham sido apenas o resultado de uma inquietação nervosa; elas também refletiam a insegurança onipresente de ser um perseguido; só aos sessenta e quatro anos ele conseguiu uma casa que pudesse também ser seu lar. Há uma passagem no final de um de seus contos, "As Viagens de Escarmentado", que quase se aplica ao seu autor: "Como eu já tinha visto tudo de raro ou belo sobre a Terra, decidi que, dali por diante, veria apenas a minha casa; casei-me, e logo suspeitei que ela me enganava; mas apesar dessa dúvida, ainda pensei que, de todas as condições de vida, esta era a mais feliz". Voltaire não tinha esposa, mas tinha uma sobrinha — o que é melhor para um homem de gênio. "Nunca ouvimos falar que ele desejasse estar em Paris. (...) Não pode haver dúvida de que esse sábio exílio prolongou-lhe a vida."[45]

Voltaire se sentia feliz em seu jardim, plantando árvores frutíferas que não tinha esperança de ver florescerem antes de ele morrer. Quando um admirador elogiou o trabalho que ele fizera para a posteridade, Voltaire respondeu: "Sim, plantei quatro mil árvores." Tinha uma palavra delicada para todos, mas podia se ver forçado a usar uma linguagem mais sarcástica. Certo dia, perguntou a um visitante de onde ele viera. "Da residência do senhor Haller." "Ele é um grande homem", disse Voltaire; "um grande poeta, grande naturalista, grande filósofo, quase um gênio da raça". "O que diz, senhor, é muito admirável, uma vez que o senhor Haller não lhe faz a mesma justiça." "Ah", disse Voltaire, "talvez nós dois estejamos enganados".[46]

Ferney tornou-se, assim, a capital intelectual do mundo; todo homem culto ou governante esclarecido da época cortejava o local, pessoalmente ou por correspondência. Ali compareciam padres céticos, aristocratas liberais e senhoras cultas; compareciam Gibbon e Boswell, da Inglaterra; compareciam d'Alembert, Helvetius e os outros rebeldes do Iluminismo; e inúmeros outros. Finalmente, entreter aquele fluxo interminável de visitantes revelou-se muito dispendioso, mesmo para Voltaire; ele reclamou que estava se tornando o hoteleiro de toda a Europa. A um conhecido que havia anunciado ter chegado para ficar seis semanas, Voltaire disse: "Qual é a diferença entre vós e Dom Quixote? Ele confundia estalagens com castelos, e vós confundis este castelo com uma estalagem". "Deus me projeta de meus amigos", concluiu ele; "dos inimigos eu mesmo cuido".

Acrescente a essa perpétua hospitalidade a maior correspondência que o mundo já viu, e a mais brilhante. Chegavam cartas de homens de todos os tipos e posições: um burgomestre escreveu da Alemanha perguntando, "em segredo, se Deus existe ou não", implorando a Voltaire que respondesse na mesma carta que lhe enviara;[47] Gustavo III, da Suécia, ficou eufórico por pensar que, às vezes, Voltaire voltava suas atenções para o Norte, e disse-lhe que isso era o maior estímulo para que eles se esforçassem ao máximo lá em cima; Cristiano VII, da Dinamarca, pediu desculpas por não ter adotado de imediato todas as reformas; Catarina II, da Rússia, enviava-lhe belos presentes, escrevia com frequência e esperava que ele não a considerasse importuna. Até Frederico, depois de um ano de melancolia, voltou ao rebanho e recomeçou a corresponder-se com o rei de Ferney.

> "Você cometeu grandes ofensas contra mim", escreveu ele. "Perdoei-as todas, e até desejo esquecê-las. Mas se você não tivesse se envolvido com um louco apaixonado pelo seu nobre intelecto, não teria se saído tão bem. (...) Quer ouvir coisas agradáveis? Muito bem; vou lhe dizer algumas verdades. Estimo em você o gênio mais aguçado que já nasceu em eras; admiro sua poesia, amo sua prosa. (...) Nunca um autor antes de você teve um tato tão preciso, um gosto tão decidido e delicado. Você é encantador nas conversas; sabe como divertir e instruir ao mesmo tempo. Você é o ser mais sedutor que conheço, capaz de fazer com que o mundo se apaixone por você, se assim o quiser. Possui tais dons de inteligência que pode chegar a ofender e, ainda assim, merecer a indulgência daqueles que o conhecem. Em suma, você seria perfeito se não fosse um homem."[48]

Quem poderia esperar que um anfitrião tão alegre se tornasse o expoente do pessimismo? Na juventude, como farrista pelos salões de Paris, ele vira o lado mais ensolarado da vida, apesar da Bastilha; e, no entanto, naqueles dias despreocupados ele se havia revoltado contra o otimismo anormal a que Leibniz dava curso. A um jovem ardente que o atacara em um trabalho publicado, argumentando, com Leibniz, que este é "o melhor de todos os mundos possíveis",⁴⁹ Voltaire escreveu: "É um prazer tomar conhecimento, senhor, de que escrevestes um livrinho contra mim. Fazeis-me uma honra demasiado grande. (...) Quando tiverdes mostrado, em verso ou outra forma qualquer, o motivo pelo qual tantos homens cortam a garganta no melhor de todos os mundos possíveis, ficarei extremamente grato. Aguardo vossos argumentos, vossos versos e vossos insultos; e vos asseguro, do fundo do meu coração, que nenhum de nós dois sabe nada sobre o assunto. Tenho a honra de ser" etc.

Perseguição e desilusão exauriram sua fé na vida; e suas experiências em Berlim e Frankfurt haviam frustrado suas esperanças. Mas tanto fé quanto esperança sofreram um grande golpe quando, em novembro de 1755, chegou a notícia do horrível terremoto em Lisboa, no qual morrerram trinta mil pessoas. O tremor acontecera no Dia de Todos os Santos; as igrejas tinham ficado lotadas de fiéis; e a morte, encontrando seus inimigos em formação cerrada, fizera uma bela colheita. Voltaire teve um choque com a seriedade, e foi tomado pela raiva quando soube que o clero francês estava explicando o desastre como um castigo pelos pecados do povo de Lisboa. Ele desabafou em um poema apaixonado, no qual apresentou duras observações ao velho dilema: ou Deus pode evitar o mal, mas não quer; ou quer evitá-lo, mas não pode. Ele não estava satisfeito com a resposta de Espinosa, de que *bem* e *mal* são termos humanos, inaplicáveis ao universo, e que nossas tragédias são coisas triviais na perspectiva da eternidade.

> Sou ínfima parte do grande todo.
> Sim; mas todos os animais condenados a viver,
> Todas as coisas sencientes, nascidos segundo a mesma lei impiedosa,
> Sofrem como eu, e como eu também morrem.
> O abutre aperta sua tímida presa,
> E golpeia com o sanguinário bico os trêmulos membros:
> Para ele, parece, está tudo bem. Mas pouco depois
> Uma águia faz o abutre em pedaços;
> A águia é trespassada por flechas do homem;
> O homem, caído na poeira dos campos de batalha,

Misturando seu sangue com companheiros agonizantes,
Torna-se, por sua vez, o alimento de pássaros vorazes.
Assim o mundo todo geme em cada membro,
Todos nascidos para o tormento e para a morte mútua.
E sobre este horrendo caos, você diria
Que os males de cada um formam o bem de todos!
Que bem-aventurança! E quando, com voz trêmula,
Mortal e lamentavelmente você grita "Tudo está bem",
O universo o desmente, e seu coração
Refuta cem vezes a sua presunção. (...)
Qual é o veredicto da mente mais ampla?
Silêncio: o livro do destino está fechado para nós.
O homem é um estranho para a sua própria pesquisa;
Não sabe de onde vem, nem para onde vai.
Átomos atormentados num leito de lama,
Devorados pela morte, um escárnio do destino;
Mas átomos pensantes, cujos olhos que enxergam longe,
Guiados por pensamentos, mediram as fracas estrelas.
Nosso ser mistura-se ao infinito;
A nós mesmos nunca vemos, ou chegamos a conhecer.
Este mundo, este palco de orgulho e do errado,
Está cheio de tolos doentios que falam de felicidade. (...)

Certa vez, cantei, em tom menos lúgubre,
Os belos caminhos da regra geral do prazer;
Os tempos mudaram e, ensinado pela idade que avança,
E partilhando da fragilidade da humanidade,
Buscando uma luz em meio à crescente escuridão,
Só me resta sofrer, e não irei reclamar.[50]

Poucos meses mais tarde, irrompeu a Guerra dos Sete Anos; Voltaire a considerou uma loucura e um suicídio, a devastação da Europa para resolver se a Inglaterra ou a França deveria ganhar "uns poucos acres de neve" no Canadá. Além disso tudo, veio a público uma resposta, de Jean-Jacques Rousseau, ao poema sobre Lisboa. O próprio homem devia ser culpado do desastre, disse Rousseau; se vivêssemos nos campos e não nas cidades, não seríamos mortos em tamanha escala; se vivêssemos a céu aberto, e não em casas, estas não cairiam sobre nós. Voltaire ficou espantado com a popularidade angariada por essa profunda teodiceia; e irritado com o fato de que seu nome estava sendo arrastado na lama por um Quixote daqueles, ele disparou na direção de Rousseau "aquela mais terrível de todas as armas intelectuais já brandidas pelo homem, o escárnio de Voltaire".[51] Em três dias, em 1751, ele escreveu *Cândido*.

Nunca o pessimismo foi demonstrado com tanto bom humor; nunca um homem se pôs a gargalhar com tanto gosto enquanto se conscientizava de que este é um mundo de desgraças. E raramente uma história foi contada com uma arte tão simples e oculta; é pura narrativa e diálogo; nada de descrições para encher linguiça; e a ação é incontrolavelmente rápida. "Nos dedos de Voltaire", disse Anatole France, "a pena corre e ri".[52] Talvez por isso seja o melhor conto de toda a literatura.

Cândido, como o nome indica, é um rapaz simples e honesto, filho do grande barão de Thunder-ten-tronckh, da Vestfália, e discípulo do culto doutor Pangloss.

> Pangloss era professor de metafisicoteologicocosmonigologia. (...) "Está demonstrado", dizia ele, "que tudo é necessariamente para o melhor dos fins. Observai que o nariz foi formado para suportar óculos (...) as pernas, visivelmente projetadas para usar meias (...) as pedras, para construir castelos (...) os porcos, para que pudéssemos comer carne de porco o ano inteiro. Consequentemente, aqueles que afirmam que tudo está bem estão dizendo bobagem; deveriam ter dito que tudo foi feito com a melhor das intenções.

Enquanto Pangloss discursa, o castelo é atacado pelo exército búlgaro, e Cândido é capturado e transformado em soldado.

> Fizeram-no dar meia-volta para a direita e para a esquerda, sacar a vareta, repor a vareta, apresentar, disparar, marchar. (...) Ele decidiu, num belo dia de primavera, dar um passeio a pé, marchando em linha

reta, acreditando ser um privilégio, tanto da espécie humana quanto da animal, usar as pernas como bem lhe aprouvesse. Avançara duas léguas quando foi alcançado por quatro heróis de um metro e oitenta de altura, que o amarraram e o carregaram para um calabouço. Perguntaram-lhe o que preferia, ser chicoteado trinta e seis vezes por todo o regimento ou receber logo duas balas de chumbo na cabeça. Em vão, ele disse que a vontade humana era livre, e que não escolhia nem uma coisa nem outra. Foi obrigado a fazer a escolha; decidiu, em virtude do dom de Deus chamado liberdade, passar trinta e seis vezes pelas fileiras dos membros do regimento munidos de açoites. Aguentou duas.[53]

Cândido foge, pega um navio para Lisboa e, a bordo, encontra o professor Pangloss, que lhe conta que o barão e a baronesa foram assassinados, e o castelo, destruído. "Tudo isso", concluiu ele, "era indispensável, pois os infortúnios privados fazem o bem geral, de modo que, quanto mais infortúnios privados houver, maior será o bem geral". Eles chegam a Lisboa bem na hora de serem apanhados no terremoto. Depois que o terremoto acaba, cada um deles conta ao outro suas aventuras e agruras; ouvindo-os, uma velha criada lhes assegura que seus infortúnios nada são se comparados com os dela. "Estive cem vezes prestes a me matar, mas eu adorava a vida. Essa ridícula fraqueza talvez seja uma das nossas características mais fatais, pois existirá coisa mais absurda do que querer carregar sempre um fardo que sempre se pode jogar fora?" Ou, como diz outro personagem, "pesados os prós e contras, a vida de um gondoleiro é preferível à de um doge; mas creio que a diferença é tão insignificante que não vale a pena ser examinada".

Cândido, fugindo da Inquisição, vai para o Paraguai; "lá, os padres jesuítas são donos de tudo, e o povo, de nada; é uma obra-prima da razão e justiça". Numa colônia holandesa, ele encontra um negro com uma só mão, uma só perna e um farrapo com o qual se vestir. "Quando trabalhamos nas plantações de cana-de-açúcar", explica o escravo, "e a moenda prende um dedo, eles cortam uma mão; e quando tentamos fugir, eles cortam uma perna. (...) É este o preço pelo qual vocês comem açúcar na Europa". Cândido acha muito ouro com facilidade no interior inexplorado; volta para a costa e contrata um navio para levá-lo para a

França, mas o capitão parte com o ouro e deixa Cândido filosofando no cais. Com o pouco que lhe resta, Cândido compra uma passagem num navio que se destina a Bordeaux; e a bordo, começa uma conversa com um velho sábio, Martin.

> — Vós acreditais — indagou Cândido — que os homens sempre massacraram uns aos outros, sempre foram mentirosos, falsos, traidores, ingratos, bandidos, idiotas, ladrões, salafrários, glutões, bêbados, avarentos, ciumentos, ambiciosos, sanguinários, caluniadores, debochados, fanáticos, hipócritas e tolos?
> — E vós acreditais — retrucou Martin — que os gaviões sempre comeram pombos quando os encontraram?
> — Sem dúvida — afirmou Cândido.
> — Pois então — disse Martin —, se os gaviões sempre tiveram o mesmo caráter, por que ireis imaginar que os homens mudariam o deles?
> — Oh! — exclama Cândido. — Existe uma diferença enorme, porque o livre-arbítrio...
> E argumentando dessa maneira, eles chegaram a Bordeaux.[54]

Não podemos acompanhar Cândido no restante de suas aventuras, que formam um comentário animado sobre as dificuldades da teologia medieval e do otimismo leibniziano. Depois de sofrer uma variedade de males em meio a uma variedade de homens, Cândido se instala como agricultor na Turquia; e a história termina com um derradeiro diálogo entre mestre e discípulo:

> Pangloss às vezes dizia a Cândido:
> — Existe uma concatenação de eventos neste melhor de todos os mundos possíveis: porque se vós não tivésseis sido expulso de um magnífico castelo; (...) se não tivésseis sido submetido à Inquisição; se não tivésseis saído andando pela América; (...) se não tivésseis perdido todo o vosso ouro; (...) não estaríeis aqui comendo cidras em conserva e sementes de pistache.

— Tudo isso está muito bem — respondeu Cândido —, mas vamos cultivar nosso pomar.

VII. A ENCICLOPÉDIA E O DICIONÁRIO FILOSÓFICO

A popularidade de um livro tão irreverente quanto *Cândido* nos dá uma certa ideia do espírito da época. A altiva cultura da época de Luís XIV, apesar dos imponentes bispos que nela desempenhavam um papel muito eloquente, aprendera a sorrir para o dogma e a tradição. O fracasso da Reforma na captura da França deixara os franceses numa situação que era o meio-termo entre infalibilidade e infidelidade; e enquanto o intelecto da Alemanha e da Inglaterra seguiu à vontade pelas linhas da evolução religiosa, a mente da França saltou da fé ardente que massacrara os huguenotes para a fria hostilidade com que La Mettrie, Helvetius, Holbach e Diderot voltaram-se contra a religião de seus pais. Olhemos por instantes para o ambiente intelectual no qual o Voltaire mais velho estava metido e levava sua vida.

La Mettrie (1709-51) era um médico do exército que havia perdido o posto por escrever uma *História Natural da Alma* e fora exilado por causa de um trabalho intitulado *O Homem-Máquina*. Ele se refugiara na corte de Frederico, que também era um pensador um tanto avançado e estava resolvido a importar de Paris o que houvesse de mais atual em matéria de cultura. La Mettrie adotara a ideia do mecanicismo no ponto em que o amedrontado Descartes, como um menino que queimou os dedos, a descartara; e anunciara corajosamente que o mundo todo, sem excluir o homem, era uma máquina. A alma é material, e a matéria é sentimental; mas, sejam lá o que forem, uma influencia a outra; elas crescem e se deterioram uma com a outra de um modo que não deixam dúvidas quanto à sua semelhança e à sua interdependência. Se a alma é puro espírito, como pode o entusiasmo aquecer o corpo, ou a febre do corpo perturbar os processos da mente? Todos os organismos se desenvolveram a partir de um germe original, por meio da ação recíproca de organismo e meio ambiente. A razão pela qual os animais têm inteligência, e as plantas, não, é que animais movem-se em busca da comida, enquanto as plantas comem o que vier até elas. O homem tem mais inteligência porque tem as maiores necessidades e a mais ampla das mobilidades; "os seres sem necessidades são, também, desprovidos de mente".

Embora La Mettrie fosse exilado por causa dessas opiniões, Helvetius (1715-71), que as adotou como base de seu livro *A Treatise on Man*, tornou-se um dos homens mais ricos da França, conquistou altas posições e recebeu muitas honrarias. Temos aqui a ética, como em La Mettrie a metafísica, do ateísmo. Toda a ação é ditada pelo egoísmo, pelo amor-próprio; "até o herói segue o sentimento que, para ele, está associado ao máximo de prazer"; e "a virtude é o egoísmo munido de uma luneta".[55] A consciência não é a voz de Deus, mas o temor da polícia; é o depósito que sobrou em nós da corrente de proibições lançada sobre a alma em evolução pelos pais, professores e pela imprensa. A moralidade deve ser baseada não na teologia, mas na sociologia; as necessidades da sociedade que se alteram, e não qualquer revelação ou dogma imutável, é que devem determinar o bem.

A maior figura desse grupo era Denis Diderot (1713-84). Suas ideias foram expressas em vários fragmentos de sua própria pena e no *Sistema da Natureza*, do barão d'Holbach (1723-89), cujo salão era o centro do círculo de Diderot. "Se voltarmos ao início", diz Holbach, "veremos que a ignorância e o medo criaram os deuses; que a imaginação, o entusiasmo ou o embuste os adornou ou desfigurou; que a fraqueza os venera; que a credulidade os preserva; e que o costume os respeita, e a tirania os apoia a fim de fazer com que a cegueira dos homens atenda aos seus interesses". A crença em Deus, disse Diderot, está vinculada à submissão à autocracia; as duas ascendem e caem juntas; e "os homens só serão livres quando o último rei for estrangulado com as entranhas do último padre". A Terra só atingirá sua independência quando o céu for destruído. O materialismo pode ser uma supersimplificação do mundo — toda matéria é provavelmente instinto com vida, e é impossível reduzir a unidade de consciência para com a matéria e o movimento; mas o materialismo é uma boa arma contra a Igreja, e deve ser usada até que se encontre outra melhor. Enquanto isso, deve-se disseminar o conhecimento e estimular a indústria; a indústria resultará em paz, e o conhecimento criará uma moralidade nova e natural.

São essas as ideias que Diderot e d'Alembert trabalharam para disseminar por meio da *Enciclopédia*, que editaram, volume por volume, de 1752 a 1772. A Igreja mandou suprimir os primeiros volumes; e à medida que a oposição aumentava, os companheiros de Diderot o abandonavam; mas ele continuou a trabalhar com raiva, revigorado pela sua ira. "Não conheço nada tão indecente", disse ele, "quanto essas declamações vazias dos teólogos contra a razão. Ao ouvi-los, é de supor-se que os homens não poderiam entrar para o seio da cristandade a não ser como um rebanho bovino adentrando um estábulo". Aquela era, como Paine colocou, a idade da razão; esses homens nunca duvidaram que o intelecto era o teste humano culminante de toda a verdade e de todo o bem. Deem liberdade à razão, diziam eles, e ela, dentro de poucas gerações, construirá a Utopia. Diderot não desconfiava de que o erótico e neurótico Jean-Jacques Rousseau, que ele acabara de apresentar a Paris, levava na cabeça, ou no coração, as sementes de uma revolução contra aquela entronização da razão; uma revolução que, armada com as impressionantes obscuridades de Immanuel Kant, iria em breve ocupar todas as cidadelas da filosofia.

Como era natural, Voltaire, que se interessava por tudo e participava de todas as lutas, viu-se envolvido, durante algum tempo, pelo círculo dos enciclopedistas; eles tinham o prazer de chamá-lo de líder; e ele não era avesso ao incenso deles, embora algumas das ideias precisassem ser um pouco podadas. Eles lhe pediram que escrevesse verbetes para o grande empreendimento que realizavam, e Voltaire respondeu com uma facilidade e uma fertilidade que os deixou encantados. Quando terminou esse trabalho, ele se dispôs a fazer uma enciclopédia só sua, que chamou de *Dicionário Filosófico*; com uma audácia sem precedentes, tomou assunto após assunto sugerido pelo alfabeto e despejou, sob cada verbete, parte de seus inexauríveis recursos de conhecimento e sabedoria. Imaginem um homem escrevendo sobre todas as coisas e, apesar disso, produzindo um clássico; a mais acessível e cintilante das obras de Voltaire, sem contar os romances; cada verbete um modelo de brevidade, clareza e espírito. "Certos homens podem ser prolixos em um pequeno volume; Voltaire é conciso ao longo de cem."[56] Aqui, finalmente, Voltaire prova que é um filósofo.

Ele começa, como Bacon, Descartes, Locke e todos os modernos, com dúvidas e (supostamente) do zero. "Adotei como meu padroeiro São Tomé Dídimo, que sempre insistiu em fazer o exame com as próprias mãos."[57] Agradece a Bayle por ter lhe ensinado a arte da dúvida. Rejeita todos os sistemas e desconfia de que "todo chefe de seita em filosofia tem sido um tanto charlatão".[58] "Quanto mais eu avanço, mais vejo confirmada a ideia de que os sistemas da metafísica são para os homens o que as novelas são para as mulheres."[59] Só os charlatães têm certeza. "Nada sabemos de primeiros princípios. Com efeito, é extravagante definir Deus, anjos e mentes, e saber exatamente o motivo pelo qual Deus criou o mundo, quando não sabemos por que mexemos os braços quando queremos. A dúvida não é um estado muito agradável, mas a certeza é um estado ridículo."[60] "Não sei como fui feito nem como nasci. Eu não conheci em absoluto, durante um quarto de minha vida, as causas do que eu via, ouvia ou sentia. (...) Vi aquilo que é chamado de matéria, tanto sob a forma da estrela Sirius como do menor átomo que pode ser percebido com o microscópio; e não sei o que é essa matéria."[61]

Ele conta uma história do "Bom Brâmane", que diz, "Quem dera eu nunca tivesse nascido!".

— Por quê? — perguntei eu.

— Porque — respondeu ele — há quarenta anos venho estudando, e verifico que foi muito tempo perdido. (...) Creio que sou composto de matéria, mas jamais consegui me convencer do que é que produz o pensamento. Chego até a ignorar se a minha compreensão é uma simples faculdade como a de caminhar ou digerir, ou se penso com a cabeça da mesma maneira que seguro uma coisa com as mãos. (...) Eu falo muito, e depois de acabar de falar, fico confuso e envergonhado do que disse.

No mesmo dia, tive uma conversa com uma velha senhora, vizinha dele. Perguntei se alguma vez se sentira infeliz por não compreender como sua alma era feita. Ela nem sequer compreendeu a minha pergunta. Não pensara, nem no mais curto instante da vida, naqueles assuntos com os quais o bom brâmane tanto se atormentava. Ela acreditava, no fundo do coração, nas metamorfoses de Vishnu, e desde que pudesse arranjar um pouco da água sagrada do Ganges para fazer suas abluções, considerava-se a mais feliz das mulheres. Impressionado com a felicidade daquela pobre criatura, voltei para o meu filósofo, a quem me dirigi da seguinte maneira:

— Não tendes vergonha de vos sentirdes tão infeliz quando, a menos de cinquenta metros de onde estais, existe uma velha autômata que não pensa em nada e vive contente?

— Tendes razão — replicou ele. — Tenho dito a mim mesmo, mil vezes, que eu deveria ser feliz se fosse tão ignorante quanto a minha vizinha; no entanto, é uma felicidade que não desejo.

Essa resposta do brâmane me causou uma impressão maior do que qualquer outra coisa que acontecera.[62]

Mesmo se a filosofia acabar na total dúvida do *"Que sais-je?"* de Montaigne,[63] ela é a maior aventura do homem, e a mais nobre. Aprendamos a nos contentar com avanços modestos do conhecimento, em vez de estarmos sempre tecendo novos sistemas com base em nossa mendaz imaginação.

Não devemos dizer "Vamos começar inventando princípios pelos quais possamos explicar tudo"; e sim "Façamos uma análise exata do assunto, e depois tentaremos ver, com muita modéstia e prudência, se ele se coaduna com algum princípio".[64] (...) O chanceler Bacon havia mostrado a estrada pela qual a ciência deveria seguir. (...) Mas depois apareceu Descartes e fez exatamente o contrário do que deveria ter feito: em vez de estudar a natureza, quis adivinhá-la. (...) Este, que foi o melhor dos matemáticos, só fez romances em filosofia.[65] (...) Temos o dom de calcular, pesar, medir, observar; isso é filosofia natural; quase tudo mais é quimera.[66]

VIII. *ECRASEZ L'INFÂME*

Em circunstâncias normais, é provável que Voltaire nunca houvesse abandonado a calma filosófica desse ceticismo cortês e adentrado as árduas controvérsias de seus últimos anos. Os círculos aristocráticos que ele frequentava concordavam tão prontamente com o seu ponto de vista que não havia incentivo à polêmica; até os padres sorriam com ele diante das dificuldades da fé, e cardeais ficavam pensando se, no final de contas, ainda não poderiam transformá-lo em um bom capuchinho. Quais teriam sido então os acontecimentos que o levaram da polida chacota do agnosticismo para um acirrado anticlericalismo que não admitia concessões, desencadeando, antes, uma guerra implacável para "esmagar a infâmia" do excesso de zelo religioso?

Não longe de Ferney ficava Toulouse, a sétima cidade da França. Na época de Voltaire, o clero católico desfrutava, ali, de uma soberania absoluta; a cidade comemorava, em afrescos, a Revogação do Edito de Nantes (um edito que dera liberdade de credo aos protestantes) e celebrava como grande dia santo o dia do Massacre de São Bartolomeu. Nenhum protestante podia ser, em Toulouse, advogado, médico, farmacêutico, merceeiro, livreiro ou editor; tampouco podia um católico ter um protestante como criado ou empregado — em 1748, uma mulher tinha sido multada em três mil francos por usar uma parteira protestante.

Acontece, porém, que Jean Calas, um protestante de Toulouse, tinha uma filha que se tornara católica e um filho que se enforcara, presumivelmente devido a desilusões nos negócios. Havia uma lei em Toulouse que dizia que todo suicida deveria ser colocado despido numa armação de madeira, de bruços, arrastado assim pelas ruas e depois pendurado num patíbulo, exposto ao escárnio do público. O pai, para evitar isso, pediu a parentes e amigos que declarassem que a morte fora natural. Em consequência, começou a circular o boato de que se tratava de um assassinato, com insinuações de que o pai matara o filho para evitar sua iminente conversão ao catolicismo. Calas foi preso, submetido a torturas, e morreu logo depois (1761). Sua família, arruinada e caçada, fugiu para Ferney e procurou a ajuda de Voltaire. Ele recebeu a todos em sua casa, confortou-os e ficou impressionado com a história de perseguição medieval que lhe contaram.

Mais ou menos ao mesmo tempo (1762), deu-se a morte de Elizabeth Sirvens; de novo, boatos diziam que ela havia sido empurrada para dentro de um poço quando estava prestes a anunciar sua conversão ao catolicismo. Que uma tímida minoria de protestantes dificilmente teria a ousadia de proceder assim era uma ponderação racional e, portanto, fora do campo de ação dos boatos. Em 1765, um jovem chamado La Barre, de dezesseis anos, foi preso sob a acusação de ter mutilado crucifixos. Torturado, ele confessou sua culpa; sua cabeça foi decepada, o corpo, lançado à fogueira, enquanto a multidão aplaudia. Um exemplar do *Dicionário Filosófico* de Voltaire, encontrado em poder do rapaz, foi queimado junto com ele.

Quase pela primeira vez em sua vida, Voltaire tornou-se um homem realmente sério. Quando d'Alembert, desgostoso igualmente com o Estado, com a Igreja e com o povo, escreveu que dali por diante iria simplesmente zombar de tudo, Voltaire respondeu: "Não é hora de zombaria; o espírito não coaduna com massacres. (...) É este o país da filosofia e do prazer? Ao contrário, é o país do Massacre de São Bartolomeu". Acontecia agora com Voltaire o que acontecera com Zola e Anatole France no caso de Dreyfus; aquela tirânica injustiça o provocara; deixou de ser meramente um homem de letras e se tornou também um homem de ação; pôs a filosofia de lado para se dedicar à guerra, ou melhor, transformou a sua filosofia numa dinamite implacável. "Durante esse tempo, não houve um só sorriso que se me escapasse sem que eu me recriminasse como se tivesse cometido um crime." Foi então que ele adotou seu famoso lema, *Ecrasez l'infâme* [Esmagar o infame], e sacudiu a alma da França contra os abusos da Igreja. Começou a expelir tamanho fogo e enxofre intelectual que derreteu mitras e cetros, rompeu o poder do clero na França e ajudou a derrubar um trono. Ele enviou um apelo a seus amigos e seguidores, conclamando-os à batalha: "Venham, bravo Diderot, intrépido d'Alembert, aliem-se; (...) esmaguem os fanáticos e os desonestos, destruam as insípidas declamações, os desprezíveis sofismas, a história mentirosa, (...) os absurdos sem conta; não deixem que aqueles que têm senso fiquem submissos àqueles que não o têm; e a geração que está nascendo deverá a nós a sua razão e a sua liberdade".⁶⁷

Exatamente nesse ponto crítico foi feita uma tentativa de suborná-lo; por intermédio da marquesa de Pompadour, ele recebeu a oferta de uma mitra de cardeal a título de recompensa por uma reconciliação com a Igreja.⁶⁸ Como se o comando de alguns bispos de língua presa pudesse interessar um homem que era o indiscutível soberano do mundo do intelecto! Voltaire recusou; e qual um novo Catão, passou a finalizar todas as suas cartas com "Esmagai o infame". Lançou o seu *Tratado sobre a Tolerância*: disse que teria suportado os absurdos do dogma se o clero tivesse agido de acordo com os sermões que pregava e tivesse tolerado as diferenças; mas "sutilezas das quais não se encontra nenhum traço nas Escrituras são a fonte das sangrentas disputas da história cristã".⁶⁹ "O homem que me diz 'Crê como eu creio, ou Deus te condenará' daqui a pouco dirá: 'Crê como eu creio, ou eu irei assassinar-te'."⁷⁰ "Com que direito um ser criado livre pode obrigar um outro a pensar como ele?"⁷¹ "Um fanatismo composto de superstição e ignorância tem sido o mal de todos os séculos."⁷² Uma paz perpétua como a que o abade de Saint-Pierre defendia jamais poderia se tornar realidade se os homens não aprendessem a tolerar as mútuas diferenças filosóficas, políticas e religiosas. O primeiro passo para a saúde social era a destruição do poder eclesiástico, no qual a intolerância tinha a sua raiz.

O *Tratado sobre a Tolerância* foi seguido por uma torrente de panfletos, histórias, diálogos, cartas, catecismos, diatribes, pasquins, sermões, versos, contos, fábulas, comentários e ensaios, em nome do próprio Voltaire e de centenas de pseudônimos — "a mais impressionante mixórdia de propaganda já produzida por um só homem".⁷³ Nunca a filosofia foi exposta de maneira tão clara, e com tanta vida; Voltaire escreve tão bem que ninguém percebe que ele está escrevendo filosofia. Com excesso de modéstia, ele se definiu: "Eu me expresso com bastante clareza; sou como os pequenos córregos, que são transparentes por não serem profundos".⁷⁴ E assim ele era lido; em pouco tempo, todo o mundo, até mesmo o clero, tinha os seus panfletos; de alguns deles, foram vendidos cerca de trezentos mil exemplares, embora os leitores fossem, na época, muito menos numerosos do que hoje; na história da literatura nunca se vira coisa igual. "Os livros grandes", disse ele, "estão fora de moda". E assim, ele distribuía seus soldadinhos, semana após semana, mês após mês, resoluto e incansável, surpreendendo o mundo com a fertilidade de seu pensamento e a magnífica energia de seus setenta anos. Como disse Helvetius, Voltaire cruzara o Rubicão e se encontrava diante de Roma.[75]

Voltaire começou com uma "crítica superior" da autenticidade e da confiabilidade da Bíblia; ele toma grande parte de seu material de Espinosa, mais dos deístas ingleses, a maior parte do *Dicionário Histórico e Crítico* de Bayle (1647-1706); mas como o material deles fica brilhante e ardente em suas mãos! Um panfleto é intitulado "As Perguntas de Zapata", um candidato ao sacerdócio; Zapata pergunta, inocentemente: "Como vamos fazer para mostrar que os judeus, a quem queimamos às centenas, foram durante quatro mil anos o povo escolhido de Deus?".[76] E vai fazendo perguntas que desnudam as inconsistências de narrativa e cronologia no Antigo Testamento. "Quando dois concílios se anatematizam mutuamente, como tem acontecido com frequência, qual deles é infalível?" Por fim, "Zapata, sem receber resposta alguma, passou a pregar Deus com toda a simplicidade. Anunciava aos homens o Pai comum, aquele que recompensa, pune e perdoa. Extraiu a verdade das mentiras e separou a religião do fanatismo; ensinava e praticava virtude. Era delicado, bondoso e modesto; e foi condenado à fogueira em Valladolid no ano da graça de 1631".[77]

No verbete "Profecia", no *Dicionário Filosófico*, ele cita *Baluarte da Fé*, do rabino Isaac, contra a aplicação de profecias hebraicas a Jesus, e depois prossegue, com ironia: "Dessa maneira, esses intérpretes cegos de sua religião e de sua língua combateram a Igreja e sustentaram tenazmente que essa profecia não pode, de maneira alguma, referir-se a Jesus Cristo".[78] Era uma época perigosa, na qual se era compelido a dizer o que se pensava sem dizê-lo, e a linha mais curta entre o indivíduo e o seu objetivo era tudo, menos reta. Voltaire gosta de fazer os dogmas e ritos cristãos remontarem à Grécia, ao Egito e à Índia, e calcula que essas adaptações não foram a causa menos importante do sucesso do cristianismo no mundo antigo. No verbete "Religião" ele pergunta, astutamente: "Depois da nossa santa religião, que sem dúvida é a única boa, qual aquela que seria menos condenável?". E passa a descrever uma fé e um culto diametralmente opostos ao catolicismo de sua época. "O cristianismo deve ser divino", diz ele, em um de seus ataques mais imoderados, "já que durou mil e setecentos anos, apesar de tão cheio de baixezas e absurdos".[79] Ele mostra que quase todos os povos antigos tinham mitos semelhantes, e conclui apressadamente que, por conseguinte, os mitos são comprovadamente invenções dos padres: "o primeiro divino foi o primeiro bandido que encontrou o primeiro bobo". No entanto, não é a religião em si que ele atribui aos padres, mas a teologia. São ligeiras diferenças em teologia que têm causado tantas disputas acirradas e guerras religiosas. "Não são as pessoas comuns (...) que têm provocado essas ridículas e fatais disputas, as fontes de tantos horrores. (...) Homens sustentados pelo trabalho que vocês realizam em uma ociosidade confortável, enriquecidos pelo seu suor e pela sua miséria, lutavam pelos partidários e escravos; eles inspiraram vocês com um fanatismo destrutivo, para que pudessem ser os seus senhores; transformaram vocês em supersticiosos não para que vocês pudessem temer a Deus, mas para que temessem a eles."[80]

Mas não devemos supor, com base nisso tudo, que Voltaire não tivesse religião nenhuma. Ele rejeita patentemente o ateísmo;[81] tanto que alguns dos enciclopedistas se voltaram contra ele, dizendo: "Voltaire é um fanático, ele acredita em Deus". Em *O Filósofo Ignorante* ele cria uma linha de raciocínio em direção ao panteísmo espinosista, mas, em seguida, recua quase como um ateísmo. Ele escreve a Diderot:

> Confesso que não sou, de forma alguma, da opinião de Saunderson, que nega um Deus porque nasceu cego. Talvez eu esteja equivocado; mas no lugar dele, eu reconheceria uma grande Inteligência que me deu tantos substitutos da visão; e percebendo, com muita reflexão, as maravilhosas relações entre todas as coisas, eu deveria ter desconfiado de que existe um Artífice infinitamente capaz. Se é muito presunçoso adivinhar *o que* Ele é, e *por que* Ele fez tudo o que existe, parece-me também muito presunçoso negar *que* Ele existe. Estou ansiosíssimo para conhecer e conversar com você, para saber se você se considera uma de Suas próprias obras ou uma partícula retirada, inevitavelmente, de uma

matéria eterna e necessária. Seja o que for, você é uma parte digna daquele grande todo que eu não compreendo.[82]

Para Holbach, ele salienta que o próprio título de seu livro, o *Sistema da Natureza*, indica uma inteligência divina organizadora. Por outro lado, ele nega veementemente os milagres e a eficácia sobrenatural da oração:

> Eu estava no portão do convento quando a irmã Fessue disse à irmã Confite:
> — É evidente que a Providência cuida de mim; sabeis o quanto eu adoro o meu pardal; ele teria morrido se eu não tivesse rezado nove ave-marias para obter sua cura.
> (...)
> Um metafísico disse a ela:
> — Irmã, não há nada tão bom quanto as ave-marias, principalmente quando uma garota as profere em latim, nos subúrbios de Paris; mas não posso acreditar que Deus tenha se ocupado tanto com seu pardal, por mais bonito que ele seja; rogo-vos para que acrediteis que Ele tem outras coisas para tomar conta. (...)
> A irmã Fessue:
> — Senhor, esse discurso tem o sabor de heresia. Meu confessor (...) inferirá que vós não acreditais na Providência.
> O metafísico:
> — Eu acredito numa Providência geral, cara irmã, que estabeleceu desde a eternidade a lei que governa todas as coisas, como a luz do sol; mas não acredito que uma Providência particular mude a economia do mundo por conta de vosso pardal.[83]

"Sua Sagrada Majestade, o Destino, decide tudo."[84] A verdadeira oração não está no pedir por uma intervenção na lei natural, mas na aceitação da lei natural como a vontade inalterável de Deus.[85]

Igualmente, ele nega o livre-arbítrio.[86] Quanto à alma, é um agnóstico: "Quatro mil volumes de metafísica não nos ensinarão o que é a alma".[87] Sendo um homem velho, ele gostaria de acreditar na imortalidade, mas acha difícil.

Ninguém pensa em atribuir uma alma imortal à pulga; por que, então, a um elefante, ou a um macaco, ou ao meu camareiro?[88] (...) Uma criança morre no ventre da mãe no exato momento em que recebeu uma alma. Ela irá ressurgir como um feto, um menino ou um homem? Para ressurgir — ser a mesma pessoa que foi antes —, você deve ter a memória perfeitamente fresca e presente; porque é a memória que faz a sua identidade. Se a sua memória for perdida, como você será a mesma pessoa?[89] (...) Por que a humanidade se gaba de que só ela é dotada de um princípio espiritual e imortal? (...) Talvez devido à sua imoderada vaidade. Estou convencido de que se um pavão pudesse falar iria gabar-se de sua alma e afirmar que ela habitava sua esplendorosa cauda.[90]

E com esse espírito inicial, ele também rejeita a visão de que a crença na imortalidade é necessária à moralidade: os antigos hebreus não a tinham, justamente quando eram "o povo escolhido"; e Espinosa foi um modelo de moralidade.

Em seus últimos dias, Voltaire mudou de ideia. Ele passou a achar que a crença em Deus tem pouco valor moral a menos que acompanhada pela crença em uma imortalidade de castigo e recompensa. Talvez "para a gente comum (*la canaille*) um Deus recompensador e vingativo" seja necessário. Bayle perguntara se uma sociedade de ateus poderia subsistir. Voltaire responde: "Sim, se eles também fossem filósofos".[91] Mas os homens raramente são filósofos; "se houver uma aldeia, para que ela seja boa precisa ter uma religião".[92] "Quero que meu advogado, meu alfaiate e minha mulher acreditem em Deus", diz "A" em *L'A, B, C Dialogue Curieux*; "assim, imagino, serei menos roubado e menos enganado". "Se Deus não existisse, seria necessário inventá-lo."[93] "Começo a dar mais valor à felicidade e à vida do que à verdade";[94] — uma antecipação impressionante, no meio do Iluminismo, da própria doutrina com que Immanuel Kant iria combater mais tarde o Iluminismo. Ele se defende gentilmente contra seus amigos ateístas; dirige-se a Holbach no verbete sobre "Deus" no *Dicionário*:

> Vós mesmo dizeis que a crença em Deus (...) tem evitado que alguns homens cometam crimes; só isso já me é suficiente. Quando essa

crença evita até mesmo dez assassinatos, dez calúnias, afirmo que o mundo inteiro deve aderir a ela. A religião, dizei vós, produziu inúmeras desgraças; dizei, sim, que foi a superstição que reina em nosso infeliz globo. Esse é o inimigo mais cruel da pura adoração devida ao Ser Supremo. Detestemos esse monstro que sempre dilacerou o seio de sua mãe; aqueles que o combatem são os benfeitores da raça humana; é uma serpente que estrangula a religião no seu abraço; devemos esmagar-lhe a cabeça sem ferir a mãe que ela devora.

Essa distinção entre superstição e religião é fundamental nele. Voltaire aceita de bom grado a teologia do Sermão da Montanha e aclama Jesus em tributos que não poderiam ser comparados nem mesmo com as páginas de êxtase sagrado. Retrata Cristo entre os sábios, chorando pelos crimes que têm sido cometidos em seu nome. No final, ele constrói sua própria igreja, com a dedicatória *"Deo erexit* Voltaire" — a única igreja da Europa, disse ele, que foi erigida para Deus. Dirige a Deus uma oração magnífica; e, no verbete "Teísta", expõe sua fé de maneira definitiva e clara:

> O teísta é um homem firmemente convicto da existência de um ser supremo tão bom quanto poderoso, que formou todas as coisas (...); que pune, sem crueldade, todos os crimes, e recompensa com bondade todos os atos virtuosos. (...) Reunido nesse princípio com o resto do universo, ele não se associa a nenhuma dessas tantas seitas que se contradizem mutuamente. Sua religião é a mais antiga e a mais difundida; porque a simples veneração a um Deus precedeu todos os sistemas do mundo. Ele fala uma língua que todos os povos compreendem, embora não se compreendam entre si. Tem irmãos de Pequim a Caiena, e considera todos os sábios seus companheiros. Acredita que religião não consiste nem nas opiniões de uma metafísica ininteligível nem em vãs exibições, mas na veneração e na justiça. Fazer o bem é o seu culto, submeter-se a Deus, o seu credo. O maometano grita para ele: "Ai de ti se falhar em fazer sua peregrinação a Meca!"; o padre lhe retruca: "Maldições recaiam sobre você se não fizer a viagem a Notre Dame de Lorette!". Ele ri de Lorette e de Meca: mas socorre o indigente e defende os oprimidos.

IX. VOLTAIRE E ROUSSEAU

Voltaire estava tão perseverante nessa luta contra a tirania eclesiástica que durante as últimas décadas de sua vida foi compelido a quase se retirar da guerra contra a corrupção e a opressão políticas. "A política nunca me agradou: sempre me limitei a fazer o máximo do mínimo de esforço para tornar os homens menos tolos e mais honrados." Ele sabia como a filosofia política pode se tornar um assunto complexo, e emitia suas certezas à medida que crescia. "Estou cansado de toda essa gente que governa Estados dos recessos de seus sótãos";[95] "esses legisladores que governam o mundo a dois centavos por página; (...) incapazes de governar suas esposas ou seus lares, sentem grande prazer em regular o universo".[96] É impossível pacificar essas questões com fórmulas simples e genéricas, ou dividindo todas as pessoas em bobos e cafajestes de um lado, e nós, do outro. "A verdade não tem o nome de um partido"; e ele escreve a Vauvenargues: "É dever de um homem como você ter preferências, mas não exclusões".[97]

Sendo rico, ele tende para o conservadorismo, por um motivo não pior do que aquele que impele o homem faminto a clamar por uma mudança. Sua panaceia é a difusão da propriedade: a posse dá personalidade e um orgulho estimulante. "O espírito da propriedade dobra de tamanho a força de um homem. É certo que o dono de uma propriedade irá cultivar melhor sua própria herança do que a de um terceiro."[98]

Voltaire se recusa a entusiasmar-se com os modelos de governo. Teoricamente, prefere uma república, mas conhece suas falhas: permite facções que, se não levam a uma guerra civil, no mínimo destroem a unidade nacional; é adequada para pequenos Estados protegidos pela posição geográfica, e ainda não estragados e destroçados pela riqueza; em geral, "os homens dificilmente são dignos de governar a si mesmos". As repúblicas são, na melhor das hipóteses, transitórias; são a primeira forma de sociedade, originando-se na união de famílias; os índios norte-americanos viviam em repúblicas tribais, e a África está cheia desse tipo de democracia. Mas a diferenciação do *status* econômico põe um fim nesses governos igualitários; e a diferenciação é o inevitável acompanhamento do desenvolvimento. "O que é melhor", pergunta ele, "uma monarquia ou uma república?" — e ele mesmo responde: "Há quatro mil anos essa pergunta vem sendo colocada. Peça uma resposta aos ricos — todos eles querem a aristocracia. Pergunte ao povo — todos querem a democracia. Só os monarcas querem a monarquia. Como, então, chegamos ao ponto de, praticamente, o planeta inteiro ser governado por monarcas? Pergunte aos ratos que sugeriram que se pendurasse um sino no pescoço do gato".[99] Porém, quando um correspondente argumenta que a monarquia é a melhor forma de governo, ele responde: "Contanto que Marco Aurélio seja o monarca; caso contrário, que diferença faz, para um homem pobre, se ele for devorado por um leão ou por uma centena de ratos?".[100]

Do mesmo modo, ele é quase indiferente às nacionalidades, como homem viajado que é; praticamente não tem patriotismo, no sentido comum da palavra. Patriotismo costuma significar, diz ele, que o indivíduo odeia todos os países, menos o seu. Se um homem deseja que seu país seja próspero, mas nunca à custa de outros países, ele é, ao mesmo tempo, um patriota inteligente e um cidadão do universo.[101] Como um "bom europeu", ele elogia a literatura inglesa e o rei da Prússia, ao passo que a França está em guerra tanto com a Inglaterra quanto com a Prússia. Enquanto as nações tiverem por hábito a prática da guerra, diz ele, não haverá muito que escolher entre elas.

Pois ele odeia guerra acima de tudo. "A guerra é o maior de todos os crimes; no entanto, não há agressor que não disfarce seu crime com o pretexto da justiça."[102] "É proibido matar; sendo assim, todos os assassinos são punidos, a menos que matem em grandes números e ao som de trombetas."[103] Voltaire faz uma terrível "Reflexão Geral sobre o Homem", encontrada no fim do verbete "Homem" no *Dicionário*:

> São necessários vinte anos para se trazer o homem do estado de uma planta, no qual ele existe no ventre de sua mãe, e do estado de um animal, que é a sua condição na infância, para um estado em que a maturidade da razão começa a ser sentida. Trinta séculos são necessários para se descobrir mesmo um pouco de sua estrutura. Uma eternidade é necessária para saber quase nada sobre sua alma. Mas basta um instante para que se o mate.

Será que ele, então, pensa na revolução como um remédio? Não. Pois, antes de tudo, ele não confia nas pessoas: "Quando o povo se submete à razão, tudo está perdido".[104] A grande maioria dos homens está sempre muito ocupada para perceber a verdade, até que a mudança tenha transformado a verdade num erro; e a sua história intelectual é, simplesmente, a substituição de um mito por outro. "Quando um velho erro se estabelece, a política o usa como uma migalha que as pessoas colocaram em suas bocas, até que uma outra superstição chega para destruir a que já existe, e a política lucra com o segundo erro como fez com o primeiro."[105] E, mais uma vez, a desigualdade fica inscrita na própria estrutura da sociedade, e praticamente não poderá ser erradicada enquanto os homens forem homens e a vida for uma luta. "Aqueles que dizem que todos os homens são iguais dizem a maior mentira se estiverem referindo-se ao fato de todos os homens terem o mesmo direito à liberdade, à posse de seus bens e à proteção das leis"; mas "a igualdade é, ao mesmo tempo, a coisa mais natural e a mais quimérica do mundo: natural quando está limitada aos direitos; antinatural quando tenta nivelar bens e poderes".[106] "Nem todos os cidadãos podem ser igualmente fortes; mas eles podem ser igualmente livres; foi isso que os ingleses conquistaram. (...) Ser livre é não estar sujeito a nada além das leis."[107] Era este o tom dos liberais, de Turgot, Condorcet, Mirabeau e os outros seguidores de Voltaire que tinham a esperança de fazer uma revolução pacífica; ela não podia satisfazer inteiramente aos oprimidos, que clamavam não tanto por liberdade quanto por igualdade — igualdade, ainda que sacrificando a liberdade. Rousseau, voz do homem comum, sensível à distinção de classes com que deparava a cada momento, exigia um nivelamento; e quando a Revolução caiu nas mãos de seus seguidores, Marat e Robespierre, a igualdade teve a sua vez e a liberdade foi guilhotinada.

Voltaire era cético quanto a Utopias sendo moldadas por legisladores humanos que podiam criar um mundo novo em folha com base em suas imaginações. A sociedade é uma evolução no tempo, não um silogismo na lógica; e quando o passado é expulso pela porta torna a entrar pela janela. O problema está em mostrar precisamente por meio de quais mudanças podemos diminuir a miséria e a injustiça no mundo em que de fato vivemos.[108] No "Elogio Histórico da Razão", a Verdade, filha da Razão, vocaliza sua alegria com a ascensão de Luís XVI e suas expectativas de grandes reformas; ao que a Razão retruca: "Minha filha, você bem sabe que eu também desejo essas coisas, e mais ainda. Mas tudo isso requer tempo e raciocínio. Sempre me sinto feliz quando, em meio a muitas decepções, obtenho alguma melhora que ansiava". No entanto, Voltaire também regozijou-se quando Turgot chegou ao poder, e escreveu: "Estamos na era dourada até os nossos pescoços!"[109] — agora viriam as reformas que ele sempre advogava: júri popular, abolição do dízimo, isenção de todos os impostos para os pobres etc. Lembremos que tinha ele escrito aquela famosa carta:

> Tudo que vejo parece estar disseminando por toda parte a semente de uma revolução que, inevitavelmente, virá um dia desses, mas que eu não terei o prazer de testemunhar. Os franceses estão sempre chegando atrasados às coisas, mas acabam chegando. A luz se estende de tal maneira de vizinho a vizinho que haverá uma esplêndida explosão na primeira ocasião; e então haverá uma rara agitação! Os jovens são afortunados; eles verão as coisas belas.[110]

Contudo, ele não se dava conta do que acontecia à sua volta; e nunca, nem por um instante, supôs que naquela "esplêndida explosão" a França inteira iria aceitar com entusiasmo a filosofia desse estranho Jean-Jacques Rousseau, que, de Genebra a Paris, emocionava o mundo com romances sentimentais e panfletos revolucionários. A complexa alma da França parecia ter se dividido naqueles dois homens, tão diferentes e, todavia, tão franceses. Nietzsche fala de *"la gaya scienza*, os pés leves, espírito, fogo, graça, forte lógica, arrogante intelectualidade, a dança das estrelas" — com toda a certeza pensava em Voltaire. Agora, ao lado de Voltaire, coloque Rousseau: todo ardor e fantasia, um homem com visões nobres e joviais, o ídolo da *bourgeoise gentile-femme*,* anunciando, como Pascal, que o coração tem razões que a cabeça jamais poderá compreender

---

* N. do T.: Mulher burguesa no contexto da Revolução Francesa.

Nesses dois homens tornamos a ver o velho choque entre intelecto e instinto. Voltaire sempre acreditava na razão: "podemos, por meio do discurso e da pena, tornar os homens mais esclarecidos e melhores".[111] Rousseau pouco acreditava na razão; ele desejava ação; os riscos de uma revolução não o assustavam; ele se apoiava no sentimento de fraternidade para unir novamente os elementos sociais espalhados pelo turbilhão e pelo desenraizamento de antigos hábitos. Que se removessem as leis, e os homens passariam para um reino de igualdade e justiça. Quando enviou a Voltaire o seu *Discurso Sobre a Origem e os Fundamentos da Desigualdade entre os Homens,* com seus argumentos contra a civilização, as letras e a ciência, e a favor de um retorno à condição natural tal como vista nos selvagens e nos animais, Voltaire respondeu: "Recebi, senhor, vosso livro contra a espécie humana, e agradeço-vos a remessa. (...) Ninguém jamais foi tão espirituoso como vós ao tentar nos transformar em animais; ler o vosso livro faz com que sintamos vontade de andar de quatro. Porém, como já faz cerca de sessenta anos que abandonei tal prática, acho que me é infelizmente impossível voltar a adotá-la".[112] Sentiu-se desapontado ao ver a paixão de Rousseau pela selvageria continuar no *Contrato Social*: "Ah, meu senhor", escreve ele ao senhor Bordes, "vedes agora que Jean-Jacques se parece tanto com um filósofo quanto um macaco com um homem".[113] Ele é o "cão de Diógenes que ficou louco".[114] No entanto, atacou as autoridades suíças por terem queimado o livro, atendo-se ao seu famoso princípio: "Posso não concordar com nada do que dizeis, mas defenderei até a morte o vosso direito de dizê-lo".[115] E quando Rousseau fugia de uma centena de inimigos, Voltaire enviou-lhe um amável convite para que fosse ficar com ele em Les Délices. Que espetáculo teria sido isso!

Voltaire estava convencido de que toda aquela denúncia da civilização era uma infantilidade sem sentido; que o homem estava incomparavelmente melhor sob a civilização do que na selvageria; ele informa a Rousseau que o homem é, por natureza, um animal de caça, e que a sociedade civilizada significa um adestramento desse animal, uma mitigação de sua brutalidade, e a possibilidade do desenvolvimento, ao lado da ordem social, do intelecto e de sua alegria. Ele concorda que as coisas vão mal: "Um governo no qual se permite que uma classe de homens diga 'Quem trabalha que pague impostos; nós não devemos pagar, porque não trabalhamos' não é melhor do que um governo de hotentotes". Paris tem características redentoras, mesmo em meio à sua corrupção. Em *O Mundo Como Está*, Voltaire conta que um anjo enviou Babouc para investigar e ver se a cidade de Persépolis devia ou não ser destruída; Babouc vai e fica horrorizado com os vícios que descobre; mas depois de algum tempo, "ele começou a gostar de uma cidade cujos habitantes eram gentis, afáveis e benevolentes, embora fossem volúveis, difamadores e fúteis. Ficou com muito medo de que Persépolis fosse condenada. Teve até receio de entregar seu relatório. Porém, acabou por entregá-lo da seguinte forma. Mandou que uma pequena estátua, composta de diferentes metais, de terra e pedras (as mais preciosas e as mais sem valor), fosse feita por um dos melhores forjadores da cidade, levou-a para o anjo e disse: 'Quebrareis esta bela estátua porque ela não está feita toda em ouro e diamantes?' O anjo concluiu que não mais pensaria em destruir Persépolis, mas iria deixar "o mundo como está". Afinal de contas, quando se tenta alterar instituições sem ter alterado a natureza dos homens, essa natureza inalterada irá ressuscitar aquelas instituições.

Aqui estava o velho círculo vicioso; os homens formam instituições, e instituições formam homens; em que ponto a mudança poderia quebrar esse círculo? Voltaire e os liberais achavam que o intelecto podia rompê-lo ao educar e modificar os homens, lenta e pacificamente; para Rousseau e os radicais, o círculo só poderia ser quebrado por uma ação instintiva e apaixonada que derrubasse as velhas instituições e construísse, segundo os ditames do coração, outras novas, sob as quais reinariam a liberdade, a igualdade e a fraternidade. Talvez a verdade se encontre acima dos campos divididos: o instinto deve destruir o velho, mas só o intelecto pode construir o novo. É certo que as sementes da reação estão férteis no radicalismo de Rousseau: pois instinto e sentimento são, no fim das contas, leais ao passado que os gerou e ao qual constituem adaptações estereotipadas: depois da catarse da revolução, as necessidades do coração relembrariam a religião sobrenatural e os "velhos e bons tempos" da rotina e da paz; depois de Rousseau viriam Chateaubriand, De Staël, De Maistre e Kant.

X. DESFECHO

Enquanto isso, o velho "filósofo brincalhão" cultivava seu jardim em Ferney; isso "é a melhor coisa que podemos fazer na terra". Ele havia pedido uma vida longa: "meu receio é morrer antes de ter prestado para alguma coisa";[116] sem dúvida ele tinha, agora, dado sua contribuição. Os registros de sua generosidade são intermináveis. "Todo o mundo, de longe ou de perto, solicitava seus bons ofícios; pessoas consultavam-no, relatavam as injustiças de que eram vítimas e solicitavam a ajuda de sua pena e de sua fama."[117] As pessoas pobres culpadas por alguma infração eram as que mais recebiam seus cuidados; ele lhes conseguia o perdão e, depois, as colocava numa ocupação honesta, enquanto as vigiava e aconselhava. Quando um jovem casal que o roubara caiu de joelhos para pedir perdão, Voltaire se ajoelhou para erguer os dois, dizendo-lhes que o seu perdão lhes era dado de graça, e que eles só deveriam ajoelhar-se para o perdão de Deus.[118] Uma de suas realizações características foi criar, educar e proporcionar um dote para a sobrinha indigente de Corneille. "O pouco bem que fiz", disse ele, "é a minha melhor obra. (...) Quando sou atacado, luto como um demônio; não cedo diante de ninguém; mas no fundo sou um demônio bom, e acabo dando risada".[119]

Em 1770, seus amigos providenciaram uma coleta de contribuições para mandar fazer um busto seu. Foi preciso proibir que os ricos dessem mais do que uma ninharia, porque milhares de pessoas pediam a honra de contribuir. Frederico quis saber quanto deveria dar; disseram-lhe: "Uma coroa, majestade, e vosso nome". Voltaire congratulou-o por acrescentar ao cultivo das outras ciências aquele estímulo à anatomia ao assinar a lista para que fosse feita a estátua de um esqueleto. Voltaire relutava quanto à execução desse projeto, alegando que já não lhe restava um rosto para ser modelado. "Dificilmente vocês iriam adivinhar onde ele deveria ficar. Meus olhos afundaram seis centímetros; as bochechas parecem mais um velho pergaminho; (...) os poucos dentes que eu tinha já se foram." Ao que d'Alembert replicou: "O gênio (...) tem sempre uma fisionomia que o gênio, seu irmão, encontrará com facilidade".[120] Quando sua querida filha adotiva, "Belle et Bonne", o beijava, ele dizia que aquilo era "a Vida beijando a Morte".

 Voltaire estava, agora, com oitenta e três anos; e apoderou-se dele um desejo de que queria ver Paris antes de morrer. Os médicos o aconselharam a não realizar uma viagem tão árdua; mas "se eu quiser cometer uma loucura", respondeu ele, "nada irá me impedir"; ele tinha vivido tanto, e trabalhado tanto, que talvez se achasse no direito de morrer à sua maneira e naquela elétrica Paris da qual estivera por tanto tempo exilado. E assim ele foi, quilômetro exaustivo após quilômetro exaustivo, cruzando o território francês; e quando seu cocheiro entrou na capital, seus ossos mal se mantinham juntos. Ele foi imediatamente procurar seu amigo da juventude, d'Argental: "Parei de morrer para vir visitar-vos", disse ele. No dia seguinte, seu quarto foi invadido por trezentos visitantes, que o receberam como um rei; Luís XVI corroía-se de ciúme. Benjamin Franklin esteve entre os visitantes e levou o neto para as bênçãos de Voltaire; o ancião colocou as mãos magras sobre a cabeça do jovem e lhe pediu que se dedicasse a "Deus e à Liberdade".

 Ele estava tão doente agora que um padre veio para ouvir sua confissão. "Quem o mandou, senhor abade?", perguntou Voltaire. "O próprio Deus", foi a resposta. "Muito bem, senhor", disse Voltaire, "onde estão suas credenciais?".[121] O padre foi embora sem conseguir o que queria. Mais tarde, Voltaire mandou chamar outro abade, Gautier, para que fosse ouvir sua confissão; Gautier foi, mas recusou-se a dar a absolvição enquanto Voltaire não assinasse uma profissão de plena fé na doutrina católica. Voltaire rebelou-se; em vez disso, redigiu uma declaração, que deu ao secretário, Wagner: "Morro adorando a Deus, amando meus amigos, sem odiar meus inimigos, mas detestando as superstições. (Assinado) *Voltaire*, 28 de fevereiro de 1778".[122]

 Embora doente e cambaleante, ele foi levado até a Academia, atravessando multidões inflamadas que subiram em sua carruagem e rasgaram em pedaços, levando-os como lembrança, a preciosa peliça que Catarina da Rússia lhe dera. "Foi um dos acontecimentos históricos do século. Nenhum grande capitão, voltando de uma prolongada campanha de dificuldades e riscos, coroado pela mais gloriosa vitória, jamais teve uma recepção tão esplendorosa e ressonante."[123] Na Academia, ele propôs uma revisão do dicionário francês; falou com ardor juvenil e se ofereceu para ficar encarregado de toda a parte da obra relativa à letra "A". Ao fim do encontro, disse: "Senhores, eu vos agradeço em nome do alfabeto". Ao que o presidente, Chastellux, respondeu: "E nós vos agradecemos em nome das letras."

Enquanto isso, sua peça, *Irene*, estava sendo representada no teatro; mais uma vez, contra os conselhos dos médicos, ele insistiu em vê-la. A peça era fraca; mas as pessoas se maravilhavam não tanto pelo fato de um homem de oitenta e três anos escrever uma peça ruim, mas por ele ainda estar escrevendo peças;[124] e as falas dos atores eram, repetidas vezes, abafadas por demonstrações de homenagem ao autor. Um estranho, ao entrar, supôs estar num hospício, então deu meia-volta e saiu correndo pela rua.[125]

Quando o velho patriarca das letras voltou para casa naquela noite, estava quase resignado com a morte. Sabia estar, agora, esgotado; que usara ao máximo toda aquela rebeldia e energia maravilhosa com as quais a natureza o presenteara, talvez mais do que a qualquer outro homem. Lutou ao sentir a vida sendo arrancada de si; mas a morte podia derrotar até mesmo Voltaire. O fim chegou no dia 30 de maio de 1778.

Foi-lhe negado um sepultamento cristão em Paris; mas seus amigos colocaram-no numa carruagem e o levaram para fora da cidade, fingindo que ele estava vivo. Em Scellières, encontraram um padre que compreendia que as regras não eram feitas para os gênios; e o corpo foi enterrado em solo sagrado. Em 1791, a Assembleia Nacional da triunfante Revolução obrigou Luís XVI a fazer com que os restos mortais de Voltaire fossem levados ao Panteão. As cinzas mortais da grande chama que existira foram escoltadas através de Paris por uma procissão de cem mil homens e mulheres, enquanto seiscentas mil pessoas flanqueavam as ruas. Na carruagem funerária estavam as palavras: "Ele deu à mente humana um grande ímpeto; ele nos preparou para a liberdade". Em sua lápide, foram necessárias apenas três palavras:

AQUI JAZ VOLTAIRE

CONCLUSÃO

Talvez haja maiores almas do que a de Shakespeare, e maiores mentes do que a de Platão, esperando para nascer. Quando tivermos aprendido a reverenciar tanto a liberdade quanto a riqueza, teremos também a nossa Renascença.

GLOSSÁRIO

Nota: este glossário compreende, em especial, as mais importantes e mais difíceis palavras, que frequentemente são objeto de consulta.

Antropomorfismo: a interpretação de Deus à imagem e semelhança do homem.
Apolíneo: ter a calma, a beleza "clássica" de Apolo, em contraposição às qualidades emocionais e "românticas" associadas a Dioniso.
A *posteriori*: argumentação a partir de fatos observados que conduzem a conclusões gerais.
A *priori*: argumentação de proposições gerais que conduzem a conclusões particulares.
Atributo: em Espinosa, um dos aspectos infinitos da substância, ou realidade, como extensão (matéria) ou pensamento.

Behaviorista: aquele que restringe a psicologia a observações objetivas, ignorando a introspecção e a consciência. Também chamado de "terapeuta cognitivo-comportamental".

Calvinismo: uma forma de protestantismo que enfatiza a predestinação eterna de todo indivíduo à danação ou à salvação.

Causa primeira: o começo de uma série inteira de causas; normalmente identificada com Deus.
Causalidade: a operação de causa e efeito.
Conceito: uma ideia; em geral usado especificamente para ideias filosóficas.
Consciência: estado de autopercepção máximo.
Cosmologia: estudo da origem e natureza do mundo.

Determinismo: doutrina que afirma que todos os eventos são o resultado inevitável de condições antecedentes, e que o ser humano, em atos de escolha aparente, é a expressão mecânica de sua hereditariedade e de seu ambiente passado.
Dialética: qualquer processo lógico; em Hegel, o desenvolvimento de uma ideia ou condição para outra ideia ou condição pelo processo de tese, antítese e síntese.

Entelequia: natureza interior de alguma coisa, que determina seu desenvolvimento.
Epicurista: aquele que acredita que o prazer é o bem supremo.
Epistemologia: o estudo da origem, dos processos e da validade do conhecimento.
Escolástica: a filosofia dos teólogos medievais; em geral, o divórcio da especulação com a observação e a prática.
Essência: a coisa mais importante e o aspecto mais significativo.
Estética: o estudo da natureza da beleza; em Kant, o estudo da sensação.
Ética: o estudo do certo e errado em questões comportamentais.

Fatalismo: a doutrina que afirma que nada que o indivíduo possa fazer pode afetar de alguma forma o destino para o qual ele está fadado.
Finalismo: doutrina pela qual eventos são causados pelos propósitos a que servem.
Formalmente: de maneira técnica; de acordo com a forma ou estrutura.

Livre-arbítrio: a liberdade parcial do agente, em atos de escolha consciente, a partir da compulsão determinante de hereditariedade, ambiente e circunstância.

Hedonismo: doutrina pela qual o prazer é o motivo real, e também apropriado, para todas as escolhas.
Heurístico: um método de pesquisa.

Idealismo: na metafísica, a doutrina de que ideias, ou pensamentos, são a realidade fundamental; na ética, a devoção às ideais morais.
Ideação: o processo do pensamento.
Instrumentalismo: a doutrina que afirma que ideias são instrumentos de resposta e adaptação, e que suas verdades devem ser julgadas em termos de suas respectivas eficácias.
Intuicionismo: na metafísica, a doutrina de que a intuição, e não a razão, revela a realidade das coisas; em ética, a doutrina pela qual o homem tem um senso inato de certo e errado.

Lamarckismo: a crença na transmissibilidade de caracteres adquiridos.
Lógica: o estudo da argumentação; em Hegel, o estudo da origem e da sequência natural de ideais fundamentais.

Materialismo: a doutrina pela qual a matéria é a única realidade.
Mecanicismo: a doutrina pela qual todos os eventos e todos os pensamentos ocorrem de acordo com as leis da mecânica.
Metafísica: investigação sobre a realidade última e fundamental.
Modo: em Espinosa, uma coisa, forma, evento ou ideia particular.

Naturalismo: a doutrina pela qual a realidade se manifesta sob as "leis da Natureza".
Neurose: um distúrbio ou doença mental.
Nirvana: na teoria hindu, uma condição de felicidade que brota da cessação absoluta dos desejos.
Númeno: em Kant, a realidade última, ou coisa-em-si-mesma, que pode ser concebida pelo pensamento, mas não percebida pela experiência.

Objetivo: independente da percepção do indivíduo; em Espinosa, como existente no pensamento.
Ontologia: um estudo da natureza última das coisas.

Panteísmo: a doutrina de que Deus é imanente em todas as coisas.
Pluralismo: a doutrina pela qual o mundo não é uma unidade em lei e estrutura, mas um cenário de forças e processos contrários.
Politeísmo: a veneração a vários deuses.
Positivismo: a restrição da investigação filosófica para problemas passíveis de métodos científicos.
Pragmatismo: a doutrina pela qual a verdade é a eficácia prática de uma ideia.
Prolegômenos: estudos introdutórios.

Realismo: em epistemologia, a doutrina pela qual o mundo externo existe independentemente da percepção, e, substancialmente, é percebido por nós; na lógica, a doutrina de que ideias universais têm realidades objetivas correspondentes a elas.

Sociologia: o estudo das instituições e dos processos sociais.
Subjetivo: como existente no pensamento; em Espinosa, como o objeto do pensamento.
Substância: em Espinosa, a realidade básica e eterna, a estrutura e lei do mundo.

Transcendental: além do reino e do alcance dos sentidos.
Teísta: aquele que acredita num Deus personificado.
Teleologia: a teoria, ou o estudo, do desenvolvimento como causado pelos propósitos a que as coisas servem.
Tropismo: uma resposta invariável.

Utilitarismo: a doutrina pela qual todas as ações devem ser julgadas nos termos de sua utilidade para promover a felicidade suprema do maior número de pessoas.

Vitalismo: a doutrina pela qual a vida é a realidade básica, de que todo o resto é uma forma ou manifestação.
Voluntarismo: a doutrina de que a vontade é o fator básico, tanto no universo quanto no comportamento humano.

BIBLIOGRAFIA

ARISTÓTELES: *Ética a Nicômaco*. Tradução de James Welldon. (Macmillan.)
ARISTÓTELES: *Ética a Nicômaco*. Tradução de D. P. Chase. Everyman's Library. (Dutton.)
ARISTÓTELES: *Política*. Tradução de Jowett. (Oxford.)
ARISTÓTELES: *Política*. Tradução de William Ellis. Everyman's Library. (Dutton.)
BACON, Francis: *Novo Órganon*. (Oxford.)
BACON, Francis: *O Progresso do Conhecimento*. Everyman's Library. (Dutton.)
BERGSON, Henri: *Evolução Criadora*. (Holt.)
BRADLEY, F. H.: *Appearance and Reality*. (Macmillan.)
CROCE, Benedetto: *History*. (Harcourt, Brace.)
COMTE, Auguste: *Curso de Filosofia Positiva*. (George Bell.) 3 volumes.
DESCARTES, René: *Discurso sobre o Método*. (Open Court.)
DEWEY, John: *A Natureza Humana e a Conduta*. (Holt.).
DEWEY, John: *Reconstrução em Filosofia*. (Holt.).
DIÓGENES: *Vidas e Doutrinas dos Filósofos Ilustres*. Loeb Classical Library. (Putnam.) 2 volumes.
EPITETO: *Enchiridion*. (Dodge.)
ESPINOSA, Benedictus: *Ética*. Everyman's Library. (Dutton.)
HEGEL, G. M. F.: *Filosofia da História*.
HOBBES, Thomas: *Leviatã*. Everyman's Library. (Dutton.)
HOLBACH, Paul H.: *Sistema da Natureza*.

HUME, David: *Uma Investigação sobre os Princípios da Moral.* (Open Court.)
HUME, David: *Tratado da Natureza Humana.* Everyman's Library. 2 volumes. (Dutton.)
JAMES, William: *Pragmatismo.* (Longmans, Green.)
KANT, Immanuel: *Crítica da Razão Pura.* (Macmillan.)
KANT, Immanuel: *Crítica da Faculdade de Julgar.* (Oxford.)
KANT, Immanuel: *The Philosophy of Kant Explained*, de John Watson. (Macmillan.)
LEIBNIZ, G. W.: *Novos Ensaios sobre o Entendimento Humano.* (Open Court.)
LOCKE, John: *Ensaio sobre o Entendimento Humano.* (Dutton.)
LUCRÉCIO: *Da Natureza das Coisas.* Tradução de W. E. Leonard. Everyman's Library. (Dutton.)
LUCRÉCIO: *Da Natureza das Coisas.* Tradução de C. Bailey. (Oxford.)
MARCO AURÉLIO: *Meditações.* Tradução de Casaubon. Everyman's Library. (Dutton.)
MARCO AURÉLIO: *Meditações.* Tradução de John Jackson. (Oxford.)
MILL, J. S.: *System of Logic.* (Longmans, Green.)
NIETZSCHE, Friedrich: *Vontade de Potência.* (Macmillan.) 2 volumes.
NIETZSCHE, Friedrich: *Assim Falou Zaratustra.* (Macmillan e Modern Library.)
PLATÃO: *The Works of Plato*, editado por Irwin Edman. (Simon & Schuster.)
PLATÃO: *A República.* Tradução de Jowett. (Oxford.) 2 volumes.
PLATÃO: *A República.* Tradução de H. Spens. Everyman's Library. (Dutton.)
PLATÃO: *Diálogos.* Everyman's Library. (Dutton.)
PLATÃO: *Four Socratic Dialogues.* Tradução de Jowett. (Oxford.)
RUSSELL, B. A.: *Misticismo e Lógica.* (Longmans, Green.)
RUSSELL, B. A.: *Selected Papers.* (Modern Library.)
SANTAYANA, George: *Life of Reason.* (Scribner's.) 5 volumes.
SCHOPENHAUER, Arthur: *O Mundo como Vontade e Representação.* (Scribners.) 3 volumes.
SCHOPENHAUER, Arthur: *Works of Schopenhauer*, por Will Durant. (Simon & Schuster.)
SCHOPENHAUER, Arthur: *Essays.* (Willy Book.)
SPENCER, Herbert: *Primeiros Princípios.* (Appleton.)
VOLTAIRE, François M.: *Prose Works.* (Black.)
XENOFONTE: *Memorabilia.* Loeb Classical Library. (Putnam.)

NOTAS

INTRODUÇÃO: SOBRE OS USOS DA FILOSOFIA
1. Nietzsche, *A Gaia Ciência*, prefácio.
2. *De Augmentis Scientiarum*, VIII, 2.

CAPÍTULO 1: PLATÃO
1. *Política*, 1341.
2. Cf. história de Voltaire dos dois atenienses conversando sobre Sócrates: "Aí está o ateísta que diz haver um só Deus". *Dicionário Filosófico*, art. "Sócrates".
3. *Protágoras* de Platão, sect. 329.
4. *Fédon*, seções 116-118, tradução de Jowett para o inglês.
5. Citado por Barker, *Greek Political Theory*, Londres, 1918, p.5.
6. *Protágoras*, 320.
7. *Pour qu'on lise Platon*, Paris, 1905, p. 4.
8. A parte mais importante dos diálogos é: *A Apologia de Sócrates, Críton, Fédon, O Banquete, Fedro, Górgias, Parmênides* e *O Estadista*. As partes mais importantes de *A República* (as referências são das seções numeradas nas margens, não das páginas) são 327-32, 336-77, 384-5, 392-426, 433-5, 441-76, 481-3, 512-20, 572-94. A melhor edição é a de Jowett; a mais acessível está na série Everyman. As referências são para *A República*, a menos que se afirme o contrário.
9. *Representative Men*, p. 41.
10. *Assim Falou Zaratustra*, Nova York, 1906, p. 166.
11. *Górgias* 491; cf. definição de Maquiavel de *virtù* como sendo intelecto mais força.
12. Barker, p. 73.

13. *History of the Peloponnesian War*, v. 105.
14. Cf. Daniel O'Connell: "Permita-me escrever as canções de uma nação, e não me importarei com quem fará suas leis".
15. Os detalhes do argumento para a interpretação aqui exposta da doutrina das Ideias podem ser lidos em D. G. Ritchie, *Platão*, Edimburgo, 1902, principalmente nas pp. 49 e 85.
16. Faguet, p. 10.

CAPÍTULO 2: ARISTÓTELES E A CIÊNCIA GREGA

1. Grote, *Aristotle*, Londres, 1872, p. 4; Zeller, *Aristotle and the Earlier Peripatetics*, Londres, 1897, vol. I, pp. 6 f.
2. Benn, *The Greek Philosophers*, Londres, 1882, vol. I, p. 283.
3. Vol. I, p. 11.
4. A alameda era chamada de *peripatos*; daí o futuro nome, Escola Peripatética. O campo de atletismo fazia parte do terreno do templo de Apolo Liceu — o protetor do rebanho contra o lobo (*lycos*).
5. *Hist. Nat.*, VIII, 16; em Lewes, *Aristotle, a Chapter from the History of Science*, Londres, 1864, p. 15.
6. Grant, *Aristotle*, Edimburgo, 1877, p. 18.
7. A expedição relatou que as inundações ocorriam em virtude do derretimento da neve nas montanhas da Abissínia.
8. Zeller, I, 264, 443.
9. Esta é a ordem cronológica, até onde sabemos (Zeller, I, 156 f). Nossa discussão seguirá essa ordem, exceto no caso da "Metafísica".
10. Cf. Zeller, II, 204, nota; e Shule: *History of the Aristotelian Writings*.
11. *History of the People of Israel*, vol. V, p. 338.
12. Foi em referência a esse debate que Friedrich Schlegel disse: "Todo homem nasce platônico ou aristotélico" (*in* Benn, I, 291).
13. Benn, I, 307.
14. *Inferno*, III, 60.
15. *Vida de Jesus*, cap. 28.
16. Cf. Osborn, *From the Greeks to Darwin*; e M. Arnold, *Empedocles on Etna*.
17. *Advancement of Learning*, livro III.
18. *Hist. Animalium*, VIII.
19. *De Partibus Animalium*, I, 7; II, 10.
20. *De Anima*, II, 4.
21. *De Anima*, II, 2.
22. *Ibid.*, IV, 5-6.
23. *De Part, An.*, IV, 10.
24. Gomperz, IV, 57; Zeller, I, 262, nota; Lewes, 158, 165 etc.
25. *Hist. An.*, I, 6; II, 8.
26. *Ibid.*, VIII, I.

27. *Política*, I, 8.
28. *Hist. An.*, I, 6; II, 8.
29. *De Generatione Animalium*, II, 12.
30. *De Part, An.*, III, 4.
31. Lewes, 112.
32. Gomperz, IV, 169.
33. Enteléquia — tendo (*echo*) sua finalidade (*telos*) interior (*entos*); um daqueles termos aristotélicos magníficos que reúnem em si mesmos toda uma filosofia.
34. *Ética*, I, 10; Zeller, II, 329.
35. *Metafísica*, IX, 7.
36. *Ibid.*, XII, 8.
37. Grant, 172.
38. *Meta*, XII, 8; *Ética*, X, 8.
39. *Ética*, III, 7.
40. *De Anima*, II.
41. *De Anima*, II, 4; I, 4; III, 5.
42. *Poética*, I, 1447.
43. Aristóteles escreve apenas uma frase sobre unidade de tempo; e não menciona unidade de lugar; portanto, as "três unidades" geralmente atribuídas a ele são invenções tardias (Norwood, *Greek Tragedy*, p. 42, nota).
44. *Poética*, VI, 1449.
45. *Ética*, I, 7.
46. *Ética*, I, 7.
47. *Ética*, II, 4.
48. *Ibid.*, I, 7.
49. "A vaidade de Antístenes, o Cínico", disse Platão, "espreita pelos buracos de seu manto".
50. *Ética*, II, 9.
51. *Ibid*, II, 8.
52. *O Nascimento da Tragédia*.
53. *Ética*, VIII e IX.
54. *Ibid.*, X, 7.
55. *Ética*, IV, 3.
56. *Política*, II, 8.
57. *Ibid.*, V, 8.
58. *Ibid.*, II, 5.
59. *Ibid.*, II, 3.
60. *Ibid.*, II, 4.
61. *Política*, II, 3.
62. *Ibid.*, II, 5.
63. *Ibid.*, I, 10.
64. *Ibid.*, I, 5.
65. *Ibid.*, I, 5.

66. *Ibid.*, I, 4.
67. *Política.*, III, 3; VII, 8.
68. *Ibid.*, III, 5.
69. *Ibid.*, I, 10. Essa visão influenciou a proibição do juro na era medieval.
70. *De Gen. Animalium*, II, 3; *Hist. Animalium*, VIII, I; *Política*, I, 5. Cf. Weininger; e "Woman will be the last thing civilized by man", de Meredith (*Ordeal of Richard Feverel*, p. 1). No entanto, parece que o homem era (ou será) a última coisa civilizada pela mulher; porque os grandes agentes civilizadores são a família e uma vida econômica estável; e ambas são criações da mulher.
71. *Política*, I, 13.
72. *Política*, VII, 16.
73. *Ibid.*, VII, 4.
74. *Ibid.*, V, 9; VIII, 1.
75. *Ibid.*, VI, 4; II, 5.
76. *Ibid.*, III, 4; II, 5.
77. *Política*, I, 2. "Ou", acrescenta Nietzsche, que baseia quase toda sua filosofia política em Aristóteles, "deve-se ser as duas coisas — ou seja, um filósofo".
78. *Política, IV, 5; II, 9; V, 7; II, 11.*
79. *Ibid.*, III, 13. Aristóteles deveria estar pensando em Alexandre ou Felipe enquanto escrevia essa passagem, exatamente como Nietzsche parece ter sido influenciado a chegar a conclusões semelhantes pelas incríveis carreiras de Bismarck e Napoleão.
80. *Política*, III, 11. Cf. o argumento moderno para "representação profissional".
81. *Ibid.*, II, 11.
82. *Ibid.*, III, 15, 8, 11.
83. *Ibid.*, II, 9.
84. *Ibid.*, IV, 11, 10.
85. "Se desejar que eu chore, chore primeiro" — Horácio (*Ars Poetica*) aos atores e escritores.
86. Grote, 20.
87. Grote, 22; Zeller, I, 37, nota.

CAPÍTULO 3: FRANCIS BACON

1. Citado como lema no frontispício do livro *Le Jardin d'Épicure*, de Anatole France.
2. O professor Shotwell (*Introduction to the History of History*) a chama de "o mais maravilhoso desempenho em toda a literatura antiga".
3. Paráfrase escrita por Mallock: *Lucretius on Life and Death*, pp. 15-16.
4. V., 830 e ss., tradução inglesa de Munro.
5. *Enchiridion and Dissertations of Epictetus*; ed. Rolleston; p. 81.
6. *Ibid.*, XXXVI.

7. *Ibid.*, 86.
8. II, 1170. Essa que é a mais velha também é a mais recente teoria do declínio de Roma; cf. Simkhovitch: *Toward the Understanding of Jesus*; Nova York, 1921.
9. Robinson e Beard: *Outlines of European History*; Boston, 1914, I, 443.
10. Bacon: *O Progresso do Conhecimento*; livro II, cap. 10. Um lema medieval mostrava um navio voltando de Gibraltar para o Mediterrâneo, com a inscrição *Non plus ultra* (Não avance mais ou não vá além).
11. E. J. Payne em *The Cambridge Modern History*, I, 65.
12. *Ensaios*: Nova York, 1860: III, 342.
13. Tradução inglesa de autoria de Abbott: *Francis Bacon*; Londres, 1885.
14. Nichol: *Francis Bacon*; Edimburgo, 1907; I, 27.
15. *Valerius Terminus, ad fin.*
16. "Dos Estudos".
17. Dedicatória de *Wisdom of the Ancients*.
18. *De Augmentis*, VIII, 3.
19. A preferência do autor é pelos Ensaios 2, 7, 8, 11, 12, 16, 18, 20, 27, 29, 38, 39, 42, 46, 48, 50, 52, 54.
20. *O Prog. do C.*, VII, 2. Certas passagens deste livro são apresentadas aqui, para evitar uma repetição de tópicos ao comentar cada obra.
21. "Da Natureza nos Homens".
22. "Do Sistema de Saúde".
23. *O Prog. do C.*, XII, 2.
24. "Da Bondade".
25. *O Prog. do C.*, VII, I.
26. "Do Ateísmo".
27. *Ibid.*
28. Carta a lorde Burghley, 1606.
29. "Do Casamento e da Vida de Solteiro". Compare com a frase mais agradável de Shakespeare, de que "A cada poder o amor dá um duplo poder".
30. "Do Amor".
31. "Dos Seguidores e Amigos"; "Da Amizade".
32. "Dos Pais e dos Filhos".
33. "Do Hábito".
34. "Da Presteza".
35. "Da Verdadeira Grandiosidade dos Reinos".
36. "Das Sedi"
37. *Ibid.*
38. *In* Nichol, II, 149.
39. *O Prog. do C.*, VI, 3.
40. *Ibid.*, I.
41. *Ibid.*
42. Prefácio a *Magna Instauratio*.
43. *Redargutio Philosophiarum*.

44. Os trabalhos de Bacon sob as categorias acima são principalmente as seguintes:
I. *De Interpretatione Naturae Proemium* (Introdução à Interpretação da Natureza, 1603); *Redargutio Philosophiarum* (Uma Crítica das Filosofias, 1609).
II. *O Progresso do Conhecimento* (1603-5); traduzido por *De Augmentis Scientiarum*, 1622.
III. *Cogitata et Visa* (Coisas Pensadas e Vistas, 1607); *Filum Labyrinthi* (O Fio de Labirinto, 1606); *Novum Organum* (Novo Órganon, 1608-20).
IV. *Historia Naturalis* (História Natural, 1622); *Descriptio Globi Intellectualis* (Descrição do Globo Intelectual, 1612).
V. *Sylva Sylvarum* (Floresta das Florestas, 1624).
VI. *De Principiis* (Sobre as Origens, 1621).
VII. *Nova Atlântida* (1624).
Nota: todas as obras acima, exceto *Nova Atlântida* e *O Progresso do Conhecimento*, foram escritas em latim; a última foi vertida para o latim por Bacon e seus auxiliares, para atrair para ela uma plateia europeia. Como os historiadores e críticos sempre usam os títulos latinos em suas referências, estes são dados aqui para ajudar o estudante.
45. Prefácio de *Magna Instauratio*.
46. "Plano da obra".
47. *O Prog. do C.*, IV, 2.
48. *Ibid.*, VI, 3.
49. *Ibid.*, II, 1.
50. *De Aug.*, IV.
51. *O Prog. do C.*, IV, 2.
52. *Ibid.*
53. *Novo Órganon*, I, 60.
54. *De Interpretatione Naturae*, em Nichol, II, 118.
55. Elas são desenvolvidas na *Ética*, de Espinosa, Apêndice ao Livro I.
56. *O Prog. do C.*, VII, 3
57. *De Aug.*, IX, em Nichol, II, 129.
58. *O Prog.do C.*, I.
59. *Ibid.*, VIII, 2.
60. Cf. A encantadora *Iolaüs: an Anthology of Friendship*, de Edward Carpenter.
61. *O Prog. do C.*, VIII, 2.
62. Ensaios e "Da Dissimulação" e "Do Discurso".
63. *O Prog. do C.*, VIII, 2.
64. *O Prog. do C.*, I, 8 e ss.
65. *Ibid.*, I.
66. *Ibid.*, VIII, 2.
67. *Ibid.*, I.
68. In Nichol, II, 4.
69. *Nov. Órg.*, I, 113.

70. *Ibid.*
71. *O Prog. do C.*, II, 1.
72. *Ibid.*, I.
73. *Ibid.*, II, 1.
74. Macaulay, *op. cit*, p. 92.
75. *O Prog. do C.*, V, 1.
76. *Valerius Terminus.*
77. *Nov. Órg.*, I, 41.
78. *Ibid.*, I, 45.
79. *Ibid.*, I, 46.
80. *Ibid.*, I, 63.
81. *Ibid.*, I, 49.
82. *Ibid.*, I, 58.
83. *Ibid.*, I, 104.
84. *Ibid.*, I, 56.
85. *Ibid.*, I, 43.
86. *Ibid.*, I, 44.
87. *O Prog. do C.*, V, 2.
88. *Nov. Órg.*, I, 84.
89. *Ibid.*, I, 82.
90. *Ibid.*, II, 20.
91. *Ibid.*, II, 13, 17.
92. *Ibid.*, II, 2.
93. *Outline of History*, cap. XXXV, seção 6.
94. Sect. 25.
95. *Nova Atlântida*, Cambridge University Press, 1900; p. 20.
96. *Ibid.*, p. 22.
97. *Ibid.*, p. XXV.
98. *Ibid.*, p. 34.
99. Cf. *The New York Times* de 2 de maio de 1923, para uma reportagem sobre químicos do Ministério de Guerra sobre a utilização, na cura de doenças, de gases usados durante a guerra.
100. *Nova Atlântida*, p. 24.
101. *Op. cit.*, p. 471.
102. Citado por J. M. Robertson, Introdução do *Philosophical Works of Francis Bacon*, p. 7.
103. *O Prog. do C.*, IV, 2.
104. *Fil. Lab., ad fin.*
105. Soneto XV.
106. Macaulay, p. 491.
107. Nichol, II, 235.
108. *Nov. Órg.*, I, 129.
109. Ensaio "Do Alto Cargo".

110. *Francis Bacon*, cap. 1.
111. *Ibid.*, p. 13, nota.

CAPÍTULO 4: ESPINOSA

1. Gutzkow transformou essa história em uma peça teatral que ainda é incluída nos repertórios europeus.
2. Renan, *Marc Aurèle*; Paris, Calmann-Levy: p. 65.
3. Epistemologia significa, etimologicamente, a lógica (*logos*) da compreensão (*episteme*), ou seja, a origem, natureza e validade do conhecimento.
4. Graetz, *History of the Jews;* Nova York, 1919; vol. V, p. 140.
5. Willis, *Benedict de Spinoza*; Londres, 1870; p. 35.
6. Tradução de Willis para o inglês, p. 34.
7. Como sugerido por Israel Abrahams, verbete "Judeus", *Encyclopedia Britannica*.
8. Ele levou o caso ao tribunal; venceu a causa; e depois doou a herança à irmã.
9. *Ética*, Parte I, Apêndice.
10. In Pollock, *Life and Philosophy of Spinoza*; Londres, 1899; p. 393.
11. Epístola 34, ed. Willis.
12. Anatole France: *M. Bergeret in Paris*; Nova York, 1921; p. 180.
13. In Pollock, p. 394.
14. In Willis, p. 72.
15. Epístola 19.
16. Pollock, 406.
17. Epístola 73.
18. Epístola 74.
19. Willis, 67.
20. Epístola 54.
21. *Tractatus Theologico-Politicus*, cap. 5.
22. Cap. 6.
23. *Ibid.*
24. *Ibid.*
25. Introdução.
26. Cap. 5.
27. Cap. 4.
28. Cap. 6.
29. Epístola 21.
30. Cap. 4.
31. *De Emendatione*, edição Everyman, p. 231.
32. *Ibid.*
33. *Ibid.*, p. 233.
34. P. 259. Cf. Bacon, *Novo Órganon*, II, 2: "Porque embora nada exista na natureza a não ser corpos individuais, exibindo nítidos efeitos individuais de acordo

com determinadas leis; ainda assim, em cada ramo do saber, essas mesmas leis — a investigação, a descoberta e o desenvolvimento dessas leis — são os alicerces tanto da teoria como da prática." Fundamentalmente, todos os filósofos concordam.

35. Parte II, proposição 11, nota.
36. Spencer, *Primeiros Princípios*, Parte II, cap. 1.
37. Epístola 21.
38. Cap. 3.
39. *Ética*, I, 17, nota.
40. Höffding, *History of Modern Philosophy*, vol. I.
41. Martineau, *Study of Spinoza*; Londres, 1822, p. 171.
42. Prof. Woodbridge.
43. *T. T-P.*, cap. 3.
44. *Ética*, Parte I, Apêndice.
45. *Tractatus Politicus*, cap. 2.
46. *Ética*, IV, pref.
47. Santayana, Introdução à *Ética*, Everyman ed., p. XX.
48. Epístola 15, ed. Pollock.
49. *Ética*, I, ap.
50. Epístola 58, ed. Willis.
51. Epístola 60, ed. Willis.
52. *Ética*, I, 17, nota.
53. Santayana, *loc. cit.*, p. X.
54. *Ética*, II, 13, nota.
55. *Ética*, III, 2.
56. II, 17.
57. *Ibid.*, nota.
58. V, 1.
59. II, 12, 13.
60. Para a previsão de Espinosa da teoria da associação cf. II, 18, nota.
61. II, 48, nota.
62. II, 49, corolário.
63. IV, 18.
64. Espinosa está atento ao poder do "subconsciente", como visto no sonambulismo (II, 2, nota); e observa os fenômenos da dupla personalidade (IV, 39, nota).
65. III, 6, 7.
66. III, 2, nota.
67. II, 48.
68. I, ap.
69. Epístola 58, ed. Pollock.
70. *T. T-P.*, Introdução.
71. *Ibid.*, cap. 1.

72. *Short Studies*, I, 308.
73. Cf. Nietzsche: "O que é felicidade? A sensação, que o poder aumenta, de que a resistência é superada." — *Anticristo*, seção 2.
74. III, ap.
75. III, def. 3.
76. IV, def. 8.
77. III, 55, cor. 2.
78. IV, 20.
79. T. T-P., cap. 16.
80. IV, 18, nota.
81. *Ibid.*
82. III, 55.
83. IV, 54.
84. III, ap., def. 29.
85. *Ibid.*, e III, 55, nota.
86. IV, ap., def. 21.
87. IV, 45.
88. IV, ap. 11.
89. IV, 26.
90. III, 59, nota.
91. IV, 44, nota.
92. IV, 60.
93. IV, 7, 14.
94. V, 3.
95. IV, 62.
96. Cf. Professor Dewey: "Um médico ou um engenheiro é livre em seu pensamento e em sua ação até o ponto em que sabe com que está lidando. Possivelmente, encontramos aqui a chave para qualquer liberdade." — *Human Nature and Conduct*; Nova York, 1922; p. 303.
97. IV, 18, nota; cf. Whitman: "Por Deus, não terei nada cujo equivalente todos não possam ter nos mesmos termos."
98. Epístola 43.
99. II, fim.
100. II, 44, cor. 2.
101. Whitman.
102. § 500.
103. *Ecce Homo*, p. 130. Era mais uma esperança de Nietzsche do que uma realização dele.
104. *Hyperion*, II, 203.
105. *Ética*, IV, 67.
106. *De Emendatione*, p. 230.
107. *Ética*, V, 40, nota.
108. In Pollock, 169, 145.

109. *Ética*, V, 23.
110. V, 34, nota.
111. V, 21.
112. II, 49, nota.
113. *Ética*, IV, 37, nota 2.
114. *Tractatus Politicus*, cap. 2.
115. *Bismarck*.
116. *Ética*, IV, 37, nota 1; e ap. 27.
117. *T. T-P.*, cap. 6.
118. *Ética*, IV, ap. 28
119. *T. P.*, cap. 5.
120. *Ética*, III, 22, nota.
121. *Ibid.*, 27, nota 1.
122. III, Ap. 27.
123. *T. T-P.*, cap. 20.
124. *Ibid.*
125. *Ibid.*
126. *T. P.*, cap. 10. ("Sempre resistimos às proibições e ansiamos por aquilo que nos é negado.")
127. *T. T-P.*, pref.
128. *T. P.*, cap. 8
129. *T. T-P.*, cap. 17.
130. *T. P.*, cap. 6.
131. *T. P.*, cap. 7.
132. *T. T-P.*, cap. 20.
133. *T. P.*, cap. 7
134. "Os campos e todo o solo, e (se pudesse ser aplicado) as casas, deveriam se tornar propriedade pública, (...) e que ela fosse alugada ao cidadão por um valor anual; (...) e com essa exceção, que fiquem todos livres de todo tipo de tributação em tempos de paz." — *T. P.*, cap. 6.
135. *T. T-P.*, cap. 13.
136. *Ibid.*, cap. 17.
137. *Ética*, IV, 58, nota.
138. *T. P.*, cap. 8.
139. Pollock, 79.
140. Transcrita na íntegra em Willis.
141. Brandes, *Main Currents in Nineteenth Century Literature*; Nova York, 1905; vol. VI, p. 10. Cf. Brandes, *Wolfgang Goethe*; Nova York, 1924; vol. I, pp. 432-7.
142. *Ética*, Everyman ed., Introd., XXII, nota.

CAPÍTULO 5: VOLTAIRE E O ILUMINISMO FRANCÊS

1. Tallentyre, *Life of Voltaire*; terceira edição; p. 145.

2. *Portraits of the Eighteenth Century*; Nova York, 1905; vol. I, p. 196.
3. Brandes, *Main Currents in Nineteenth Century Literature*; vol. III, p. 107.
4. Tallentyre, p. 32.
5. J. M. Robertson, *Voltaire*; Londres, 1922; p. 67.
6. Taine, *The Ancient Régime*; Nova York, 1876; p. 262.
7. Voltaire, *Romances*; Nova York, 1889; p. 12.
8. In Sainte-Beuve, I, 226.
9. Tallentyre, 93.
10. Morley, *Voltaire*; Londres, 1878; p. 14.
11. Discurso pelo centenário de Voltaire.
12. *Romances*, pp. VI e IX.
13. Brandes, 57.
14. Tallentyre, 526.
15. Bertaut, *Napoleon in His Own Words*; Chicago, 1916; p. 63.
16. Tallentyre, 101.
17. Carlyle supunha tratar-se de um anagrama A-r-o-u-e-t l. j. *(le jeune*, o jovem). Mas parece que o nome existiu na família da mãe de Voltaire.
18. Robertson, 67.
19. *Cartas Filosóficas*, XIII; in Morley, 52.
20. In Sainte-Beuve, I, 206.
21. Tallentyre, 207. Compare a frase de Voltaire "Deus criou a mulher só para subjugar a humanidade" (L'Ingenue, in *Romances*, 309) com a de Meredith "A mulher será a última coisa civilizada pelo homem" (*Ordeal of Richard Reverel*, p. 1). Sociólogos ficariam ao lado de Voltaire. O homem é o último animal domesticado pela mulher.
22. "Rir e fazer rir."
23. "É doce ser um tolo de vez em quando."
24. Carta a Frederico, o Grande, em julho de 1737.
25. *Romances*, 339; cf. *Back to Methuselah*, de Shaw. Um dos mais famosos dos *bon mots* de Shaw tem o seu protótipo no *Memnon the Philosopher*, de Voltaire, que diz: "Receio que nosso pequeno globo terráqueo seja o manicômio daquelas centenas de milhares de milhões de mundos dos quais vossa excelência me dá a honra de falar." — *Ibid*., 394.
26. *Ibid*., 351.
27. *Ibid*., 40 e ss.
28. In Sainte-Beuve, I, 212-215.
29. In Sainte-Beuve, I, 211.
30. *Ibid*., I, 193.
31. Brandes, *Main Currents*, I, 3.
32. Tallentyre, 226 e 230.
33. In Sainte-Beuve, I, 218.
34. Morley, 146.
35. Tallentyre, 291.

36. Robertson, 21; Morley, 215; Tallentyre, *Voltaire in His Letters*, Nova York, 1919, p. 222.
37. Pellissier, 213.
38. *Essai sur les Mouers*, Introdução.
39. In Morley, 220.
40. Descrição de história feita por Matthew Arnold.
41. Brandes, *François de Voltaire*.
42. In Morley, 275.
43. *Voltaire in His Letters*, 40-41.
44. In Buckle, *History of Civilization*, I. 580.
45. Morley, 239.
46. Tallentyre, 349.
47. Morley, 335.
48. In Sainte-Beuve, I, 221.
49. A ideia de mundos possíveis é mais comumente atribuída a Gottfried Leibniz, que falou de mundos possíveis como ideias na mente de Deus e usou essa noção para argumentar que nosso mundo verdadeiramente criado deve ser "o melhor de todos os mundos possíveis". No entanto, os estudiosos também encontraram traços implícitos da ideia nas obras de René Descartes, uma importante influência sobre Leibniz, Al-Ghazali (*A Incoerência dos Filósofos*), Averroes (*A Incoerência da Incoerência*), Fakhr al-Din al-Razi (*Matalib al-'Aliya*) e John Duns Scotus. O uso dessa noção na filosofia moderna foi iniciado por David Lewis e Saul Kripke.
50. *Selected Works of Voltaire;* Londres, 1911; pp. 3-5.
51. Tallentyre, 231.
52. Introdução a *Cândido*, Modern Library edition.
53. *Cândido*, p. 7.
54. P. 104.
55. Taine, *The Ancient Régime*.
56. Robertson, 87.
57. *Dicionário Filosófico*, Nova York, 1901; vol. IX, p. 198.
58. *Ibid.*, 42.
59. In Pellissier, 11, nota.
60. Robertson, 122.
61. *Dicionário*, verbete "Ignorância".
62. *Romances*, 450 e ss.
63. "Que sei eu?"
64. In Pellissier, 28, nota.
65. *Voltaire's Prose*, ed. Cohn e Woodward; Boston, 1918; p. 54.
66. In Pellissier, 29-30.
67. Correspondência, 11 de novembro de 1765.
68. Tallentyre, 319; posto em dúvida por alguns.
69. *Selected Works*, p. 62.

70. *Ibid.*, 65.
71. *Essai sur les Moeurs; Prose Works*, p. 14.
72. *Ibid.*, p. 26.
73. Robertson, 112.
74. In Sainte-Beuve, II, 146.
75. In Pellissier, 101.
76. *Selected Works*, p. 26. Voltaire também era um tanto antissemita, principalmente devido a seus negócios não muito admiráveis com os financistas.
77. *Ibid.*, 26-35.
78. IX, 21.
79. *Essai sur les Moeurs*, part II, cap. 9; in Morley, 322.
80. Selected Works, 63.
81. Cf. *The Sage and the Atheist*, caps. 9 e 10.
82. *Voltaire in His Letters*, p. 81.
83. *Dicionário*, verbete "Providência".
84. Correspondência, 26 de fevereiro de 1767.
85. *Romances*, p. 412.
86. *O Filósofo Ignorante*.
87. *Dicionário*, verbete "Alma".
88. In Morley, ed. 1886; p. 286.
89. *Dicionário*, verbete "Ressurreição".
90. *Romances*, p. 411.
91. In Pellissier, 169.
92. *Dicionário*, verbete "Religião".
93. In Pellissier, 172.
94. Correspondência, 11 de setembro de 1738.
95. Correspondência, 18 de setembro de 1763.
96. In Pellissier, 237, nota, e 236.
97. Pellissier, 23; Morley, 86.
98. *Dicionário*, verbete "Propriedade".
99. *Dicionário*, verbete "Mãe Pátria".
100. Correspondência, 20 de junho de 1777.
101. Pellissier, 222.
102. *O Filósofo Ignorante*.
103. *Dicionário*, verbete "Guerra".
104. Correspondência, 1o de abril de 1766.
105. *Voltaire's Prose*, p. 15.
106. *Dicionário*, verbete "Igualdade".
107. Verbete "Governo".
108. Pellissier, 283.
109. In Sainte-Beuve, I, 234.
110. Correspondência, 2 de abril de 1764.
111. *Selected Works*, 62.

112. Correspondência, 30 de agosto de 1755.
113. *Ibid.*, março de 1765.
114. In Sainte-Beuve, I, 230.
115. *Voltaire in His Letters*, 65.
116. Correspondência, 25 de agosto de 1766.
117. Sainte-Beuve, I, 235.
118. Robertson, 71.
119. *Ibid.*, 67.
120. Tallentyre, 497.
121. Tallentyre, 535.
122. *Ibid.*, 538.
123. Morley, 262.
124. Tallentyre, 525.
125. *Ibid.*, 545.

CONFIRA OS DOIS TÍTULOS DESTA COLEÇÃO!

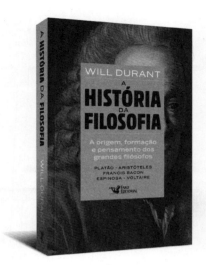

CAMPANHA

Há um grande número de portadores do vírus HIV e de hepatite que não se trata. Gratuito e sigiloso, fazer o teste de HIV e hepatite é mais rápido do que ler um livro.

FAÇA O TESTE. NÃO FIQUE NA DÚVIDA!

ESTA OBRA FOI IMPRESSA
EM JANEIRO DE 2021